중학 영어까지 뚫리는 영어 시제 총정리!

바쁜
빠른
5·6학년을 위한

영어특강

영어 시제 편

바빠 영어 시리즈
손이 기억하는 훈련 프로그램

주선이(3E 영어 연구소) 지음
William Link 감수

헷갈리는 시제 한 번에 총정리!

단순 현재
단순 과거
현재 진행
과거 진행
현재완료
과거완료
현재와 모호

대박

KB207787

이지스에듀

3E 영어 연구소의 대표 저자

주선이 선생님은 서울의 중학교에서 영어 교사로 학생들을 지도하고, 대교 교육정보연구소에서 근무했다. 직접 영어 학원도 운영하며 영어독서 프로그램과 우리나라 학생들이 쉽고 즐겁게 배울 수 있는 영어 학습법을 고안했다. 특히 초등 영어에서 중등 영어로 넘어갈 때, 많은 학생들이 '동사와 시제' 부분에서 힘들어하는 것을 보고, 이 책을 기획하게 되었다. 바로 이 책,《바빠 영어특강 -영어 시제 편》에 그동안의 영어 교재 집필과 학생 지도 경험을 바탕으로, 영어 시제를 효과적으로 배우는 노하우를 담았다.

10여 년 동안 다양한 영어 교육 콘텐츠를 만드는 것에 열정을 가지고 집필하며 다수의 베스트셀러 영어 교재를 출간했고, 국내외 영어교육프로그램 기획과 개발, EBS, MBC, KT 스카이라이프 등의 영어교육 방송 및 애니메이션 개발에도 참여했다.

그동안 지은 책으로는《기적의 영어문장 만들기》《기적의 영어문장 트레이닝 800》《생각대로 써지는 영작문》《Mentor Joy Vocabulary》등 수십여 종이 있다.

경북대학교 영어교육과를 졸업하고 숙명여자대학교 TESOL을 수료했다.

3E 영어 연구소는 Effective Educational Experiences의 약자로, 단순히 지식을 전달하는 것에서 그치지 않고, 학습자가 지식을 흡수하는 과정까지 고려해 가장 효율적인 영어 학습 경험을 제공하기 위해 연구하는 곳이다.

원어민 감수 William Link는 미국 플로리다 주립대에서 문학 석사 과정을 마쳤으며, 현재 안양외국어고등학교에서 학생들에게 영어를 가르치고 있다.

'바빠 영어' 시리즈 ③

바쁜 5·6학년을 위한 빠른 영어특강 – 영어 시제 편

초판 1쇄 인쇄 2015년 7월 6일
초판 4쇄 발행 2021년 5월 31일
지은이 주선이
발행인 이지연
펴낸곳 이지스퍼블리싱(주)
출판사 등록번호 제 313-2010-123호
주소 서울시 마포구 잔다리로 109 이지스빌딩 5층(우편번호04003)
대표전화 02-325-1722   팩스 02-326-1723
이지스퍼블리싱 홈페이지 www.easyspub.com   이지스에듀 카페 www.easyspub.co.kr
바빠 아지트 블로그 blog.naver.com/easyspub   인스타그램 @easys_edu
페이스북 www.facebook.com/easyspub2014   이메일 service@easyspub.co.kr

기획 및 책임 편집 조은미, 정지연 교정 이혜원 원어민 감수 윌리엄 링크 문제 확인 신민경
디자인 다우, 정우영 전산편집 다우 일러스트 김학수 인쇄 보광문화사 독자관리 오경신
영업 문의 이주동(nlrose@easyspub.co.kr), 이나리 마케팅 박정현, 한송이

ISBN 978-89-97390-68-7 64740
ISBN 978-89-97390-52-6(세트)
가격 13,000원

• **이지스에듀**는 이지스퍼블리싱(주)의 교육 브랜드입니다.

"펑펑 쏟아져야 눈이 쌓이듯,
공부도 집중해야 실력이 쌓인다."

교과서 집필자, 강남 인강 강사, 공부법 전문가, 명강사들이
적극 추천한 '바빠 영어특강 – 영어 시제 편'

영어의 시제는 우리말의 시제와 차이가 있어 학생들이 많이 혼란스러워 하는 파트입니다. 그런데 이번에 시제의 기본을 한 권으로 확실히 정리할 수 있는 책이 나와 반갑습니다.
더욱이 이 책은 시제를 문법적인 설명보다 그림을 통한 이해와 반복 연습을 통해 학습하게 함으로써 영어 문법의 기초를 다지는 초등학교, 중학교 학생들이 영어의 시제를 잘 이해하는 데 큰 도움이 될 것이라 확신합니다.

유요셉 선생님(강남구청 인터넷수능방송 중등 영어강의)

영어를 모국어가 아닌 외국어로 배우는 한국 사람들에게 필요한 것은 두 가지, 바로 유창성과 정확성이다. 유창성은 보통 영어 사용 빈도와 정비례 관계에 있지만, 정확성은 자주 사용하는 것만으로 길러지지 않는다. 바로 정확한 연습이 핵심이다.
특히 한국 사람들에게 영어의 시제 관련 문법은 정확한 연습이 반드시 필요하다. 결국 문제는 얼마나 정확하게 연습했고, 또 그 연습을 효과적으로 했는지가 중요하다. 시제 연습에 최적화된 교재를 추천할 수 있게 되어 기쁘다.

박재원 소장님(행복한 공부연구소)

영문법의 절반은 시제입니다. 시제를 모르면 동사를 제대로 쓸 수 없기에 영문법의 핵심은 바로 시제라 할 수 있지요. 이 책은 초등학교부터 중학교 교과서에서 다루는 시제의 기초를 확실히 담아낸 책이네요.
중학교 입학을 준비하는 초등학교 5,6학년과 중학교 1,2학년에게 큰 도움이 될 것입니다!

안선모 선생님(초등 영어 교과서 집필진)

초등학교부터 고등학교까지 긴 시간 영문법을 반복해서 공부해도 가장 많이 실수하는 부분이 바로 '시제'입니다.
시제를 정리하기 위해 영문법 전체를 처음부터 다시 공부하던 수고로움에서 완전히 벗어나게 해 줄 이 책은 우리 학생들이 단시간에 '시제'의 개념을 이해하고 어떤 문장, 어떤 문제에서든 자신 있게 활용할 수 있게 해 줄 것입니다.

허성원 원장님(허성원 어학원/YBM 잉글루 인창2학원)

중학교 입학을 앞두고 아이들은 동사의 3단 변화를 기계적으로 외우기를 강요받습니다. 그런데 이 책은 왜 외워야 하는지 그 이유를 알려 주고 외우게 합니다. 초중등 영어 시제를 한 권에 모아 비교하며, 저절로 동사의 3단 변화까지 익힐 수 있도록 똑똑하게 설계되어 있네요.
초등 5,6학년에게는 중학 영어 대비용으로, 중학교 1,2학년에게는 영문법 다지기용으로 적극 추천합니다!

유영록 원장님(윤선생 우리집앞영어교실 일산 주엽캠퍼스)

영어를 잘하는 학생도 중학 시험을 보면, 3인칭 단수형에서 s를 빼먹는 등 아주 사소한 실수로 점수가 깎이곤 합니다. 이 책은 3인칭 단수형부터 현재진행형, 그리고 완료형까지 가장 자주 쓰고 기본이 되는 시제를 완벽하게 정리했습니다.
이 책을 마치면 시제 부분의 실수를 확실히 줄일 수 있을 것입니다.

이현희 원장님(시흥 Links English Club)

따로 배우는 영어 시제를 한 번에 정리해요!

영문법의 핵심, 동사와 시제!

영문법이란 영어 문장을 만드는 규칙(법)이에요. 그럼 영문법에서 가장 많은 양을 차지하는 것은 무엇일까요? 반 이상이 동사와 시제에 관한 것이에요. 3인칭 단수형, 규칙, 불규칙 변화, 동사의 3단 변화, 현재분사, 과거분사형…. 이 모든 것들이 동사와 시제에 관련된 것이에요.

영문법에서 왜 이렇게 시제가 많은 양을 차지할까요? 첫째, 영어 문장에서 동사가 가장 중요한 역할을 하기 때문이에요. 둘째, 영어 시제는 우리말보다 종류가 많은 데다 우리에게는 낯선 완료 시제라는 부분이 있기 때문입니다.

문법이 중요해지는 중학교 입학 전, 시제만은 꼭 잡고 가요!

초등학교 때 영어를 잘하던 친구도 중학교 영어 시험을 보면 동사의 3인칭 단수형에서 s를 빼먹거나, 동사원형을 쓰는 것을 헷갈려 틀리는 경우가 많아요. 특히 현재완료형을 배울 때부터 영어를 어려워하며 포기하는 친구들도 생겨납니다. 그래서 중학 영어를 잘하고 싶다면 중학교 입학 전, 시제만은 꼭 잡고 가야 합니다.

이 책에서는 초등학교에서 주로 배운 단순 시제부터 중학교에서 배우게 될 완료 시제까지 6가지 기본 시제(현재, 과거, 현재진행, 과거진행, 현재완료, 과거완료)를 한 권에 모아 총정리했습니다.

헷갈리는 시제, 한 권에 모아 서로 비교하며 완벽하게 배워요!

영어 시제에는 헷갈리는 부분이 많습니다. 예를 들어 단순현재와 현재진행, 단순과거와 현재완료 등의 차이는 단순한 우리말 해석만으로는 이해하기 어렵습니다. 보통 시제를 여러 권에 걸쳐 나누어 배우다 보면, 새로운 시제를 배울 때는 앞서 배운 것을 잊어버려 더 헷갈리게 됩니다. 그래서 시제를 완벽하게 익히기 위해서는, 전체 시제를 한꺼번에 집중적으로 총정리하는 과정이 반드시 필요합니다.

4

실수하기 쉬운 부분을 위해서 과학적인 학습 설계가 필요해요!

이 책에서는 실수하기 쉽거나 어려운 부분을 위해 과학적인 학습 설계를 고안했습니다. 첫째, 우리말과 다른 영어의 시제 개념을 먼저 머리로 충분히 이해하고 손이 기억하도록 했습니다. 시제의 가장 기본이 되는 동사 형태를 먼저 익힌 뒤, 다양한 문장을 통해 비교하며 충분히 써 보도록 구성했습니다. 둘째, 각각의 훈련문제 안에서도 기계적인 쓰기나 찍기를 방지하기 위해 단순한 빈칸 채우기부터 완전한 문장을 쓰는 단계까지 조금씩 수준을 높인 훈련 문제를 구성했습니다. 이를 통해 스스로 다양한 수준의 문제를 해결하는 실력을 키워갈 수 있습니다.

실제 영어에서 사용하는 동사의 쓰임을 자연스럽게 파악해요!

이 책에서는 이제껏 어떤 책에서도 보지 못한 시제 맞춤식 삽화와 연습 문제들이 소개됩니다. 특히 완료 시제 부분에서는, 오랜 연구를 통해 삽화만 보아도 누구나 쉽게 이해되도록 개념을 소개하고 있습니다.

또한 각 시제에 필수 동사를 반복 훈련하도록 구성하여, 이 책을 마치면 영문법에서 반드시 외워야 할 동사의 3단 변화와 자주 사용하는 영어 동사의 쓰임을 저절로 파악할 수 있습니다.

실제 영어에서 진행 시제와 완료 시제가 가장 많이 사용되고 있습니다. 이 책을 마치면 중학 영어 준비뿐만 아니라, 영어 독해나 회화도 훨씬 더 쉽게 느껴질 것입니다. 《바빠 영어 특강-영어 시제 편》으로 영어 문장의 주요 뼈대가 되는 동사와 시제를 한 번에 정리해 보세요!

이렇게 지도해 주세요!

초등 영어 교과 과정에서는 유창성(fluency)을 강조하는 주로 회화 중심의 수업이, **중등 영어에서는 정확성(accuracy)을 평가하는 독해와 문법 수업**이 시작됩니다. 따라서 중학교 입학을 앞둔 초등학생이나 기초가 약한 중학생들이 이 책을 집중적으로 공부한다면 학교 영어뿐 아니라 영어 회화에도 큰 도움이 됩니다.

이 책을 공부하기 전, 172~173쪽의 〈영어의 12시제 표〉를 보여 주세요

미리 학생이 공부해야 할 시제의 큰 숲을 머릿속에 그려 보게 하세요. 그런 다음 앞부분의 목차를 보면 이 책의 흐름이 한눈에 보일 것입니다.

시제	단순 시제	진행 시제	완료 시제	완료진행 시제
현재	현재 시제	현재진행 시제	현재완료 시제	현재완료진행 시제
과거	과거 시제	과거진행 시제	과거완료 시제	과거완료진행 시제
미래	미래 시제	미래진행 시제	미래완료 시제	미래완료진행 시제

이 책에서는 단순 시제부터 완료 시제까지, 초중등 영어 교과 과정에 나오는 6가지 시제를 집중적으로 배웁니다.

이 책을 마치기 전, 174~176쪽의 〈불규칙 동사표〉를 완벽하게 외우게 하세요

〈불규칙 동사표〉에는 이 책에서 배우는 동사와, 영어에서 가장 중요한 불규칙 동사 84개가 소개되어 있습니다. 이 동사들은 영어 학습에서 가장 소중한 자산이자 무기가 될 것입니다. 여러 번 반복해서 테스트하며 완벽하게 익히도록 도와주세요.

동사원형	뜻(~하다)	과거형	과거분사형	동사+-ing(현재분사형)
be	~이다, ~있다	was/were	been	being
bear	낳다	bore	born	bearing
become	~이 되다	became	become	becoming

이 책을 끝낼 때까지 다음과 같이 분배하여 외우게 하면 효과적입니다.
(테스트를 할 때는 동사를 불러 주거나, 맨 앞의 원형만 따로 적은 다음 써 보게 하세요.)

첫째 마당을 공부할 때 | 하루에 동사 21개씩, 동사원형과 과거형 외우기

둘째 마당을 공부할 때 | 하루에 동사 21개씩, 동사원형, 과거형+현재분사형 외우기

셋째 마당을 공부할 때 | 하루에 동사 21개씩, 3단 변화(동사원형+과거형+과거분사형) 외우기

틀린 부분은 반드시 그날 재시험을 치러 완벽하게 외우도록 지도해 주세요.

이 책을 가정에서 지도하는 학부모님께

- **가정에서 문제를 풀 때는 소리 내서 읽는 습관을 길러 주세요.**
  자신의 목소리로 듣는 영어가 뇌에 가장 오래 기억된다고 합니다. 그 과정을 통해 듣기 실력이 향상될 뿐만 아니라, 말하기와 작문을 할 때도 자연스럽게 문장을 기억하여 표현할 수 있게 됩니다.
- **새로운 과를 학습하기 전, 전날 학습한 과의 개념과 각 훈련문제 상단의 개념을 읽어 보게 하세요.** 새로운 과 내용이 훨씬 더 빠르고 쉽게 이해됩니다.
- **틀린 답을 확인한 다음, 다시 읽고 써 보는 습관을 길러 주세요.**
  고학년이 될수록 자신이 틀린 답을 확인하는 과정이 중요합니다. 자주 실수하는 부분은 개념과 기초 문제를 다시 한 번 연습하도록 지도해 주세요.

이 책을 공부방이나 학원에서 지도하는 선생님께

- **대표 문장으로 유닛에 알맞은 시제 표를 완성하게 하세요.**
  수업마다 주어가 다른 대표 문장을 한두 개 선정하여 시제 표(개념 페이지 우측 상단)를 이용하여 복습해 주세요.
  학습 진도에 맞춰, 블록을 늘여 가듯이 표가 확장되는 것을 학생들이 직접 인식하도록 해 주세요. 단순-진행-완료 순서로, 평서문-부정문-의문문 순서로 확인해 주시면 교재의 학습 순서와 일치하여 더 좋은 학습 효과를 볼 수 있습니다. 시제 표를 완성해 나가면, 6가지 시제의 활용뿐만 아니라 작문도 더 쉬워질 것입니다.

평서문	단순 시제	진행 시제	완료 시제
현재	She works hard.	She is working hard.	She has worked hard.
과거	She worked hard.	she was working hard.	She had worked hard.

- **해답을 확인할 때 옆 사람과 책을 바꿔 확인하며(짝 점검 활동; pairs-check) 소리 내어 문장을 읽게 하세요.**
  이 방식은 학습 참여도를 높여 주고, 학습자 간의 긍정적인 상호 작용으로 상대방의 실수를 통해 배우는 효과가 있습니다. 그리고 스피킹(speaking) 훈련의 효과까지 동시에 볼 수 있습니다.
- **오답은 반드시 숙제로 내서 다시 2~3번 써 오게 하세요.**
  시제 완전학습에 큰 도움이 될 것입니다.

 Contents

영어 시제 진단평가

영어 시제 진단평가
나는 어떻게 공부해야 할까?

진단평가를 풀어 본 후, '12쪽의 권장 진도표'를 참고하여 공부 계획을 세워 보세요.
시계를 준비하고 아래 제시된 시간 안에 문제를 풀어 보세요.

중학생인 경우,
영어를 잘하더라도 정확한 영어 시제 표현은 모르는 경우가 많습니다. 문제를 풀어 보고
채점한 후 권장 진도표를 참고하여 자신에게 맞는 공부 계획을 세워 보세요.

5학년 2학기~6학년인 경우,
잘 모르는 내용이 나오더라도 문제를 끝까지 풀고 몇 개를 맞았는지 확인해 보세요. 적절한
진도표를 찾는 것이 목적이니까요. 맞은 개수에 따라 권장 진도표를 보며 공부 계획을 세워
보세요.

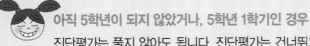

아직 5학년이 되지 않았거나, 5학년 1학기인 경우
진단평가는 풀지 않아도 됩니다. 진단평가는 건너뛰고 01과부터 2개 유닛씩 차근차근 공
부하세요.

출제 범위 : 영어 시제(초등학교 영어 교과 과정 ~ 중학교 3학년 영어 교과 과정)
　　　　　　단순 시제, 진행 시제, 완료 시제

평가 문항 : 20문항

평가 시간 : 10분

[1~2] 빈칸에 알맞은 것을 고르세요.

1. I _____ outside. 나는 밖에서 논다.

　① play　② played　③ am　④ plays

2. She _____ her best. 그녀는 최선을 다한다.

　① do　② dos　③ is　④ does

[3~10] 괄호 안에 알맞은 것에 동그라미하세요.

3. He (studyed, shoped, worked) yesterday.

4. They (ran, do, wined) yesterday.

5. They (was, be, are) late.

6. The dog (isn't, weren't, am not) smart.

7. (Were, Are, Was) he busy?

8. We (not watch, don't watch, didn't watched) TV.

9. Does he (work, works, worked) hard?

10. I am (walk, walking, walks) now.

잘 모를 때 이 책에서
참고할 유닛

[11~14] 밑줄에 알맞은 것을 |보기|에서 골라 쓰세요.

| |보기| | coming | isn't | Are | were |

11. She is _____ here now.

12 현재진행

12. They _____ singing last night.

13 과거진행

13. John _____ taking a shower now.

14 진행 부정

14. _____ they doing homework now?

15 진행 의문

[15~16] 다음 |보기|와 같은 방법으로 변형을 하는 것을 고르세요.

15.

| |보기| | 동사원형 - 과거형 - 과거분사형 | live - lived - lived |

① wash ② rain ③ arrive ④ worry

20 과거분사형

16.

| |보기| | 동사원형 - 과거형 - 과거분사형 | cut - cut - cut |

① go ② hit ③ build ④ eat

21 과거분사형

[17~20] 빈칸에 알맞은 것을 고르세요.

17. I _____ a cold. 나는 (지금까지) 감기를 앓아 왔다.
    ① have ② am having ③ have have ④ have had

22 현재완료

18. He _____ out. 그는 (그때까지) 나가 버리고 없었다.
    ① went ② goes ③ had gone ④ gone

23 과거완료

19. They _____ known each other. 그들은 (지금까지) 서로 모르고 있다.
    ① aren't ② haven't ③ didn't ④ have

24 완료 부정

20. _____ you made a mistake? 너는 (지금까지) 실수해 본 적 있니?
    ① Are ② Do ③ Have ④ Did

25 완료 의문

나만의 공부 계획을 세워 보자

문항 번호	1~14번	15~20번
맞은 개수		
틀린 개수		

시작

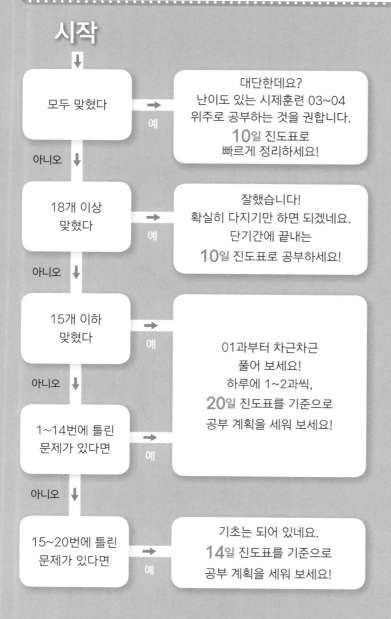

모두 맞았다 → (예) 대단한데요?
난이도 있는 시제훈련 03~04
위주로 공부하는 것을 권합니다.
10일 진도표로
빠르게 정리하세요!

↓ 아니오

18개 이상
맞았다 → (예) 잘했습니다!
확실히 다지기만 하면 되겠네요.
단기간에 끝내는
10일 진도표로 공부하세요!

↓ 아니오

15개 이하
맞았다 → (예)

↓ 아니오

1~14번에 틀린
문제가 있다면 → (예) 01과부터 차근차근
풀어 보세요!
하루에 1~2과씩,
20일 진도표를 기준으로
공부 계획을 세워 보세요!

↓ 아니오

15~20번에 틀린
문제가 있다면 → (예) 기초는 되어 있네요.
14일 진도표를 기준으로
공부 계획을 세워 보세요!

진단평가 정답

1. ① 2. ④ 3. worked 4. ran 5. are 6. isn't 7. Was

8. don't watch 9. work 10. walking 11. coming

12. were 13. isn't 14. Are 15. ③ 16. ② 17. ④

18. ③ 19. ② 20. ③

권장 진도표

♥	20일 완성	14일 완성	10일 완성
☐ 1일차	01~02과	01~03과	01~03과
☐ 2일차	03~04과	04~06과	04~06과
☐ 3일차	05~06과	07~09과	07~09과
☐ 4일차	07~08과	10~11과	10~12과
☐ 5일차	09~11과	12~13과	13~15과
☐ 6일차	12~13과	14~15과	16~18과
☐ 7일차	14~15과	16~17과	19~21과
☐ 8일차	16~17과	18~19과	22~24과
☐ 9일차	18과	20~21과	25~28과
☐ 10일차	19~20과	22~23과	29~30과 12시제 정리표 불규칙 동사표
☐ 11일차	21~22과	24~25과	
☐ 12일차	23과	26~27과	
☐ 13일차	24과	28~29과	
☐ 14일차	25과	30과 12시제 정리표 불규칙 동사표	
☐ 15일차	26과		
☐ 16일차	27과		
☐ 17일차	28과		
☐ 18일차	29과		
☐ 19일차	30과		
☐ 20일차	12시제 정리표 불규칙 동사표		

야호!
총정리 끝!

첫째 마당

단 순 시 제
Simple Tense

시제란 동사를 이용하여 시간을 표현하는 거야. 시간을 나타낼 때 쓰는 규칙이지.
첫째 마당에서는 시제 중에서도 가장 뼈대가 되는 중요한 시제, 단순한 시제부터
배울 거야. 단순하지만 모든 시제의 가장 기본이 되는 시제이므로, 실수하지 않도록
완벽하게 익히는 게 중요해!

단순 시제는 '과거, 현재, 미래'로 나뉘어. 과거는 과거 시제나 단순 과거, 현재는 현재 시제나 단순 현재라고 하기도 해. 모두 같은 의미야.

똑딱똑딱~ 시간은 계속 흐르고 있지?
시간은 과거로부터 현재를 지나 미래로 흘러갈 거야.
각 시제가 어떤 의미인지 먼저 살펴볼게.

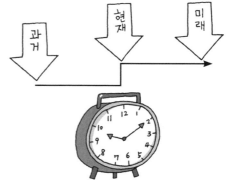

과거!
내가 어렸을 때 무척 귀여웠대. 많이 울기도 했고.

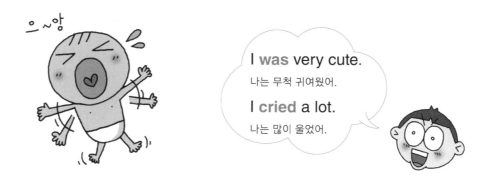

I **was** very cute.
나는 무척 귀여웠어.
I **cried** a lot.
나는 많이 울었어.

과거는 우리말로 '~했다'라고 해석하면 돼.
어제, 지난주에 한 일도 모두 과거형이야.
그리고 역사적으로 일어났던 사건들은 꼭 과거 시제로 써야 해.

현재의 상태나 사실을 나타내려면 무슨 시제를 써야 할까?

그래, 현재!

현재는 우리말로 '~하다'라고 해. 현재의 나는 큭큭….

I **am** tall and handsome.

나는 키가 크고 잘생겼어.

현재 나의 상태

그리고 반복되는 일이나 습관을 나타낼 때도 현재 시제를 써 줘.

그런데 여기서 잠깐! 현재형은 지금 현재 일어나고 있는 일이 아니야. 무슨 소리냐고?

다음 현재형 예문을 보면 '나는 (보통) 방과 후에 야구를 해.'라는 걸 말하는 것이지,

지금 야구를 하는 중이라는 건 아니란 거지.

I **play** baseball after school.

나는 방과 후에 야구를 해.

'나 원래 이런 사람이야.'
반복되는 습관

마지막으로 미래는 일어날 일을 예상하거나, 자신의 의지를 표현해.

It **will be** sunny tomorrow.

내일은 날씨가 화창할 거야.

I **will watch** baseball game.

나는 야구 경기를 관람할 거야.

자, 이제부터 하나씩 살펴보자.

01 단순 시제의 종류와 형태

단순현재	현재진행	현재완료
단순과거	과거진행	과거완료

1. 문장의 시제는 동사가 결정한다

앞에서 단순 시제에 어떤 종류가 있는지 알아봤지? 과거, 현재, 미래!
그럼 영어 문장을 보고 어떻게 문장의 시제를 알 수 있을까?
문장의 시제를 결정하는 것은 동사야!
따라서 **시제를 알려면 먼저 동사를 살펴봐야 해!**

2. 단순 시제의 동사 모양을 알아보자

① 현재형(~하다)	② 과거형(~했다)	③ 미래형(~할 것이다)
1) 동사원형 I talk. 나는 말한다. 2) 동사원형 + -s He talks. 그는 말한다.	동사원형 + -ed I talked. 나는 말했다.	will + 동사원형 I will talk. 나는 말할 것이다.

동사원형은
동사의 원래 형태란
뜻이야.

① 현재 시제에는 2가지 모양이 있지?
주어가 he, she와 같은 3인칭 단수일 때는 동사원형에 -s를 붙여 줘야 해.
-es가 붙는 경우도 있는데, 그건 다음 과에서 공부해 보자.

② 과거 시제는 어떨까?
대부분의 동사는 동사원형에 -(e)d를 붙여 주면 돼.

③ 미래 시제는 그냥 조동사 will 뒤에 동사원형을 쓰면 돼.
그래서 이 책에서는 미래 시제는 따로 연습하지 않고 현재와 과거 위주로만
배워 볼 거야.

3인칭이란
나, 너를 제외한 나머지
모두야. 단수란 '하나의 수'
즉, 여러 명이 아닌
한 명을 뜻해.

그럼 위의 규칙을 실제 동사에 적용하면서 연습해 보자.

문장의 시제는
동사가 결정한다!

예 walk 걷다

현재 | 1) 동사원형 → walk(걷다)

2) 동사원형 + -s → walks(걷다)

과거 | 동사원형 + -ed → walked(걸었다)

미래 | will + 동사원형 → will walk(걸을 것이다)

● 각 시제에 알맞은 동사 형태를 만드세요.

동사원형	현재형	과거형	미래형
1. work	1) work 2) works 일하다	3) _____ 일했다	4) will _____ 일할 것이다
2. need	1) _____ 2) _____ 필요하다	3) _____ 필요했다	4) _____ 필요할 것이다
3. help	1) _____ 2) _____ 돕다	3) _____ 도왔다	4) _____ 도울 것이다
4. play	1) _____ 2) _____ 놀다	3) _____ 놀았다	4) _____ 놀 것이다
5. clean	1) _____ 2) _____ 청소하다	3) _____ 청소했다	4) _____ 청소할 것이다
6. cook	1) _____ 2) _____ 요리하다	3) _____ 요리했다	4) _____ 요리할 것이다

1. 현재 : 1) 나는 빨리 걷는다. → I walk fast.
         2) 그는 빨리 걷는다. → He walks fast.
2. 과거 : 나는 빨리 걸었다. → I walked fast.
3. 미래 : 나는 빨리 걸을 것이다. → I will walk fast.

● 각 시제에 알맞은 동사를 넣어 문장을 완성하세요.

	현재(~하다)	과거(~했다)	미래(~할 것이다)
1.	I _____ hard. 나는 열심히 일한다. He _____ hard. 그는 열심히 일한다.	I _____ hard. 나는 열심히 일했다.	I will _____ hard. 나는 열심히 일할 것이다.
2.	I _____ you. 나는 네가 필요하다. He _____ you. 그는 네가 필요하다.	I _____ you. 나는 네가 필요했다.	I will _____ you. 나는 네가 필요할 것이다.
3.	I _____ people. 나는 사람들을 돕는다. He _____ people. 그는 사람들을 돕는다.	I _____ people. 나는 사람들을 도왔다.	I will _____ people. 나는 사람들을 도울 것이다.
4.	I _____ outside. 나는 밖에서 논다. He _____ outside. 그는 밖에서 논다.	I _____ outside. 나는 밖에서 놀았다.	I _____ _____ outside. 나는 밖에서 놀 것이다.
5.	I _____ the room. 나는 그 방을 청소한다. He _____ the room. 그는 그 방을 청소한다.	I _____ the room. 나는 그 방을 청소했다.	I _____ _____ the room. 나는 그 방을 청소할 것이다.
6.	I _____ dinner. 나는 저녁을 요리한다. He _____ dinner. 그는 저녁을 요리한다.	I _____ dinner. 나는 저녁을 요리했다.	I _____ _____ dinner. 나는 저녁을 요리할 것이다.

단순현재와 단순과거의 동사 형태

동사원형	현재형	과거형
	동사원형, 동사원형 + -s	동사원형 + -ed
ask	ask, asks 묻는다	asked 물었다

> 과거형은 대부분의 동사에 -(e)d를 붙여 줘!

● 단순현재와 단순과거의 동사 형태 표를 완성하세요.

동사원형	현재형(동사원형, 3인칭 단수형)	과거형
1. call	_____, _____ 부르다	_____ 불렀다
2. climb	_____, _____ 오르다	_____ 올랐다
3. open	_____, _____ 열다	_____ 열었다
4. kick	_____, _____ 차다	_____ 찼다
5. enjoy	_____, _____ 즐기다	_____ 즐겼다
6. want	_____, _____ 원하다	_____ 원했다
7. stay	_____, _____ 머무르다	_____ 머물렀다
8. wait	_____, _____ 기다리다	_____ 기다렸다

● 주어진 동사를 이용해 우리말에 알맞은 문장을 완성하세요.

| call | climb | enjoy | kick | open | stay | wait | want |

	현재 시제(~하다)	과거 시제(~했다)
1.	I _____ you. 나는 너를 부른다. He _____ you. 그는 너를 부른다.	I _____ you. 나는 너를 불렀다.
2.	I _____ a tree. 나는 나무에 오른다. He _____ a tree. 그는 나무에 오른다.	I _____ a tree. 나는 나무에 올랐다.
3.	I _____ the door. 나는 문을 연다. He _____ the door. 그는 문을 연다.	I _____ the door. 나는 문을 열었다.
4.	I _____ a ball. 나는 공을 찬다. He _____ a ball. 그는 공을 찬다.	I _____ a ball. 나는 공을 찼다.
5.	I _____ dancing. 나는 춤추기를 즐긴다. He _____ dancing. 그는 춤추기를 즐긴다.	I _____ dancing. 나는 춤추기를 즐겼다.
6.	I _____ to go. 나는 가고 싶다. He _____ to go. 그는 가고 싶다.	I _____ to go. 나는 가고 싶었다.
7.	I _____ home. 나는 집에 머무른다. He _____ . 그는 집에 머무른다.	I _____ . 나는 집에 머물렀다.
8.	I _____ for spring. 나는 봄을 기다린다. He _____ . 그는 봄을 기다린다.	_____ 나는 봄을 기다렸다.

02 현재 시제에서는 3인칭 단수가 중요해

~하다		
단순현재	현재진행	현재완료
단순과거	과거진행	과거완료

1. 현재 시제는 주어에 따라 동사 모양이 달라진다

The boys walk fast.
이 문장 틀린 거 아냐?
boys는 3인칭인데
왜 동사 walk에 -s를
안 붙였지?

이그, 주어가 3인칭
단수일 때만 -s를 붙이는 거잖아.
boy가 아니라 boys!
소년들이니까 복수잖아.

❶ 주어가 I, you, we, they, 복수일 때는 동사원형을 쓴다.

I sing well. 나는 노래를 잘 부른다.
The boys swim well. 그 소년들은 수영을 잘한다.

❷ 주어가 나, 너가 아닌 3인칭 단수(he, she, it)일 때는 동사의 모양이 바뀐다.

She sings well. 그녀는 노래를 잘 부른다.
Tom swims well. 탐은 수영을 잘한다.

이렇게 동사원형에 -s나 -es가
붙는 형태를 주어의 명칭을 따서
3인칭 단수형 동사라고 해.

2. 3인칭 단수형 동사에는 -s나 -es를 붙인다

위에서는 동사원형에 -s만 붙여 줬지? 그런데 다음 동사들의 변화를 살펴봐.

teach + -es = teaches 가르치다

She teaches English. 그녀는 영어를 가르친다.
The boy studies English. 그 소년은 영어를 공부한다.

study + -es = studies 공부하다

뭔가 다르지? 맞아! 동사원형에
-s가 아닌 -es를 붙여 줬어.

그럼 어떤 동사일 때 -s나 -es를 붙이는지 연습해 보자.

개구리는 그것^{It}이고, 린다는 그녀^{she}이다

1. 현재 시제에서는 주어가 3인칭 단수일 때만 동사의 모양이 바뀐다.
   • I **teach** English.   • She **teaches** English.

2. 주어가 Linda나 Mr. Park인 경우, 대명사로 바꿔서 생각하면 쉽다.
   • A frog → It   • Linda → She   • Mr. Park → He   • Students → They

● 주어에 알맞은 동사에 동그라미하세요.

1. I
buy / buys
사다
~

2. It
swims / swim
헤엄치다
~

3. Spring
It
come / comes
오다
~

4. They
kick / kicks
차다
~

5. A frog
It
jump / jumps
뛰다
~

6. You
hear / hears
듣다
~

7. He
teach / teaches
가르치다
~

8. They
wins / win
이기다
~

9. The baby
It
smiles / smile
웃다
~

10. Students
They
study / studies
공부하다
~

11. Birds
They
flies / fly
날다
~

12. She
cry / cries
울다
~

13. Linda
She
wash / washes
씻다
~

14. We
watch / watches
보다
~

15. Mr. Park
He
go / goes
가다
~

16. My sister
She
catch / catches
잡다
~

A. 기본형 대부분 -s를 붙인다.

come → comes

가장 많아!

B. ch, sh, x, o, s로 끝나면 -es를 붙인다.

catch → catches

동사 끝 주의!

C. 자음+y로 끝나면 y를 i로 고친 뒤 -es를 붙인다.

fly의 l은 자음이니까 y는 ies로!

fly → flies

D. 단, 모음+y로 끝나면 -s만 붙인다.

buy → buys

모음은 a, e, i, o, u!

예외 have의 3인칭 단수형은 has!

● 다음 동사를 3인칭 단수형으로 고치세요.

1. come 오다	2. kick 차다	3. know 알다	4. stop 멈추다	5. live 살다
comes	_____	_____	_____	_____

6. catch 잡다	7. wash 씻다	8. fix 고치다	9. do 하다	10. miss 그리워하다
catches	_____	_____	_____	_____

11. fly 날다	12. try 애쓰다	13. study 공부하다	14. carry 나르다	15. buy 사다
flies	_____	_____	_____	_____

16. play 놀다	17. say 말하다	18. walk 걷다	19. leave 떠나다	20. teach 가르치다
_____	_____	_____	_____	_____

21. go 가다	22. mix 섞다	23. have 가지다	24. dance 춤추다	25. watch 보다
_____	_____	_____	_____	_____

먼저 주어가 3인칭 단수인지 확인한 다음 규칙을 적용한다!

1) 3인칭 단수 주어일 때 | He **watches** TV.   Amy **studies** hard.

2) 나머지 주어일 때 | We **watch** TV.   They **study** hard.

● 동사를 주어에 알맞은 형태로 쓰세요.

1. I make ~ > She _makes_ ~

2. Birds fly ~ > It _____ ~

3. You carry ~ > He _____ ~

4. We do ~ > She _____ ~

5. They teach ~ > The man _____ ~

6. We have ~ > The boy _____ ~

7. I mix ~ > Linda _____ ~

8. We say ~ > My father _____ ~

9. She washes ~ > We _____ ~

10. He goes ~ > I _____ ~

11. Amy studies ~ > Bob _____ ~

12. He fixes ~ > She _____ ~

13. It tries ~ > They _____ ~

14. She cries ~ > The cat _____ ~

15. Bob dances ~ > I _____ ~

16. You miss ~ > He _____ ~

● 두 문장씩 비교하며 주어진 동사를 이용해 우리말에 알맞은 문장을 완성하세요.

| do | cry | fly | miss | know | live | play | wash | teach | watch |

1. He _____ her.
   그는 그녀를 안다.

2. We _____ her.
   우리는 그녀를 안다.

3. She _____ her best.
   그녀는 최선을 다한다.

4. I _____ my best.
   나는 최선을 다한다.

5. The teacher _____ English.
   그 선생님은 영어를 가르친다.

6. They _____ English.
   그들은 영어를 가르친다.

7. We _____ TV.
   우리는 텔레비전을 본다.

8. He _____ TV.
   그는 텔레비전을 본다.

9. I _____ you.
   나는 너를 그리워한다.

10. She _____ .
    그녀는 너를 그리워한다.

11. The baby _____ at night.
    그 아기는 밤에 운다.

12. Babies _____ at night.
    아기들은 밤에 운다.

13. We _____ a kite.
    우리는 연을 날린다.

14. The girl _____ a kite.
    그 소녀는 연을 날린다.

15. We _____ baseball.
    우리는 야구를 한다.

16. He _____ baseball.
    그는 야구를 한다.

17. I _____ my hands.
    나는 손을 씻는다.

18. He _____ his _____ .
    그는 손을 씻는다.

19. They _____ in America.
    그들은 미국에 산다.

20. _____
    그는 미국에 산다.

03 규칙적으로 변하는 과거 동사는 쉬워

1. 일반동사의 과거형(규칙 변화)에는 -(e)d를 붙여 준다

I **enjoyed** the party yesterday. 어제 난 파티를 즐겼어.
We **talked** a long time. 우린 오랫동안 이야기를 했어.
I **danced** with friends. 나는 친구들과 춤도 췄어.

위 문장에서 과거형 동사들을 찾아볼까? 그리고 그 옆에 쓰인 동사원형과 비교해 봐.

enjoyed : enjoy	talked : talk	danced : dance
즐겼다 : 즐기다	말했다 : 말하다	춤을 췄다 : 춤을 추다

과거형 동사를 동사원형과 비교해 봐. 동사 끝에 -ed나 -d만 붙었지?
이렇게 모양이 규칙적으로 바뀌는 것을 규칙형이라고 해.

2. 동사의 과거형(규칙 변화)을 만드는 원리, 4가지만 알면 안 외워도 돼

❶ 대부분은 동사원형에 -ed를 붙인다.

help + -ed ➡ helped   want + -ed ➡ wanted   call + -ed ➡ called
도왔다   원했다   불렀다

❷ e로 끝나면 -d만 붙인다.

dance + -d ➡ danced   live + -d ➡ lived   close + -d ➡ closed
춤췄다   살았다   닫았다

❸ 자음 + y로 끝나면 y를 i로 바꾼 뒤 -ed를 붙인다.

study + -ed ➡ studied   carry + -ed ➡ carried   bury + -ed ➡ buried
공부했다   옮겼다   묻었다

❹ 단모음 + 단자음으로 끝나면 끝의 자음을 한 번 더 쓰고 -ed를 붙인다.

hug + -ed ➡ hugged   stop + -ed ➡ stopped   hop + -ed ➡ hopped
껴안았다   멈췄다   깡충 뛰었다

 **시제훈련 01** **동사의 과거형을 만드는 원리** - 가장 쉬운 -(e)d

A형 | 기본형 대부분은 동사원형에 -ed를 붙인다.
　　　예 wash → washed
B형 | 동사가 e로 끝나면 -d만 붙인다.
　　　예 hope → hoped

B형은 -ed를 붙여야 하는데
이미 e가 있으니까
-d만 붙이는 거야.

● 동사를 과거형으로 쓰세요.

1. hope 바라다	2. wash 씻다	3. dance 춤추다	4. miss 그리워하다
hoped			
5. close 닫다	6. work 일하다	7. clean 청소하다	8. like 좋아하다
9. live 살다	10. cook 요리하다	11. watch 보다	12. die 죽다

● 위의 동사를 규칙에 맞게 분류하세요.

A형 | 동사원형 + -ed

이건 따로
외울 필요 없어!

washed ＿＿＿＿ ＿＿＿＿ ＿＿＿＿ ＿＿＿＿ ＿＿＿＿

B형 | 동사원형 + -d

외우지 말고
동사 끝에 -e가 있는지
확인만 해!

hoped ＿＿＿＿ ＿＿＿＿ ＿＿＿＿ ＿＿＿＿ ＿＿＿＿

시제훈련 02   동사의 과거형을 만드는 원리

C형 | '자음＋y'로 끝나는 동사는 y를 i로 고친 뒤 -ed를 붙인다.

　　예) cry ➡ cri**ed**

D형 | '단모음＋단자음'으로 끝나는 동사는 끝의 자음을 한 번 더 쓰고 -ed를 붙인다.

　　예) jog ➡ jog**ged**

● 동사를 과거형으로 쓰세요.

1. hug 껴안다	2. drop 떨어뜨리다	3. study 공부하다	4. clap 박수치다
hugged			
5. bury (땅에) 묻다	6. plan 계획을 세우다	7. stop 멈추다	8. rob 도둑질하다
9. try 애쓰다	10. carry 나르다	11. shop 쇼핑하다	12. hop 깡충 뛰다

● 위의 동사를 규칙에 맞게 분류해 보세요.

C형 | y를 i로 고친 뒤＋-ed

studied ＿＿＿＿＿ ＿＿＿＿＿ ＿＿＿＿＿

D형 | 끝의 자음 반복＋-ed

hugged ＿＿＿＿＿ ＿＿＿＿＿ ＿＿＿＿＿

＿＿＿＿＿ ＿＿＿＿＿ ＿＿＿＿＿

1단계 | 먼저 동사의 원형을 생각하자 ・lives → live 　　・jogs → jog
2단계 | 동사에 맞는 규칙을 적용하자 ・live(e로 끝나는 동사) + -d 　　・jog(단모음 + 단자음) + ged

● 3인칭 단수 동사의 현재형을 과거형으로 바꾸세요.

1.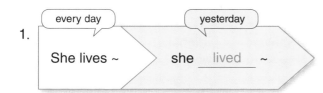

2. He watches ~ 　He _____ ~

3. It closes ~ 　It _____ ~

4. He hops ~ 　He _____ ~

5. She claps ~ 　She _____ ~

6. He washes ~ 　He _____ ~

7. She drops ~ 　She _____ ~

8. He robs ~ 　He _____ ~

9.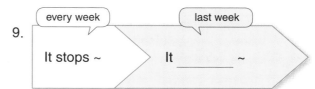

10.

11.

12.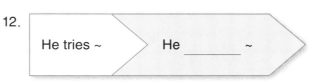

13.

14.

15.

16.

● 주어진 동사를 이용해 우리말에 알맞은 문장을 완성하세요.

| hug | bury | cook | clap | like | stop | wash | work | close | study |

	현재 시제(~하다)	과거 시제(~했다)
1.	She _____ dinner. 그녀는 저녁을 요리한다.	She _____ dinner. 그녀는 저녁을 요리했다.
2.	They _____ hard. 그들은 열심히 일한다.	They _____ hard. 그들은 열심히 일했다.
3.	The bus _____ here. 그 버스는 여기서 멈춘다.	The bus _____ again. 그 버스는 다시 멈췄다.
4.	I _____ the door. 나는 문을 닫는다.	I _____ the window. 나는 창문을 닫았다
5.	They _____ their hands. 그들은 박수를 친다.	They _____ at that time. 그들은 그때 박수를 쳤다
6.	My father _____ his car. 아버지는 세차를 하신다.	My father _____ his hands. 아버지는 손을 씻으셨다.
7.	The boy _____ his mother. 소년은 그의 엄마를 껴안는다.	The boy _____ his pet. 소년은 그의 애완견을 껴안았다.
8.	The dog _____ a bone. 개는 뼈를 묻는다.	The dog _____ her shoe. 그 개는 그녀의 신을 묻었다.
9.	I _____ English. 나는 영어를 공부한다.	I _____ . 나는 영어를 공부했다.
10.	He _____ . 그는 그의 엄마를 좋아한다.	_____ 그는 그의 애완견을 좋아했다.

04 자주 쓰는 동사는 불규칙형이 많아

단순현재	현재진행	현재완료
단순과거	과거진행	과거완료

~했다

1. 제멋대로 변하는 동사도 있다

> I **met** my friends. 나는 친구들을 만났어.
> We **saw** a movie. 우리는 영화를 봤어.
> We **had** a good time. 우리는 무척 즐거웠어.

이 문장에서 동사들을 찾아볼까? 그리고 그 옆에 쓰인 동사원형과 비교해 봐.

met : meet
만났다 : 만나다

saw : see
보았다 : 보다

had : have
가졌다 : 가지다

규칙을 찾을 수 없지? 이렇게 제멋대로 변하는 동사들을 불규칙형이라고 해. 하지만 걱정하지 마!
불규칙형은 우리가 자주 쓰는 말들이라 쓰다 보면 금방 익숙해질 거야.
또 제멋대로라도 유형이 있으니 비슷하게 변하는 것끼리 외우면 돼.

2. 불규칙형 동사는 비슷한 유형끼리 외우자

❶ 동사원형과 과거형이 같은 경우 ➡ 가장 적어요.

cut ➡ cut   hit ➡ hit   let ➡ let
잘랐다   쳤다   시켰다

❷ 동사원형과 과거형이 다른 경우 ➡ 가장 어려워요.

say ➡ said   eat ➡ ate   see ➡ saw
말했다   먹었다   보았다

불규칙형 동사는
나올 때마다
손과 입으로
함께 외워야 해.

❸ 동사원형과 과거형이 닮은 경우 ➡ 가장 많아요.

run ➡ ran   swim ➡ swam   build ➡ built
달렸다   수영했다   지었다

꼭 외워야 할 불규칙 동사 - 3가지 유형별로 외우자!

1. 동사원형과 과거형의 모양이 같은 경우 ➡ 가장 쉬우니까 먼저 외우자!
2. 동사원형과 과거형의 모양이 다른 경우 ➡ 가장 어려운 형태야!
3. 동사원형과 과거형의 모양이 닮은 경우 ➡ 유형별로 묶어서 외우자!

● 동사의 과거형을 쓰면서 외우세요.

1. 동사원형과 과거형의 모양이 같은 경우

동사원형	과거형 쓰기 연습		동사원형	과거형 쓰기 연습	
cut 자르다	cut 잘랐다	_____	let 시키다	le__ 시켰다	_____
put 놓다	put 놓았다	_____	hit 치다	hi__ 쳤다	_____

2. 동사원형과 과거형의 모양이 다른 경우

동사원형	과거형	과거형 쓰기 연습		
say 말하다	said 말했다	said	sa _ _	_____
have 가지다	had 가졌다	ha_	_ _ d	_____
do 하다	did 했다	d _ _	_____	
go 가다	went 갔다	we _ _	_ _ nt	_____
eat 먹다	ate 먹었다	a _ _	_ _ e	_____
see 보다	saw 보았다	sa_	s _ _	_____
take 가지고 가다	took 가지고 갔다	to _ _	_ _ ok	_____
buy 사다	bought 샀다	bou _ _ _	_ _ _ ght	_____
teach 가르치다	taught 가르쳤다	tau _ _ _	_ _ _ ght	_____
find 찾다	found 찾았다	fo _ _ _	_ _ _ nd	_____
sleep 자다	slept 잤다	sl _ _ _	_ _ _ _ t	_____

다 썼으면 과거형을 손으로 가리고 말해 봐.
틀린 것은 표시해 두고, 여러 번 읽고 써 봐!

3-1. 동사원형과 과거형의 모양이 닮은 경우 : 자음이 바뀌는 경우

동사원형	과거형	과거형 쓰기 연습		
build 짓다	built 지었다	built	bu _ _ _	___
hear 듣다	heard 들었다	he _ _ _	_ ea _ _	___
make 만들다	made 만들었다	ma _ _	m _ _ _	___
send 보내다	sent 보냈다	se _ _	_ en _	___
spend 쓰다	spent 썼다	sp _ _ _	_ _ en _	___

3-2. 동사원형과 과거형의 모양이 닮은 경우 : 모음이 바뀌는 경우 〈 모음은 a, e, i, o, u 〉

동사원형	과거형	과거형 쓰기 연습		
run 달리다	ran 달렸다	ran	r _ _	___
get 가지다	got 가졌다	g _ _	_ _ t	___
sit 앉다	sat 앉았다	s _ _	_ _ t	___
stand 서다	stood 섰다	_ _ ood	_ _ _ od	___
win 이기다	won 이겼다	_ o _	_ _ n	___
sing 노래하다	sang 노래했다	_ an _	_ _ ng	___
come 오다	came 왔다	_ am _	_ _ _ e	___
meet 만나다	met 만났다	m _ _	_ _ t	___
swim 수영하다	swam 수영했다	s _ m	s _ _ _	___
drink 마시다	drank 마셨다	dr _ _ _	_ _ _ nk	___
write 쓰다	wrote 썼다	w _ te	_ _ te	___
fly 날다	flew 날았다	fl _ _	_ _ _ w	___
draw 그리다	drew 그렸다	dr _ _	_ _ _ w	___
grow 자라다	grew 자랐다	g _ w	g _ _ _	___
know 알다	knew 알았다	kn _ _	_ _ _ w	___
throw 던지다	threw 던졌다	th _ _ _	th _ _ w	___

LINK 꼭 외워야 할 불규칙 동사표(174쪽)

현재 시제 | He **sits** here every day. 그는 매일 여기에 **앉는다.**

과거 시제 | He **sat** here yesterday. 그는 어제 여기에 **앉았다.**

● 주어진 동사를 과거형으로 바꾸세요.

1. every day / yesterday
   I cut ~ / I _____ ~

2. You put ~ / You _____ ~

3. She says ~ / She _____ ~

4. He has ~ / He _____ ~

5. She teaches ~ / She _____ ~

6. It does ~ / It _____ ~

7. I build ~ / I _____ ~

8. We win ~ / We _____ ~

9. every week / last week
   He makes ~ / He _____ ~

10. She runs ~ / She _____ ~

11. It flies ~ / It _____ ~

12. The fish swims ~ / It _____ ~

13. Boys come ~ / They _____ ~

14. Tom eats ~ / He _____ ~

15. Jane knows ~ / She _____ ~

16. Mom makes ~ / She _____ ~

34

● 주어진 동사를 이용해 우리말에 알맞은 문장을 완성하세요.

| do | buy | eat | see | come | draw | have | play | sing | teach |

	현재 시제(~하다)	과거 시제(~했다)
1.	He _____ his best. 그는 최선을 다한다.	He _____ his best. 그는 최선을 다했다.
2.	She _____ English. 그녀는 영어를 가르친다.	She _____ English. 그녀는 영어를 가르쳤다
3.	I _____ a song. 나는 노래를 부른다.	I _____ a song. 나는 노래를 불렀다.
4.	The boy _____ a bike. 그 소년은 자전거를 산다	The boy _____ an eraser. 그 소년은 지우개를 샀다.
5.	He _____ many friends. 그는 친구가 많다.	He _____ big eyes. 그는 큰 눈을 가졌었다.
6.	Ellen _____ lunch. 엘렌은 점심을 먹는다.	Ellen _____ dinner. 엘렌은 저녁을 먹었다.
7.	Bill _____ a picture. 빌은 그림을 그린다.	Bill _____ my face. 빌은 내 얼굴을 그렸다.
8.	The girl _____ late. 그 소녀는 늦게 온다.	The girl _____ early. 그 소녀는 일찍 왔다.
9.	We _____ soccer. 우리는 축구를 한다.	We _____ _____. 우리는 축구를 했다.
10.	She _____ her _____. 그녀는 그녀의 자전거를 본다.	_____ 그녀는 그녀의 그림을 봤다.

05 be동사의 현재형과 과거형

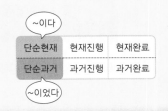
1. be동사는 시제와 주어에 따라 형태가 달라진다

be동사는 현재나 과거형이 be가 아닌 다른 모양으로 쓰이는 특이한 동사야.
be동사의 현재형은 3가지 형태(am, are, is), 과거형은 2가지 형태(was, were)가 있어.

우리는 모두
be동사 가족!

현재형   과거형

2. be동사의 현재형(~이다/~있다)은 am, are, is

❶ 주어가 I일 때는 am을, you, we, they, 복수일 때는 are를 쓴다.

> I am happy. 나는 행복하다.
> Your hands are dirty. 네 손은 더럽다.

❷ 주어가 he, she, it, 단수일 때는 is를 쓴다.

> The boy is here. 그 소년은 여기에 있다. (The boy = He)
> Ms. Lee is a cook. 이 선생님은 요리사다. (Ms. Lee = She)
> The dog is smart. 그 개는 영리하다. (The dog = It)

am, are, is가 모두
be동사의 현재형!

3. be동사의 과거형(~이었다/~있었다)은 was, were

주어가 I, he, she it, 단수일 때는 was를, you, we, they, 복수인 경우 were를 쓴다.

> I was shocked. 나는 충격을 받았다.
> Mike was in London. 마이크는 런던에 있었다. (Mike = He)
> We were cooks. 우리는 요리사였다.

am과 is의 과거형은 was,
are의 과거형은 were!

단·복수 시제	주어가 단수일 때	주어가 복수일 때
현재	The boy **is** hungry. 그 소년은 배가 고프다.	The boys **are** hungry. 그 소년들은 배가 고프다.
과거	The boy **was** hungry. 그 소년은 배가 고팠다.	The boys **were** hungry. 그 소년들은 배가 고팠다.

 주어에 알맞은 동사에 동그라미하세요.

1. She is / are here.

2. The books is / are new.

3. The bus was / were late.

4. The books is / were easy.

5. She are / was kind.

6. The man is / were tall.

7. The river is / are long.

8. Summer is / were hot.

9. We is / are here.

10. This pen is / are new.

11. We was / were late.

12. It are / was easy.

13. They is / were kind.

14. The trees is / are tall.

15. Her hair is / were long.

16. The coffee are / was hot.

37

1. 명사는 단수와 복수로 구별하거나, 대명사로 바꿔서 생각해 본다.

   The king (왕 → he → 단수) + **is/was**

2. 소유격(my, our, your, his) 뒤에 나오는 명사가 단수인지 복수인지에 따라 be동사를 선택한다.

   My brothers (소년들 → 복수) + **are/were**

3. and로 연결된 경우 대부분은 복수 취급한다.

   Ben and Ken (벤과 켄 → 복수) + **are/were**

● 주어에 알맞은 be동사의 현재형과 과거형을 쓰세요.

1. I	2. They	3. Her shoes	4. He
am/was			
5. his bag	6. Your face	7. The class	8. People
9. My hands	10. The moon	11. Tom and I	12. Some boys
13. Your hair	14. My friends	15. Bob and Jack	16. His parents

be동사는
시제와 주어에 따라
형태가 달라져!

be동사의 현재형과 과거형 쓰기

1. 현재 시제(~이다, ~있다): am, are, is

    I **am** tired. 나는 피곤하다. We **are** tired. 우리는 피곤하다

2. 과거 시제(~이었다, ~있었다): was, were

    I **was** tired. 나는 피곤했다. We **were** tired. 우리는 피곤했다.

● 시제와 주어에 알맞은 동사 형태로 바꾸세요.

현재 시제(~이다, ~있다)	과거 시제(~이었다, ~있었다)
1. I _____ happy. 나는 행복하다.	9. I _____ tired. 나는 피곤했다.
2. My sister _____ sad. 나의 여동생은 슬프다.	10. Your friends _____ late. 네 친구들은 늦었다.
3. The girl _____ there. 그 소녀는 거기 있다.	11. Tom _____ sleepy. 탐은 졸렸다.
4. We _____ here. 우리는 여기 있다.	12. His parents _____ busy. 그의 부모님들은 바빴다.
5. They _____ new. 그것들은 새것이다.	13. Your sisters _____ at home. 네 여동생들은 집에 있었다.
6. It _____ very old. 그것은 아주 오래된 것이다.	14. David _____ at school. 데이비드는 학교에 있었다.
7. Amy _____ short. 에이미는 키가 작다.	15. The singer _____ in Seoul. 그 가수는 서울에 있었다.
8. The trees _____ tall. 그 나무들은 키가 크다.	16. The actors _____ in London. 그 배우들은 런던에 있었다.

● 우리말에 알맞은 be동사를 골라 문장을 완성하세요.

| am | are | is | was | were |

1. I _____ at home.
   나는 집에 있다.

2. My father _____ at work.
   아버지는 근무 중이다(직장에 있다).

3. The students _____ hungry.
   그 학생들은 배고팠다.

4. Your hands _____ clean.
   네 손은 깨끗하다.

5. His room _____ dark.
   그의 방은 어두웠다.

6. The apples _____ red.
   그 사과들은 빨갛다.

7. Ben _____ short.
   벤은 키가 작다.

8. The cookies _____ sweet.
   그 쿠키는 달았다.

9. It _____ cold yesterday.
   어제는 추웠다.

10. The dog _____ cute.
    그 개는 귀여웠다.

11. She _____ busy.
    그녀는 바빴다.

12. Your shirt _____ dirty.
    네 셔츠는 더럽다.

13. Her shoes _____ shiny.
    그녀의 신발은 반짝거렸다.

14. The sky _____ blue.
    하늘은 파랗다.

15. His brother _____ 10 years old.
    그의 남동생은 10살이다.

16. The buildings _____ tall.
    그 건물들은 높다.

17. I _____ tired.
    나는 피곤했다.

18. Ben and Ken _____ hungry.
    벤과 켄은 배고프다.

19. The dog _____.
    그 개는 깨끗하다.

20. _____
    그의 남동생은 배가 고프다.

06 be동사의 부정문과 의문문

단순현재	현재진행	현재완료
단순과거	과거진행	과거완료

우리가 앞서 배운 것은 '**평**범하게 **서**술하는 **문장**'인 **평서문**이야.
평서문에는 **긍정문과 부정문**이 있어.
이번에는 be동사의 긍정문을 부정문으로, 평서문을 의문문으로 바꿔 보는 방법을 배워 볼 거야.

1. 부정문으로 바꾸기

be동사의 부정문은 **be동사 뒤에 not**을 써 주면 돼.
'be동사+not'은 줄여 쓰는 것이 일반적이야.

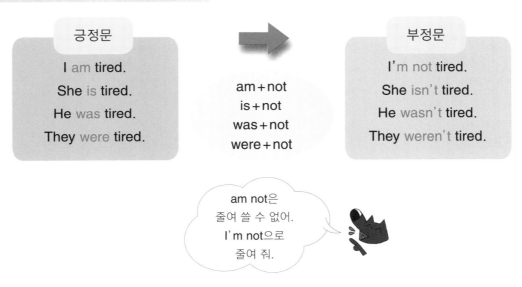

긍정문
I am tired.
She is tired.
He was tired.
They were tired.

am+not
is+not
was+not
were+not

부정문
I'm not tired.
She isn't tired.
He wasn't tired.
They weren't tired.

am not은
줄여 쓸 수 없어.
I'm not으로
줄여 줘.

2. 의문문으로 바꾸기

be동사의 의문문은 **be동사를 주어 앞으로** 옮겨 만들 수 있어.
그리고 문장의 첫 글자는 대문자로 써야 해!

평서문
You are happy.
She is happy.
He was happy.
They were happy.

be동사를
주어 앞으로!

의문문
Are you happy?
Is she happy?
Was he happy?
Were they happy?

시제훈련 01 be동사의 부정문 만들기

1단계 | be동사 뒤에 not을 써 준다. 예 She is $\overset{not}{\diagup}$ pretty.

2단계 | be동사 + not은 줄여 쓸 수 있다. 예 She isn't pretty.

isn't 스펠링 외우는 방법!

is n' t

not에서 o가 빠진 대신 '가 붙은 거야.

● 다음 문장을 부정문으로 바꾸세요.

1. My mother is at work.
우리 어머니는 근무 중이다.

→ My mother _____ at work.
우리 어머니는 일하는 중이 아니다.

2. We are full.
우리는 배가 부르다.

→ We _____ full.
우리는 배가 안 부르다.

3. They were sick.
그들은 아팠다.

→ They _____ sick.
그들은 아프지 않았다.

4. They are smart.
그들은 영리하다.

→ They _____ smart.
그들은 영리하지 않다.

5. It is my bag.
그것은 내 가방이다.

→ It _____ my bag.
그것은 내 가방이 아니다.

6. We were cold.
우리는 추웠다.

→ We _____ cold.
우리는 춥지 않았다.

7. Ellen is my friend.
엘렌은 내 친구다.

→ Ellen _____ my friend.
엘렌은 내 친구가 아니다.

8. My dog was lazy.
우리 개는 게을렀다.

→ My dog _____ lazy.
우리 개는 게으르지 않았다.

9. I was bored.
나는 지루했다.

→ I _____ bored.
나는 지루하지 않았다.

10. They were your shoes.
그것들은 네 신발이었다.

→ They _____ your shoes.
그것들은 네 신발이 아니었다.

11. Amy is sleepy.
에이미는 졸린다.

→ Amy _____ sleepy.
에이미는 졸리지 않는다.

12. You are handsome.
너는 잘생겼다.

→ You _____ handsome.
너는 잘생긴 게 아니다.

1단계 | be동사를 주어 앞으로 옮긴다.　　　예 She **is** pretty.

2단계 | 첫 글자를 대문자로 바꾸고 '?'를 맨 끝에 쓴다.　　예 **Is** she pretty?

● 다음 문장을 의문문으로 바꾸세요.

1. He is at home.
그는 집에 있다.

→ _____ _____ at home?
그는 집에 있니?

2. You were hungry.
너는 배가 고팠다.

→ _____ _____ hungry?
너는 배가 고팠니?

3. They were right.
그들이 옳았다.

→ _____ _____ right?
그들이 옳았니?

4. They are his cousins.
그들은 그의 사촌들이다.

→ _____ _____ his cousins?
그들은 그의 사촌들이니?

5. It was cold yesterday.
어제는 추웠다.

→ _____ _____ cold yesterday?
어제 추웠니?

6. We were cold.
우리는 추웠다.

→ _____ _____ cold?
우리는 추웠니?

7. Mike is your brother.
마이크는 네 동생이다.

→ _____ _____ your brother?
마이크는 네 동생이니?

8. Your dog was cute.
너의 개는 귀여웠다.

→ _____ _____ _____ cute?
너의 개는 귀여웠니?

9. She was busy.
그녀는 바빴다.

→ _____ _____ busy?
그녀는 바빴니?

10. This is yours.
이것은 네 것이다.

→ _____ _____ yours?
이것은 네 것이니?

11. We are ready.
우리는 준비가 되었다.

→ _____ _____ ready?
우리는 준비가 되었니?

12. You are handsome.
너는 잘생겼다.

→ _____ _____ handsome?
너는 잘생겼니?

● 우리말에 알맞게 be동사의 부정문을 완성하세요. (단, be동사+not은 줄임말로 쓰세요.)

| am | are | is | was | were |

	현재 시제(~아니다, ~없다)	과거 시제(~아니었다, ~없었다)
1.	We _____ cold. 우리는 춥지 않다.	We _____ cold. 우리는 춥지 않았다.
2.	They _____ wrong. 그들은 틀린 게 아니다.	They _____ wrong. 그들은 틀린 게 아니었다.
3.	I _____ ready. 나는 준비가 안 되어 있다.	I _____ late. 나는 늦지 않았다.
4.	Mike _____ my cousin. 마이크는 내 사촌이 아니다.	Mike _____ my friend. 마이크는 내 친구가 아니었다.
5.	I _____ busy. 나는 안 바쁘다.	I _____ tired. 나는 피곤하지 않았다.
6.	Amy _____ full. 에이미는 배부르지 않다.	Amy _____ hungry. 에이미는 배고프지 않았다.
7.	My mother _____ at home. 우리 어머니는 집에 없다.	My mother _____ at work. 우리 어머니는 근무하지 않았다.
8.	The dogs _____ smart. 그 개들은 영리하지 않다.	The dogs _____ lazy. 그 개들은 게으르지 않았다.
9.	The book _____ fun. 그 책은 재미있지 않다.	The book _____ fun. 그 책은 재미있지 않았다.
10.	Mike _____ _____ . 마이크는 배고프지 않다.	_____ 마이크는 집에 없었다.

44

● 우리말에 알맞게 be동사의 의문문을 완성하세요.

am　　　are　　　is　　　was　　　were

	현재 시제(~이니?, ~있니?)	과거 시제(~이었니?, ~있었니?)
1.	_____ _____ happy? 너는 기쁘니?	_____ _____ happy? 너는 기뻤니?
2.	_____ _____ right? 내가 맞니(옳은 거니)?	_____ _____ right? 내가 맞았니(옳았니)?
3.	_____ _____ ready? 너는 준비가 되었니?	_____ _____ late? 너는 늦었니?
4.	_____ _____ your friend? 그가 네 친구니?	_____ _____ your brother? 그가 네 동생이었어?
5.	_____ _____ free? 그녀는 한가하니?	_____ _____ sleepy? 그녀는 졸렸니?
6.	_____ _____ nice? 그것은 멋지니?	_____ _____ easy? 그것은 쉬웠니?
7.	_____ _____ at school? 네 남동생은 수업 중이니?	_____ _____ at home? 네 남동생은 집에 있었니?
8.	_____ _____ here? 그들은 여기 있니?	_____ _____ kind? 그들은 친절했니?
9.	_____ _____ new? 그 책은 새 거야?	_____ _____ yours? 그 책이 네 것이었니?
10.	_____ 네 친구는 친절하니?	_____ 네 친구는 집에 있었니?

07 일반동사의 부정문

1. 일반동사의 부정문에는 do, does, did를 붙인다

be동사의 부정문은 be동사 뒤에 not을 붙인다고 했지?
그 외 모든 동사는 **부정문을 만들 때, 즉 not을 붙일 때는 '두더지'**를
기억하면 더 쉬워져.
무슨 말이냐고? 아래를 잘 봐.

Do Does
두 더즈

do/does/did not을
주어와 동사 사이에!

긍정문	부정문
I cook. 나는 요리한다.	I do not cook. = I don't cook. 나는 요리하지 않는다.
She cooks. 그녀는 요리한다.	She does not cook. = She doesn't cook. 그녀는 요리하지 않는다.
I cooked. 나는 요리했다.	I did not cook. = I didn't cook. 나는 요리하지 않았다.
She cooked. 그녀는 요리했다.	She did not cook. = She didn't cook. 그녀는 요리하지 않았다.

> does는 do의 3인칭 단수형
> → 주어가 3인칭 단수일 때

> did는 do의 과거형
> → 과거 시제일 때

긍정문에서 부정문으로 바꿀 때 공통적으로 붙이는 게 있지?
맞아! 'do/does/did'야! 'do, does'의 발음이 두더지를 닮았잖아.
두더지(do, does)를 기억하면 did는 자연스럽게 함께 생각날 거야.

2. do, does, did 뒤에는 동사원형을 쓴다

그리고 중요한 한 가지!
do/does/did 뒤에 반드시 동사원형을 써야 해!

She doesn't cook.

I didn't cook.

두(Do) 더즈(Does)
뒤에는 동사원형!

1단계 | 주어에 맞게 do나 does 중 하나를 선택   예 I go. → (do, does)

2단계 | do/does + not을 줄여서 동사 앞으로!   예 do not → don't

3단계 | 동사는 반드시 동사원형!   예 I don't go.

● 다음 문장을 부정문으로 바꾸세요. (단, do/does/did+not은 줄임말로 쓰세요.)

1. He comes home.

그는 집에 온다.

→ He doesn't come home.

그는 집에 오지 않는다.

2. I know you.

나는 너를 안다.

→ I _____ _____ you.

나는 너를 알지 못한다.

3. They live in Korea.

그들은 한국에 산다.

→ They _____ _____ in Korea.

그들은 한국에 살지 않는다.

4. She works hard.

그녀는 열심히 일한다.

→ She _____ _____ hard.

그녀는 열심히 일하지 않는다.

5. It grows fast.

그것은 빨리 자란다.

→ It _____ _____ fast.

그것은 빨리 자라지 않는다.

6. Tom studies here.

탐은 여기서 공부한다.

→ Tom _____ _____ here.

탐은 여기서 공부하지 않는다.

7. Ellen watches TV.

엘렌은 TV를 본다.

→ Ellen _____ _____ TV.

엘렌은 TV를 보지 않는다.

8. My dog eats a lot.

내 개는 많이 먹는다.

→ My dog _____ _____ a lot.

내 개는 많이 먹지 않는다.

9. David plays soccer.

데이비드는 축구를 한다.

→ David _____ _____ soccer.

데이비드는 축구를 하지 않는다.

10. My mother cooks well.

나의 어머니는 요리를 잘한다.

→ My mother _____ _____ well.

나의 어머니는 요리를 잘하지 않는다.

11. Amy leaves early.

에이미는 일찍 떠난다.

→ Amy _____ _____ early.

에이미는 일찍 떠나지 않는다.

12. You look nice.

너는 멋있어 보인다.

→ You _____ _____ nice.

너는 멋있어 보이지 않는다.

1단계 | did를 선택 　　　　　　　　예 I went. → (do, does, did)

2단계 | did not을 줄여서 동사 앞으로! 　예 did not → didn't

3단계 | 동사는 반드시 동사원형! 　　　예 I didn't go.

● 다음 문장을 부정문으로 바꾸세요. (단, do/does/did+not은 줄임말로 쓰세요.)

1. He came home.

　그는 집에 왔다.

→ He ___didn't___ ___come___ home.

　그는 집에 오지 않았다.

2. I knew you.

　나는 너를 알았다.

→ I _____ _____ you.

　나는 너를 알지 못했다.

3. They lived in Korea.

　그들은 한국에 살았다.

→ They _____ _____ in Korea.

　그들은 한국에 살지 않았다.

4. She worked hard.

　그녀는 열심히 일했다.

→ Shey _____ _____ hard.

　그녀는 열심히 일하지 않았다.

5. It grew fast.

　그것은 빨리 자랐다.

→ It _____ _____ fast.

　그것은 빨리 자라지 않았다.

6. Ben studied here.

　벤은 여기서 공부했다.

→ Ben _____ _____ here.

　벤은 여기서 공부하지 않았다.

7. Ellen watched TV.

　엘렌은 TV를 봤다.

→ Ellen _____ _____ TV.

　엘렌은 TV를 보지 않았다.

8. My dog ate a lot.

　내 개는 많이 먹었다.

→ My dog _____ _____ a lot.

　내 개는 많이 먹지 않았다.

9. David played soccer.

　데이비드는 축구를 했다.

→ David _____ _____ soccer.

　데이비드는 축구를 하지 않았다.

10. My mother cooked well.

　우리 어머니는 요리를 잘했다.

→ My mother _____ _____ well.

　우리 어머니는 요리를 잘 못 했다.

11. Amy left early.

　에이미는 일찍 떠났다.

→ Amy _____ _____ early.

　에이미는 일찍 떠나지 않았다.

12. You looked nice.

　너는 멋있어 보였다.

→ You _____ _____ nice.

　너는 멋있어 보이지 않았다.

1단계 | 주어와 시제에 맞는 do/does/did 중 하나를 선택한다.

2단계 | do/does/did + not을 줄이고 동사 바로 앞으로!

3단계 | don't/doesn't/didn't 뒤에는 반드시 동사원형!

● 다음 문장을 부정문으로 바꾸세요. (단, do/does/did+not은 줄임말로 쓰세요.)

1. I go home.

   나는 집에 간다.

   → I _don't_ _go_ home.
   나는 집에 가지 않는다.

2. They wait for a bus.

   그들은 버스를 기다린다.

   → They _____ _____ for a bus.
   그들은 버스를 기다리지 않는다.

3. I ran fast.

   나는 빨리 달렸다.

   → I _____ _____ fast.
   나는 빨리 달리지 않았다.

4. She knows it.

   그녀는 그것을 안다.

   → She _____ _____ it.
   그녀는 그것을 알고 있지 않다.

5. It stopped.

   그것은 멈췄다.

   → It _____ _____.
   그것은 멈추지 않았다.

6. He eats noodles.

   그는 면을 먹는다.

   → He _____ _____ noodles.
   그는 면을 먹지 않는다.

7. I said so.

   나는 그렇게 말했다.

   → I _____ _____ so.
   나는 그렇게 말하지 않았다.

8. He came.

   그는 왔다.

   → He _____ _____.
   그는 오지 않았다.

9. I did it.

   나는 그것을 했다.

   → I _____ _____ it.
   나는 그것을 하지 않았다.

10. She wrote this.

    그녀는 이것을 썼다.

    → She _____ _____ this.
    그녀는 이것을 쓰지 않았다.

11. We bought this.

    우리는 이것을 샀다.

    → We _____ _____ this.
    우리는 이것을 사지 않았다.

12. He studies hard.

    그는 열심히 공부한다.

    → He _____ _____ hard.
    그는 열심히 공부하지 않는다.

시제훈련 04   단순 시제의 부정문 비교하기

● 주어진 동사를 이용해 우리말에 알맞은 문장을 완성하세요.

| dance | buy | go | grow | help | play | sell | sing | study | work |

	현재 시제(~하지 않는다)	과거 시제(~하지 않았다)
1.	She _____ _____ out. 그녀는 외출하지 않는다.	She _____ _____ out. 그녀는 외출하지 않았다
2.	They _____ _____ hard. 그들은 열심히 일하지 않는다.	They _____ _____ hard. 그들은 열심히 일하지 않았다.
3.	She _____ _____ well. 그녀는 노래를 잘 못 부른다.	She _____ _____ last night. 그녀는 지난밤에 노래를 안 불렀다.
4.	He _____ _____ the piano. 그는 그 피아노를 치지 않는다.	He _____ _____ the guitar. 그는 그 기타를 치지 않았다.
5.	I _____ _____ here. 나는 여기서 춤을 추지 않는다.	I _____ _____ with her. 나는 그녀와 춤추지 않았다.
6.	The tree _____ _____ well. 그 나무는 잘 자라지 않는다.	The tree _____ _____ big. 그 나무는 크게 자라지 않았다.
7.	He _____ _____ a pen. 그는 펜을 사지 않는다.	He _____ _____ an eraser. 그는 지우개를 사지 않았다.
8.	You _____ _____ me. 너는 나를 돕지 않는다.	You _____ _____ them. 너는 그들을 돕지 않았다.
9.	We _____ _____ hard. 우리는 열심히 공부하지 않는다.	We _____ _____ hard. 우리는 열심히 공부하지 않았다.
10.	The store _____ . 그 가게는 펜을 팔지 않는다.	_____ 그 가게는 그 기타를 팔지 않았다.

08 일반동사의 의문문

1. 일반동사의 의문문은 do, does, did를 주어 앞에 써 준다

be동사는 의문문을 만들 때 be동사만 주어 앞으로 보내면 됐지?
하지만 다른 일반동사들은 be동사와 달라.
일반동사의 부정문을 만들 때 두더지를 기억하라고 했지?
그런데 **일반동사의 의문문을 만들 때도 두더지를 기억**해야 해.
아래 평서문과 의문문을 잘 비교해 봐.

**do/does/did를
주어 앞에 쓰자!**

평서문	의문문
You cook. 너는 요리한다.	Do you cook? 너는 요리하니?
She cooks. 그녀는 요리한다.	Does she cook? 그녀는 요리하니?
You cooked. 너는 요리했다.	Did you cook? 너는 요리했니?
She cooked. 그녀는 요리했다.	Did she cook? 그녀는 요리했니?

does는 do의 3인칭 단수형
→ 주어가 3인칭 단수일 때

did는 do의 과거형
→ 과거 시제일 때

평서문에서 의문문으로 문장을 바꿀 때 공통적으로 붙여 주는 게 있지?
맞아! '**do/does/did**'야! 꼭 기억해 둬.

2. 일반동사의 의문문 만들기

❶ 주어와 시제에 맞게 **do/does/did를 선택**한다.

❷ **do/does/did를 주어 앞으로** 보내고, 문장 **첫 글자는 대문자**로 바꾼다!
   Does she cook?

❸ do/does/did 뒤에는 **반드시 동사원형**을 쓴다.
   Did you cook?

51

시제훈련 01　현재 시제의 의문문 만들기

1단계 | 주어에 맞게 do나 does 중 하나를 선택
2단계 | 주어와 위치를 바꾸고 대문자로!
3단계 | Do/Does 뒤에는 반드시 동사원형!

예 She goes. → (do, does)
예 does She → Does she
예 Does she go?

● 다음 문장을 의문문으로 바꾸세요.

1. He has a cold.
   그는 감기에 걸렸다.

   → Does he have a cold?
   그는 감기에 걸렸니?

2. The boy sings well.
   그 소년은 노래를 잘한다.

   → _____ _____ _____ _____
   well? 그 소년은 노래를 잘하니?

3. She knows us.
   그녀는 우리를 안다.

   → _____ _____ _____ us?
   그녀는 우리를 아니?

4. You buy many books.
   너는 책을 많이 산다.

   → _____ _____ _____ many books?
   너는 책을 많이 사니?

5. Ben watches TV.
   벤은 TV를 시청한다.

   → _____ _____ _____ TV?
   벤은 TV를 시청하니?

6. They eat breakfast.
   그들은 아침을 먹는다.

   → _____ _____ _____ breakfast?
   그들은 아침을 먹니?

7. You work hard.
   너는 열심히 일한다.

   → _____ _____ _____ hard?
   너는 열심히 일하니?

8. They live in London.
   그들은 런던에 산다.

   → _____ _____ _____ in London?
   그들은 런던에 사니?

9. The man teaches English.
   그 남자는 영어를 가르친다.

   → _____ _____ _____ _____
   English? 그 남자는 영어를 가르치니?

10. The bird flies away.
    그 새는 날아간다.

    → _____ _____ _____ _____
    away? 그 새는 날아가니?

11. Ellen tries hard.
    엘렌은 노력한다.

    → _____ _____ _____ hard?
    엘렌은 노력하니?

12. The man fixes a roof.
    그 남자는 지붕을 고친다.

    → _____ _____ _____ _____
    a roof? 그 남자는 지붕을 고치니?

시제훈련 02 과거 시제의 의문문 만들기

1단계 | did를 선택   예 They went. → (do, does, did)

2단계 | 주어와 위치를 바꾸고 대문자로!   예 did They → Did they

3단계 | Did 뒤에는 반드시 동사원형!   예 Did they go?

● 다음 문장을 의문문으로 바꾸세요.

1. He had a cold.
그는 감기에 걸렸다.

→ ___Did he have___ a cold?
그는 감기에 걸렸니?

2. The boy sang well.
그 소년은 노래를 잘했다.

→ _____ _____ _____
well? 그 소년은 노래를 잘했니?

3. She knew us.
그녀는 우리를 알았다.

→ _____ _____ _____ us?
그녀는 우리를 알았니?

4. You bought many books.
너는 책을 많이 샀다.

→ _____ _____ _____ many books?
너는 책을 많이 샀니?

5. Ben watched TV.
벤은 TV를 시청했다.

→ _____ _____ _____ TV?
벤은 TV를 시청했니?

6. They ate breakfast.
그들은 아침을 먹었다.

→ _____ _____ _____ breakfast?
그들은 아침을 먹었니?

7. You worked hard.
너는 열심히 일했다.

→ _____ _____ _____ hard?
너는 열심히 일했니?

8. They lived in London.
그들은 런던에 살았다.

→ _____ _____ _____ in London?
그들은 런던에 살았니?

9. The man taught English.
그 남자는 영어를 가르쳤다.

→ _____ English? 그 남자는 영어를 가르쳤니?

10. The bird flew away.
그 새는 날아갔다.

→ _____ _____
away? 그 새는 날아갔니?

11. Ellen tried hard.
엘렌은 열심히 노력했다.

→ _____ _____ _____ hard?
엘렌은 열심히 노력했니?

12. The man fixed the roof.
그 남자는 그 지붕을 고쳤다.

→ _____ _____ _____ _____
the roof? 그 남자는 그 지붕을 고쳤니?

1단계 | 주어와 시제에 맞는 do/does/did 중 하나를 선택

2단계 | Do/Does/Did를 주어 앞으로!

3단계 | 동사는 반드시 동사원형!

예 He met her. → (do, does, did)

예 does He → Does he ~

예 Does he meet her?

● 다음 문장을 의문문으로 바꾸세요.

1. He jogged this morning.

   그는 오늘 아침에 조깅을 했다.

   → _____ _____ _____ this morning?

   그는 오늘 아침에 조깅을 했니?

2. She says so.

   그녀는 그렇게 말한다.

   → _____ _____ _____ so?

   그녀는 그렇게 말하니?

3. He won the game.

   그는 게임을 이겼다.

   → _____ _____ _____ the game?

   그는 게임을 이겼니?

4. She bought a bike.

   그녀는 자전거를 샀다.

   → _____ _____ _____ a bike?

   그녀는 자전거를 샀니?

5. The boy climbs trees.

   그 소년은 나무에 오른다.

   → _____ _____ _____ _____

   trees? 그 소년은 나무에 오르니?

6. She found her glasses.

   그녀는 안경을 찾았다.

   → _____ _____ _____ her glasses?

   그녀는 안경을 찾았니?

7. You met him.

   너는 그를 만났다.

   → _____ _____ _____ him?

   너는 그를 만났니?

8. The baby sleeps well.

   그 아기는 잘 잔다.

   → _____ _____ _____ _____

   well? 그 아기는 잘 자니?

9. Amy makes jokes.

   에이미는 농담을 한다.

   → _____ _____ _____ jokes?

   에이미는 농담을 하니?

10. You hear the sound.

    너는 그 소리를 듣는다.

    → _____ _____ _____ the sound?

    너는 그 소리를 듣니?

11. Sam does his best.

    샘은 최선을 다한다.

    → _____ _____ _____ his best?

    샘은 최선을 다하니?

12. You took my book.

    네가 내 책을 가져갔다.

    → _____ _____ _____ my book?

    네가 내 책을 가져갔니?

시제훈련 04 **현재와 과거 시제 의문문 비교하기**

● 주어진 동사를 이용해 우리말에 알맞은 문장을 완성하세요.

throw	stand	spend	have	live	stop	drink	clean	carry	win

	현재 시제(~하니?)	과거 시제(~했니?)
1.	_____ she _____ here? 그녀는 여기 사니?	_____ she _____ here? 그녀는 여기 살았니?
2.	_____ he _____ up? 그가 일어서니?	_____ he _____ up? 그가 일어섰니?
3.	_____ they _____? 그들이 이기나요?	_____ they _____? 그들이 이겼나요?
4.	_____ you _____ the ball? 네가 공을 던지니?	_____ you _____ the stone? 네가 그 돌을 던졌니?
5.	_____ we _____ much time? 우리가 시간을 많이 쓰나요?	_____ we _____ much money? 우리가 돈을 많이 썼나요?
6.	_____ you _____ the umbrella? 너는 우산을 갖고 다니니?	_____ you _____ water? 너는 물을 갖고 다녔니?
7.	_____ the train _____ here? 그 기차는 여기 정차하니?	_____ the train _____ at Suwon? 기차가 수원에 정차했어?
8.	_____ Jack _____ his room? 잭은 자기 방을 청소하니?	_____ Jack _____ the house? 잭은 집을 청소했니?
9.	_____ Jack _____ any milk? 잭은 우유를 마시니?	_____ Jack _____ any _____? 잭은 물을 좀 마셨니?
10.	_____ you _____ _____ ball? 너는 그 공을 가지고 있니?	_____ you _____ _____ _____? 네가 그 우산을 가지고 있었어?

09 단순 시제 총정리

단순현재	현재진행	현재완료
단순과거	과거진행	과거완료

시제복습 01   단순 시제 평서문 비교하기

● 우리말에 알맞은 동사 형태로 문장을 완성하세요.

hug   stop   come   try   build   go

	단순현재 시제	단순과거 시제
1.	We _____ each other. 우리는 서로 부둥켜 안는다. The boy _____ his pet. 소년은 강아지를 껴안는다.	The actor _____ me warmly. 그 배우는 나를 따뜻하게 안아 줬다.
2.	A birthday _____ once a year. 생일은 일 년에 한 번씩 온다. They _____ from Canada. 그들은 캐나다 출신이다.	He _____ back yesterday. 그는 어제 돌아왔다.
3.	They _____ a new house. 그들은 새 집을 짓는다. He _____ with bricks. 그는 벽돌로 건축을 한다.	We _____ a small house. 그들은 작은 집을 지었다.
4.	We _____ for stop signs. 우리는 정지 신호를 보고 멈춘다. A bus _____ near the hotel. 버스 한 대가 호텔 근처에 선다.	The singer _____ singing. 그 가수는 노래 부르는 것을 그만두었다.
5.	I _____ to school. 나는 학교에 간다. He _____ home. 그는 집에 간다.	She _____ to the market. 그녀는 시장에 갔다.
6.	I _____ to do my best. 나는 최선을 다하려고 한다. The dog _____ to jump. 그 개는 뛰려고 애쓴다.	We _____ to hurry. 우리는 서두르려고 애썼다.

● 우리말에 알맞은 동사 형태로 문장을 완성하세요. (단, do/does/did+not은 줄임말로 쓰세요.)

swim	be	stay	have	meet	go

	단순현재 시제	단순과거 시제
1.	I ＿＿＿＿ ＿＿＿＿ home at three. 나는 3시에 귀가하지 않는다. My sister ＿＿＿＿ ＿＿＿＿ to school. 여동생은 학교에 다니지 않는다.	He ＿＿＿＿ ＿＿＿＿ to the library. 그는 도서관에 가지 않았다.
2.	Ted ＿＿＿＿ ＿＿＿＿ in the pool. 테드는 수영장에서 수영을 하지 않는다. People ＿＿＿＿ ＿＿＿＿ here. 사람들은 여기에서 수영을 하지 않는다.	I ＿＿＿＿ ＿＿＿＿ yesterday. 나는 어제 수영을 하지 않았다.
3.	They ＿＿＿＿ ＿＿＿＿. 그들은 만나지 않는다. He ＿＿＿＿ ＿＿＿＿ anyone. 그는 아무도 만나지 않는다.	I ＿＿＿＿ ＿＿＿＿ him there. 나는 거기서 그를 만나지 않았다.
4.	We ＿＿＿＿ thirsty. 우리는 목마르지 않다. She ＿＿＿＿ my friend. 그녀는 내 친구가 아니다.	The books ＿＿＿＿ new. 그 책들은 새것이 아니었다.
5.	She ＿＿＿＿ ＿＿＿＿ long hair. 그녀는 머리가 길지 않다. I ＿＿＿＿ ＿＿＿＿ many friends. 나는 친구가 많지 않다.	They ＿＿＿＿ ＿＿＿＿ enough time. 그들은 충분한 시간이 없었다.
6.	He ＿＿＿＿ ＿＿＿＿ in Korea. 그는 한국에 머물지 않는다. They ＿＿＿＿ ＿＿＿＿ at home. 그들은 집에 머물지 않는다.	We ＿＿＿＿ ＿＿＿＿ in China . 우리는 중국에 머물지 않았다.

● 주어진 동사를 이용해 우리말에 알맞은 문장을 완성하세요.

come	be	go	have	live	swim

	단순현재 시제	단순과거 시제
1.	_____ you free? 너는 한가하니? _____ she all right? 그녀는 괜찮니?	_____ they American? 그들은 미국인이었어?
2.	_____ he _____ alone? 그는 혼자 사니? _____ you _____ in Korea? 너는 한국에 사니?	_____ they _____ in New York? 그들은 뉴욕에 살았니?
3.	_____ you _____ from America? 너는 미국 출신이니? _____ Jack _____ by bus? 잭은 버스로 오니?	_____ she _____ back home? 그녀는 집에 돌아왔어?
4.	_____ you _____ to school? 너는 학교에 다니니? _____ she _____ shopping? 그녀는 쇼핑하러 가니?	_____ you _____ to the zoo? 너는 동물원에 갔었니?
5.	_____ she _____ short hair? 그녀는 머리가 짧니? _____ you _____ any brothers? 너는 형제가 있니?	_____ he _____ any money? 그는 돈이 좀 있었니?
6.	_____ Ted _____ every day? 테드는 매일 수영을 하니? _____ they _____ together? 그들은 함께 수영을 하니?	_____ you _____ in the pool? 너는 수영장에서 수영을 했니?

● 주어진 문장을 여러 가지 시제와 문형으로 바꿔 보세요. (단, 부정형은 줄임말로 쓰세요.)

◀ START ▶

He teaches English.
그는 영어를 가르친다.

1. 과거 시제로

불규칙 동사야!

He _____ .

2. 부정문으로

do/does/did + not!

He _____ .

3. 주어를 they로

그들은 영어를 가르치지 않았다.

They _____ .

4. 현재 시제로

do/does/did 수정!

They _____ .

5. 긍정문으로

do/does/did + not 삭제!

They _____ .

6. 주어를 she로

3인칭 단수 현재 동사!

She _____ .

7. 의문문으로

do/does/did, 위치!

_____

8. 주어를 you로

당신은 영어를 가르치세요?

_____

9. 주어를 he로

_____

10. 평서문으로

do/does/did 삭제, 위치

_____
◀END▶

◀ START ▶와
같은 문장인가요?

● 주어진 문장을 여러 가지 시제와 문형으로 바꿔 보세요. (단, 부정형은 줄임말로 쓰세요.)

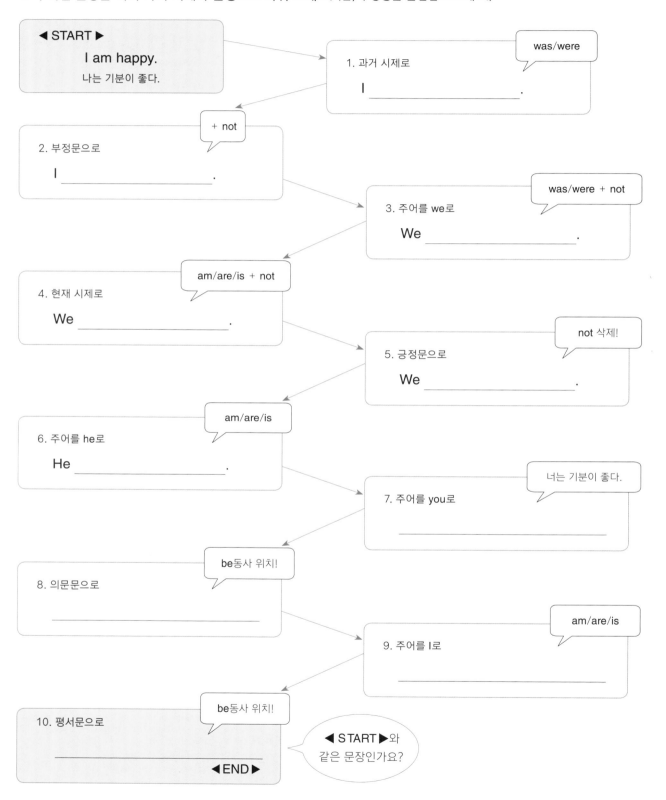

◀ START ▶

I am happy.

나는 기분이 좋다.

1. 과거 시제로

was/were

I _____.

2. 부정문으로

+ not

I _____.

3. 주어를 we로

was/were + not

We _____.

4. 현재 시제로

am/are/is + not

We _____.

5. 긍정문으로

not 삭제!

We _____.

6. 주어를 he로

am/are/is

He _____.

7. 주어를 you로

너는 기분이 좋다.

_____.

8. 의문문으로

be동사 위치!

_____.

9. 주어를 I로

am/are/is

_____.

10. 평서문으로

be동사 위치!

_____.

◀ END ▶

◀ START ▶와 같은 문장인가요?

둘째
마당

진 행 시 제
Progressive Tense

둘째 마당에서는 진행 시제를 배울 거야. 진행 시제란 '하고 있는 동작이나 상태'를 나타내는 시제야. 진행되고 있는 일을 생생하게 표현하고 싶을 때 사용해.
현재진행 시제는 초등학교 4학년부터, 과거진행 시제는 중학교 1학년부터 배워!
진행 시제는 현재진행과 과거진행 시제의 원리가 같아서 함께 배우면 더 효과적이야. 진행 시제를 잘 익히고 나면 문법도, 독해도, 학교 시험 준비도 저절로 해결될 거야!

진행 시제도 첫째 마당에서 배운 단순 시제처럼 '현재, 과거, 미래'
로 나뉘어.

현재				
과거	+	진행	→	현재진행
미래				과거진행
				미래진행

먼저, 앞서 배운 단순 시제와 새로 배울 진행 시제를 비교해 보자.
단순 시제는 '~하다/~했다'라는 뜻이고, 진행 시제는 '~하고 있다/~하고 있었다'라는 뜻이야.

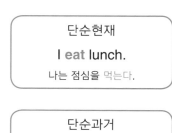

단순현재
I **eat** lunch.
나는 점심을 먹는다.

단순과거
I **ate** lunch.
나는 점심을 먹었다.

단순미래
I **will eat** lunch.
나는 점심을 먹을 것이다.

현재진행
I **am eating** lunch.
나는 점심을 먹고 있다.

과거진행
I **was eating** lunch.
나는 점심을 먹고 있었다.

미래진행
I **will be eating** lunch.
나는 점심을 먹고 있을 것이다.

진행 시제로 쓰인 동사에서 공통적인 것을 찾아봐.
그래! am eating, was eating에서 eating이 보이지? 이렇게 **동사원형에 -ing를** 붙여 줘.
그리고 진행 시제에서는 am이나 was와 같은 be동사가 함께 쓰여.
진행 시제의 동사 모양을 간략하게 정리하면 아래와 같아.

be동사 + (동사원형)-ing

이번에는 다른 동사 watch의 예를 들어 동사 형태를 살펴보자.

현재형
watches

과거형
watched

watch

현재진행형
is watching

과거진행형
was watching

단순현재
(늘, 보통, 습관적으로) ~한다

She watches TV every day.
그녀는 매일 TV를 본다.

현재진행
(지금, 바로 이 순간) ~하고 있다

She is watching TV now.
그녀는 지금 TV를 보고 있다.

단순현재 시제에는 '늘, 항상'이라는 의미가 들어 있다면, 현재진행 시제에는 '지금 이 순간'이라는 의미가 포함되어 있어.

단순과거
(과거에 한 번) ~했다

She watched TV yesterday.
그녀는 어제 TV를 봤다.

과거진행
(그때) ~하고 있었다

She was watching TV then.
그녀는 그때 TV를 보고 있었다.

단순과거 시제에는 '과거에 한 번'이라는 의미가 들어 있다면, 과거진행 시제에는 '그때'라는 의미가 포함되어 있어.

미래진행 시제는 그냥 조동사 will 뒤에 be동사 + (동사원형)-ing를 쓰면 돼.
He will be watching TV. 그는 TV를 보고 있을 거야.
그래서 이 책에서는 미래진행 시제는 따로 연습하지 않고, 친구들이 자주 틀리는 현재진행과 과거진행 시제 위주로 배워 볼 거야.

10 진행 시제의 종류와 형태

단순현재	현재진행	현재완료
단순과거	과거진행	과거완료

1. 진행 시제의 동사 모양을 알아보자

진행형의 뜻은 be동사의 '**이다/있다**'와 (동사원형)-ing의 '**~하고 있는**'의 뜻이 합쳐진 거야.
그래서 진행 시제는 '**~하고 있다**'라고 해석하면 돼.

2. 현재진행형과 과거진행형 — be동사에 달려 있다

진행형 문장의 시제는 어떻게 알 수 있을까?
문장의 시제를 결정하는 것은 동사라고 했지?
현재진행 : She **is walking**. 그녀는 걷고 있다.
과거진행 : She **was walking**. 그녀는 걷고 있었다.

3. be동사의 모양은 주어에 따라 달라진다

현재진행과 과거진행 시제 안에서도 be동사는 여러 가지 모양인데 어떻게 결정해야 할까?
be동사의 모양은 주어에 따라 달라져.

현재진행(~하고 있다)	과거진행(~하고 있었다)
I am walking. 나는 걷고 있다.	I was walking. 나는 걷고 있었다.
He is walking. 그는 걷고 있다.	He was walking. 그는 걷고 있었다.
They are walking. 그들은 걷고 있다.	They were walking. 그들은 걷고 있었다.

be동사가 헷갈리면
첫째 마당 05 be동사의
현재형과 과거형을
참고해 봐!

그럼 위의 규칙을 실제 동사에 적용하면서 연습해 보자.

예 wait 기다리다

1. 현재진행형 | be동사의 현재형 + (동사원형)-ing

→ am/are/is + waiting (기다리고 있다)

2. 과거진행형 | be동사의 과거형 + (동사원형)-ing

→ was/were + waiting (기다리고 있었다)

● 각 시제에 알맞은 동사 형태를 만드세요.

동사원형	현재진행형(~하고 있다)	과거진행형(~하고 있었다)
1. work	am/are/is + _____ 일하고 있다	was/were + _____ 일하고 있었다
2. help	_____/are/is + _____ 돕고 있다	was/were + _____ 돕고 있었다
3. play	am/_____/is + _____ 놀고 있다	_____/were + _____ 놀고 있었다
4. sing	am/are/_____ + _____ 노래 부르고 있다	was/_____ + _____ 노래 부르고 있었다
5. cook	_____ + _____ 요리하고 있다	_____ + _____ 요리하고 있었다

현재진행 동사형	과거진행 동사형
am/are/is+(동사원형)-ing	was/were+(동사원형)-ing
am are is　eating 먹고 있다	was were　eating 먹고 있었다

eat

● 현재진행과 과거진행의 동사 형태 표를 완성하세요.

동사원형	현재진행형(~하고 있다)	과거진행형(~하고 있었다)
1. go	am _____ are _____ _____ 가고 있다	was _____ _____ 가고 있었다
2. eat	_____ _____ _____ 먹고 있다	_____ _____ 먹고 있었다
3. draw	_____ _____ _____ 그리고 있다	_____ _____ 그리고 있었다
4. do	_____ _____ _____ 하고 있다	_____ _____ 하고 있었다
5. drink	_____ _____ _____ 마시고 있다	_____ _____ 마시고 있었다

시제훈련 03   문장에서 시제 바꾸기

1. 현재진행 : 1) 나는 공부하고 있다. → I am studying.
            2) 그는 공부하고 있다. → He is studying.
            3) 그들은 공부하고 있다. → They are studying.
2. 과거진행 : 1) 그녀는 공부하고 있었다. → She was studying.
            2) 우리는 공부하고 있었다. → We were studying.

study

● 각 문장의 시제에 알맞은 동사 형태로 문장을 완성하세요.

	현재진행 시제(~하고 있다)	과거진행 시제(~하고 있었다)
1.	I _____. 나는 일하고 있다. He _____. 그는 일하고 있다. They _____. 그들은 일하고 있다.	She _____. 그녀는 일하고 있었다. We _____. 우리는 일하고 있었다.
2.	I _____. 나는 돕고 있다. He _____. 그는 돕고 있다. They _____. 그들은 돕고 있다.	She _____. 그녀는 돕고 있었다. We _____. 우리는 돕고 있었다.
3.	I _____. 나는 놀고 있다. He _____. 그는 놀고 있다. They _____. 그들은 놀고 있다.	She _____. 그녀는 놀고 있었다. We _____. 우리는 놀고 있었다.
4.	I _____. 나는 노래 부르고 있다. He _____. 그는 노래 부르고 있다. They _____. 그들은 노래 부르고 있다.	She _____. 그녀는 노래 부르고 있었다. We _____. 우리는 노래 부르고 있었다.
5.	I _____. 나는 요리하고 있다. He _____. 그는 요리하고 있다. _____ 그들은 요리하고 있다.	She _____. 그녀는 요리하고 있었다. _____ 우리는 요리하고 있었다.

● 주어진 동사를 이용해 우리말에 알맞은 문장을 완성하세요.

draw　　drink　　do　　go　　eat

현재진행 시제	과거진행 시제
1. I _____ home. 나는 집에 가는 중이다. We _____ home. 우리는 집에 가는 중이다. He _____ home. 그는 집에 가는 중이다.	She _____ home. 그녀는 집에 가는 중이었다. They _____ home. 그들은 집에 가는 중이었다.
2. I _____ lunch. 나는 점심 식사 중이다. We _____ lunch. 우리는 점심 식사 중이다. He _____ lunch. 그는 점심 식사 중이다.	She _____ lunch. 그녀는 점심 식사 중이었다. They _____ lunch. 그들은 점심 식사 중이었다.
3. I _____ circles. 나는 원을 그리는 중이다. We _____ circles. 우리는 원을 그리는 중이다. He _____ circles. 그는 원을 그리는 중이다.	She _____ circles. 그녀는 원을 그리는 중이었다. They _____ . 그들은 원을 그리는 중이었다.
4. I _____ my best. 나는 최선을 다하고 있다. We _____ our best. 우리는 최선을 다하고 있다. He _____ . 그는 최선을 다하고 있다.	She _____ her best. 그녀는 최선을 다하고 있었다. They _____ . 그들은 최선을 다하고 있었다.
5. I _____ water. 나는 물을 마시고 있다. We _____ water. 우리는 물을 마시고 있다. _____ 그는 물을 마시고 있다.	She _____ water. 그녀는 물을 마시고 있었다. _____ 그들은 물을 마시고 있었다.

11 동사원형에 -ing 붙이는 방법

	하고 있다	
단순현재	현재진행	현재완료
단순과거	과거진행	과거완료

먼저 퀴즈 하나!
다음 동사원형+-ing
에서 특이한 점은?

He is coming.
그는 오고 있는 중이다.

She was sitting.
그녀는 앉아 있었다.

동사원형+-ing인데,
come은 coming이,
sit은 sitting이 되었네?
e는 없어지고,
t는 한 번 더 쓰였어!

동사원형에 -ing 붙이는 규칙을 알아보자

❶ 대부분은 동사원형 뒤에 -ing를 붙인다.

sleep + -ing → sleeping	look + -ing → looking	read + -ing → reading
자다 자고 있는	보다 보고 있는	읽다 읽고 있는

❷ e로 끝나는 동사는 e를 뺀 다음 -ing를 붙인다.

come + -ing → coming	dance + -ing → dancing	smile + -ing → smiling
오다 오고 있는	춤추다 춤추고 있는	웃다 웃고 있는

❸ 단모음+단자음으로 끝나는 동사는 마지막 자음을 한 번 더 쓰고 -ing를 붙인다.

sit + -ing → sitting	cut + -ing → cutting	swim + -ing → swimming
앉다 앉아 있는	자르다 자르고 있는	수영하다 수영하고 있는

❹ -ie로 끝나는 동사는 ie를 y로 고친 다음 -ing를 붙인다.

die → dying	lie → lying
죽다 죽어 가고 있는	거짓말하다 거짓말하고 있는

이제 여러 동사로 직접 진행형을 만들어 보자.

'(동사원형)+-ing' 만드는 규칙 1

A형 | 기본형 대부분은 동사원형에 -ing를 붙인다.
　　예 wash → wash**ing**
B형 | 동사가 e로 끝나면 e를 빼고 -ing를 붙인다.
　　예 smile → smil**ing**

wash

smile

● 동사원형에 -ing를 붙여 보세요.

1. rain 비가 내리다	2. wash 씻다	3. make 만들다	4. ride 타다
raining			
5. fly 날다	6. work 일하다	7. take 가지고 가다	8. wear 입다
9. smile 웃다	10. read 읽다	11. use 사용하다	12. write 쓰다

● 위의 동사를 규칙에 맞게 분류하세요.

A형 | 동사원형 + -ing

raining ＿＿＿＿ ＿＿＿＿ ＿＿＿＿ ＿＿＿＿ ＿＿＿＿

-ing만 붙이면 되니까 이런 건 따로 외울 필요 없어!

B형 | e빼고 + -ing

making ＿＿＿＿ ＿＿＿＿ ＿＿＿＿ ＿＿＿＿

외우지 말고 동사 끝이 e인지 확인하기!

시제훈련 02   '(동사원형)+-ing' 만드는 규칙 2

C형 | '단모음 + 단자음'으로 끝나는 동사는 끝의 자음을 한 번 더 쓰고 -ing를 붙인다.
예 jog → jog**ging**

D형 | '-ie'로 끝나는 동사는 ie를 y로 고친 뒤 -ing를 붙인다.
예 die → dy**ing**

● 동사원형에 -ing를 붙여 보세요.

1. stop 멈추다	2. win 이기다	3. jog 조깅하다	4. clap 박수치다
stopping			
5. die 죽다	6. run 달리다	7. cut 자르다	8. swim 수영하다
9. sit 앉다	10. lie 거짓말하다	11. shop 쇼핑하다	12. hit 치다

● 위의 동사를 규칙에 맞게 분류하세요.

C형 | 끝의 자음 반복 + -ing

-ed를 만드는
규칙과도 같아.

stopping _____ _____ _____ _____ _____

_____ _____ _____

D형 | ie를 y로 고친 뒤 + -ing

ie로 끝나는 것만!

dying _____

1단계 | 먼저 동사의 원형 생각하기 | 3인칭 단수형 smiles ➔ smile, 과거형 swam ➔ swim

2단계 | 각 동사에 맞는 규칙 적용하기 | smil**e** + ing ➔ smiling, sw**im** + **m**ing ➔ swimming
           동사원형 끝이 ⓔ ↗   ↖ 단모음+단자음

● 각 동사원형에 -ing를 붙여 진행 시제의 동사 형태를 완성하세요.

1. every day / now
   I make ~ | I am making ~

9. yesterday / at that time
   He used ~ | He was _____ ~

2. It runs ~ | It is _____ ~

10. She lied ~ | She was _____ ~

3. You win ~ | You are _____ ~

11. Amy wore ~ | She was _____ ~

4. We work ~ | We are _____ ~

12. They washed ~ | They were _____ ~

5. They take ~ | They are _____ ~

13. It flew ~ | It was _____ ~

6. He claps ~ | He is _____ ~

14. We clapped ~ | We were _____ ~

7. It rains ~ | It is _____ ~

15. Bob wrote ~ | Bob was _____ ~

8. She sits ~ | She is _____ ~

16. It stopped ~ | It was _____ ~

● 두 문장씩 비교하며 주어진 동사를 이용해 우리말에 알맞은 문장을 완성하세요.

| do | lie | sit | use | win | rain | ride | wash | study | stop |

1. He is _____ hard.
   그는 열심히 공부하고 있다.

2. I was _____ hard.
   나는 열심히 공부하고 있었다.

3. She is _____ her homework.
   그녀는 숙제를 하고 있다.

4. I was _____ my homework.
   나는 숙제를 하고 있었다.

5. The team is _____ the game.
   그 팀이 경기를 이기고 있다.

6. We were _____ the game.
   우리는 경기를 이기고 있었다.

7. He _____ _____ the bike.
   그는 그 자전거를 타고 있다.

8. I _____ _____ the bike.
   나는 그 자전거를 타고 있었다.

9. The bus _____ _____ now.
   그 버스는 지금 멈추고 있다.

10. The car _____ _____ .
    그 차는 멈추고 있었다.

11. It is _____ now.
    지금 비가 오고 있다.

12. It was _____ at night.
    밤에 비가 내리고 있었다.

13. He _____ _____ to me.
    그는 나에게 거짓말을 하고 있다.

14. They _____ _____ to each other.
    그들은 서로에게 거짓말을 하고 있었다.

15. We _____ _____ the computer.
    우리는 그 컴퓨터를 쓰고 있다.

16. She _____ _____ the computer.
    그녀는 그 컴퓨터를 쓰고 있었다.

17. I _____ _____ my hands.
    나는 (나의) 손을 씻고 있다.

18. She _____
    그녀는 (그녀의) 손을 씻고 있었다.

19. They _____ _____ on the bench.
    그들은 그 벤치에 앉아 있다.

20. _____
    그는 그 벤치에 앉아 있었다.

12 현재진행 시제

1. be동사는 주어에 따라 모양이 달라진다

현재진행 시제는 어떤 모양이지? 간략하게 정리하면

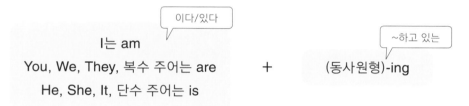

am, are, is + (동사원형)-ing

그럼, 질문 하나! be동사는 어떻게 결정해야 할까? **be동사를 결정하는 것은 주어야.**
현재진행 시제의 문장을 만들려면, 다음처럼 2단계로 생각하면 쉬워.

1단계 주어에 맞는 be동사 정하기   **2단계** 규칙에 따라 (동사원형) + -ing 쓰기

이다/있다

I는 am
You, We, They, 복수 주어는 are   +   (동사원형)-ing
He, She, It, 단수 주어는 is

~하고 있는

2. 현재진행 시제는 지금 진행되고 있는 일을 나타낸다

현재진행 시제는 **지금 진행되고 있는 일**을 나타내는 거야.
습관이나 날마다 반복적으로 하는 일, 또는 변함없는 사실이나 진실을 나타내는 단순현재 시제와 달라.
그래서 함께 쓰는 부사 표현들도 당연히 다르겠지? 그 차이를 생각하며 다음 문장을 읽어 봐.

현재진행에 어울리는 부사

now 지금
today 오늘
right now 지금 당장

I **am eating** breakfast **now**.
나는 **지금** 아침을 **먹고 있다.**

She **is coming** here **right now**.
그녀는 **지금 바로** 여기로 **오고 있는 중이다.**

eat

단순현재에 어울리는 부사

often 종종
always 항상
every day 매일

I **always eat** breakfast at eight.
나는 **항상** 8시에 아침을 **먹는다.**

She **comes** here **every day**.
그녀는 **매일** 여기에 **온다**

come

74

시제훈련 01 현재진행 시제 문장으로 바꾸기

1단계 | 주어에 맞는 be동사 정하기 ➡ am/are/is
2단계 | 규칙에 맞게 동사 형태 바꾸기 ➡ 동사원형 + ing

지금 진행되고 있는 일을 나타낼 때는 am, are, is + (동사원형)-ing

● 다음 문장을 현재진행 시제로 바꾸세요.

1. I go to school every day. 나는 매일 학교에 간다.

   주어가 _____ 이므로, be동사는 ⓐm/are/is   동사원형 _____ + -ing는 _____

   → _____ now. 나는 지금 학교에 가는 중이다.

2. He watches TV in the evening. 그는 저녁에 TV를 시청한다.

   주어가 _____ 이므로, be동사는 am/are/is   동사원형 _____ + -ing는 _____

   → _____ now. 그는 지금 TV를 시청하고 있는 중이다.

3. They wash their hands. 그들은 손을 씻는다.

   주어가 _____ 이므로, be동사는 am/are/is   동사원형 _____ + -ing는 _____

   → _____ right now. 그들은 지금 바로 손을 씻고 있다.

4. It rains every summer. 여름마다 비가 온다.

   주어가 _____ 이므로, be동사는 am/are/is   동사원형 _____ + -ing는 _____

   → _____ now. 지금 비가 오고 있다.

5. Jack hits a ball well. 잭은 공을 잘 친다.

   주어가 _____ 이므로, be동사는 am/are/is   동사원형 _____ + -ing는 _____

   → _____ now. 잭은 지금 공을 치고 있다.

6. **My parents work late.** 우리 부모님께서는 늦게까지 일하신다.

주어가 _____ 이므로
be동사는am/are/is

동사원형 _____ + -ing는 _____

→ _____ **now.** 우리 부모님께서는 지금 일하시는 중이다.

7. **The train leaves at seven.** 기차는 7시에 떠난다.

주어가 _____ 이므로
be동사는am/are/is

동사원형 _____ + -ing는 _____

→ _____ **now.** 기차는 지금 떠나고 있다.

8. **The girl writes emails.** 그 소녀는 이메일을 쓴다.

주어가 _____ 이므로
be동사는am/are/is

동사원형 _____ + -ing는 _____

→ _____ **now.** 그 소녀는 지금 이메일을 쓰고 있다.

9. **You run fast.** 너는 빨리 달린다.

주어가 _____ 이므로
be동사는am/are/is

동사원형 _____ + -ing는 _____

→ _____ **fast now.** 너는 지금 빨리 달리고 있다.

10. **The bird flies away.** 그 새는 날아가 버린다.

주어가 _____ 이므로
be동사는am/are/is

동사원형 _____ + -ing는 _____

→ _____ **away now.** 그 새는 지금 날아가 버리고 있다.

시제훈련 02 현재진행 시제 문장 완성하기

동사를 현재형에서 현재진행형으로 바꾸는 연습이야!

예 She walks to school.

1단계 | 주어에 맞는 be동사를 쓴다. → She is

2단계 | 동사를 '동사원형+ing'로 고친다. → She is walking to school.

● 다음 문장의 동사를 현재진행형으로 바꾸세요.

1. She cuts onions.

그녀는 양파를 자른다.

→ She _____ onions.

그녀는 양파를 자르고 있다.

2. I take a shower every day.

나는 매일 샤워를 한다.

→ I _____ a shower now.

나는 지금 샤워를 하고 있다.

3. The boy claps his hands.

그 소년은 박수를 친다.

→ The boy _____ his hands.

그 소년은 박수를 치고 있다.

4. Ann smiles at me.

앤은 내게 미소를 짓는다.

→ Ann _____ at me now.

앤은 지금 내게 미소를 짓고 있다.

5. He drives to work.

그는 차로 출근한다.

→ He _____ to work _____.

그는 지금 차로 출근하고 있다.

6. I do my homework.

나는 숙제를 한다.

→ I _____ my homework.

나는 숙제를 하고 있다.

7. Ellen dances well.

엘렌은 춤을 잘 춘다.

→ Ellen _____

엘렌은 지금 춤을 추고 있다.

8. He lies to me.

그는 내게 거짓말을 한다.

→ He _____ to me _____.

그는 지금 내게 거짓말을 하고 있다.

9. The team wins every set.

그 팀이 모든 세트를 이긴다.

→ The team _____ every set.

그 팀이 모든 세트를 이기고 있다.

10. We eat breakfast every day.

우리는 매일 아침을 먹는다.

→ We _____ breakfast _____.

우리는 지금 아침 식사 중이다.

11. They work every Saturday.

그들은 토요일마다 일한다.

→ They _____ today.

그들은 오늘 일하고 있다.

12. They wear school uniforms.

그들은 교복을 입는다.

→ They _____.

그들은 교복을 입고 있다.

● 주어진 동사를 이용해 우리말에 알맞은 문장을 완성하세요.

| do | eat | jog | come | cook | play | ride | sing | swim | study |

	단순현재 시제(~하다)	현재진행 시제(~하고 있다)
1.	I _____ my best. 나는 최선을 다한다.	I _____ my best. 나는 최선을 다하고 있다.
2.	She _____ math. 그녀는 수학을 공부한다.	She _____ math. 그녀는 수학을 공부하고 있다.
3.	They _____ well. 그들은 노래를 잘 부른다.	They _____ together. 그들은 함께 노래를 부르고 있다.
4.	The boy _____ a bike. 그 소년은 자전거를 탄다.	The boy _____ a horse. 그 소년은 말을 타고 있다.
5.	He _____ well. 그는 수영을 잘한다.	He _____ now. 그는 지금 수영을 하고 있다.
6.	Ellen _____ lunch. 엘렌은 점심을 먹는다.	Ellen _____ dinner. 엘렌은 저녁을 먹고 있다.
7.	Bill _____ every morning. 빌은 매일 아침 조깅을 한다.	Bill _____ now. 빌은 지금 조깅 중이다.
8.	The girl _____ late. 그 소녀는 늦게 온다.	The girl _____ home now. 그 소녀는 지금 귀가 중이다.
9.	We _____ baseball every day. 우리는 매일 야구를 한다.	We _____ now. 우리는 지금 야구를 하고 있다.
10.	She _____ 그녀는 매일 요리를 한다.	_____ 그녀는 지금 요리를 하고 있다.

13 과거진행 시제

1. be동사는 시제와 주어에 따라 달라진다

과거진행 시제는 어떤 모양이지?
be동사가 시제를 결정하니까 be동사의 과거형+(동사원형)-ing를 쓰면 되겠지?
간략하게 정리하면,

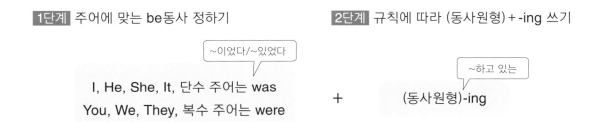

was/were + (동사원형)-ing

과거진행 시제의 문장을 만들려면, 다음처럼 2단계로 생각하면 쉬워.

1단계 주어에 맞는 be동사 정하기   2단계 규칙에 따라 (동사원형)+ -ing 쓰기

~이었다/~있었다

I, He, She, It, 단수 주어는 was   +   (동사원형)-ing
You, We, They, 복수 주어는 were

~하고 있는

2. 과거진행 시제는 과거에 진행되고 있는 일을 나타낸다

과거진행 시제는 **그때(과거 어느 시점에) 진행되고 있는 일**을 나타내는 거야.
과거에 있었던 일이나 한 번 했던 일을 나타내는 단순과거 시제와 달라.
그 뜻을 생각하며 다음 문장을 읽어 봐.

6:40   6:50   7:00

I **was coming** home.   I **came** home at seven.
나는 집에 **오는 중이었다.**   나는 7시에 집에 **왔다.**
과거진행   단순과거

79

1단계 | 주어에 맞는 be동사 정하기 ➡ was/were

2단계 | 규칙에 맞게 동사 형태 바꾸기 ➡ (동사원형) + -ing

● 과거를 과거진행 시제로 바꿔 문장을 완성하세요.

1. I came home. 나는 집에 왔다.

> 동사원형이 헷갈리면 3~4과의 과거형을 복습하고 와!

주어가 _____ 이므로 be동사는 (was)/were   동사원형 _____ + -ing는 _____

➡ _____ 나는 집으로 돌아오고 있었다.

2. He took a shower. 그는 샤워를 했다.

주어가 _____ 이므로 be동사는 was/were   동사원형 _____ + -ing는 _____

➡ _____ 그는 샤워 중이었다.

3. Linda wore pants. 린다는 바지를 입었다.

주어가 _____ 이므로 be동사는 was/were   동사원형 _____ + -ing는 _____

➡ _____ 린다는 바지를 입는 중이었다.

4. They sang. 그들은 노래를 불렀다.

주어가 _____ 이므로 be동사는 was/were   동사원형 _____ + -ing는 _____

➡ _____ last night. 그들은 어젯밤에 노래를 부르고 있었다.

5. Jack studied hard. 잭은 열심히 공부했다.

주어가 _____ 이므로 be동사는 was/were   동사원형 _____ + -ing는 _____

→ _____   잭은 열심히 공부하고 있었다.

6. My friends waited for a bus. 나의 친구들은 버스를 기다렸다.

주어가 _____ 이므로 be동사는 was/were   동사원형 _____ + -ing는 _____

→ _____   나의 친구들은 버스를 기다리고 있었다.

7. They did their homework. 그들은 숙제를 했다.

주어가 _____ 이므로 be동사는 was/were   동사원형 _____ + -ing는 _____

→ _____   그들은 숙제를 하고 있었다.

8. You made sandwiches. 너는 샌드위치를 만들었다.

주어가 _____ 이므로 be동사는 was/were   동사원형 _____ + -ing는 _____

→ _____   너는 샌드위치를 만들고 있었다.

9. My brother went to school. 형은 학교에 갔다.

주어가 _____ 이므로 be동사는 was/were   동사원형 _____ + -ing는 _____

→ _____   형은 학교에 가는 중이었다.

10. I wrote his name. 나는 그의 이름을 썼다.

주어가 _____ 이므로 be동사는 was/were   동사원형 _____ + -ing는 _____

→ _____   나는 그의 이름을 쓰고 있었다.

예 She walked to school.

1단계 | 주어에 맞는 be동사를 쓴다. → She was

2단계 | 동사를 '동사원형＋-ing'로 고친다. → She was walking to school.

● 다음 문장의 동사를 과거진행형으로 바꾸세요.

1. We watched TV.

　우리는 TV를 봤다.

→ We ＿＿＿＿＿＿＿ TV.

　우리는 TV를 보고 있었다.

2. I played the piano.

　나는 피아노를 쳤다.

→ I ＿＿＿＿＿＿＿ the piano.

　나는 피아노를 치고 있었다.

3. The boy rode his bike.

　그 소년은 자전거를 탔다.

→ The boy ＿＿＿＿＿＿＿ his bike.

　그 소년은 자전거를 타고 있었다.

4. Ann wore glasses.

　앤은 안경을 썼다.

→ Ann ＿＿＿＿＿＿＿ glasses.

　앤은 안경을 쓰고 있었다.

5. They ate lunch.

　그들은 점심을 먹었다.

→ They ＿＿＿＿＿＿＿ lunch.

　그들은 점심을 먹고 있었다.

6. I slept in a tent.

　나는 텐트에서 잤다.

→ I ＿＿＿＿＿＿＿ in a tent.

　나는 텐트에서 자고 있었다.

7. Ellen lived in America.

　엘렌은 미국에서 살았다.

→ Ellen ＿＿＿＿＿＿＿ in America in 2014.

　엘렌은 2014년에 미국에서 살고 있었다.

8. He swam yesterday.

　그는 어제 수영을 했다.

→ He ＿＿＿＿＿＿＿ in the pool.

　그는 수영장에서 수영을 하고 있었다.

9. My father washed the dishes.

　아버지는 설거지를 하셨다.

→ My father ＿＿＿＿＿＿＿ the dishes.

　아버지는 설거지를 하고 계셨다.

10. We read books.

　우리는 책을 읽었다.

→ We ＿＿＿＿＿＿＿ books.

　우리는 책을 읽고 있는 중이었다.

11. She cut potatoes.

　그녀는 감자를 잘랐다.

→ She ＿＿＿＿＿＿＿ potatoes.

　그녀는 감자를 자르고 있었다.

12. We met her yesterday.

　우리는 어제 그녀는 만났다.

→ We ＿＿＿＿＿＿＿ her at that time.

　우리는 그때 그녀를 만나고 있었다.

● 주어진 동사를 이용해 우리말에 알맞은 문장을 완성하세요.

do	eat	hug	look	play	ride	sing	swim	dance	study

	단순과거 시제(~했다)	과거진행 시제(~하고 있었다)
1.	She _____ history. 그녀는 역사를 공부했다.	She _____ history. 그녀는 역사를 공부하고 있었다.
2.	Ellen _____ breakfast. 엘렌은 아침을 먹었다.	Ellen _____ breakfast. 엘렌은 아침을 먹고 있었다.
3.	They _____ well. 그들은 노래를 잘 불렀다.	They _____ together. 그들은 함께 노래를 부르고 있었다.
4.	The boy _____ a bike. 그 소년은 자전거를 탔다.	The boy _____ a horse. 그 소년은 말을 타고 있었다.
5.	He _____ well. 그는 수영을 잘했다.	He _____ in the river. 그는 강에서 수영을 하고 있었다.
6.	I _____ my best. 나는 최선을 다했다.	I _____ my homework. 나는 숙제를 하고 있었다.
7.	Bill _____ his mother. 빌은 그의 엄마를 껴안았다.	Bill _____ his friend. 빌은 그의 친구를 안고 있었다.
8.	They _____ for him. 그들은 그를 찾았다.	They _____ for her. 그들은 그녀를 찾고 있었다.
9.	We _____ soccer. 우리는 축구를 했다.	_____ 우리는 축구를 하고 있었다.
10.	They _____ well. 그들은 춤을 잘 췄다.	_____ 그들은 함께 춤을 추고 있었다.

14 진행 시제의 부정문

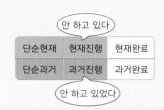
1. 진행 시제의 부정문은 be동사 뒤에 not을 붙여 준다

진행 시제의 부정문은 무척 간단해. 왜냐고?
진행형 동사에는 be동사가 있으니 **be동사의 부정문 만드는 방법과 같아!**
즉, 진행 시제의 부정문을 만들 때도 **be동사 + not**을 붙여 줘.
'be동사 + not'은 보통 간단히 줄여서 써.

am not은
I'm not으로
줄여 줘.

2. 현재진행 시제의 부정문 만들기

긍정문
I am dancing.
She is dancing.
They are dancing.

am + not
is + not
are + not

부정문
I'm not dancing.
She isn't dancing.
They aren't dancing.

3. 과거진행 시제의 부정문 만들기

긍정문
He was dancing.
We were dancing.

was + not
were + not

부정문
He wasn't dancing.
We weren't dancing.

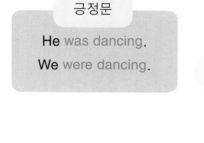

was와 not이 충돌하면서
o가 튀어 나간 대신
'가 박혔네~.

1단계 | 주어와 시제에 맞는 be동사 정하기 ➡ am/are/is/was/were

2단계 | be동사 뒤에 not을 붙이고 줄여 쓰기 ➡ aren't/isn't/wasn't/weren't

3단계 | 규칙에 맞게 동사 형태 바꾸기 ➡ (동사원형) + -ing

● 우리말에 알맞은 동사 형태로 문장을 완성하세요. (단, 부정형은 줄임말로 쓰세요.)

1. I didn't go home. 나는 집에 가지 않았다.

주어가 _____, 시제는 현재 / 과거이므로
be동사는 _____ + not

동사원형 _____ + -ing는 _____

→ _____ 나는 집에 가고 있지 않았다.

2. He doesn't watch TV. 그는 TV를 시청하지 않는다.

주어가 _____, 시제는 현재 / 과거이므로
be동사는 _____ + not

동사원형 _____ + -ing는 _____

→ _____ 그는 TV를 시청하고 있지 않다.

3. They don't wash their hands. 그들은 손을 씻지 않는다.

주어가 _____, 시제는 현재 / 과거이므로
be동사는 _____ + not

동사원형 _____ + -ing는 _____

→ _____ 그들은 손을 씻고 있지 않다.

4. It doesn't rain every day. 비가 매일 오지는 않는다.

주어가 _____, 시제는 현재 / 과거이므로
be동사는 _____ + not

동사원형 _____ + -ing는 _____

→ _____ now. 지금 비가 안 내리고 있다.

5. Jack didn't study hard. 잭은 열심히 공부하지 않았다.

주어가 _____, 시제는 현재 / 과거이므로
be동사는 _____ +not

동사원형 _____ +-ing는 _____

→ _____ 잭은 열심히 공부하고 있지 않았다.

6. My parents don't work late. 우리 부모님은 늦게까지 일하지 않는다.

주어가 _____, 시제는 현재 / 과거이므로
be 동사는 _____ +not

동사원형 _____ +-ing는 _____

→ _____ now. 우리 부모님은 일하고 있는 중이 아니다.

7. You didn't do your homework. 너는 숙제를 안 했다.

주어가 _____, 시제는 현재 / 과거이므로
be 동사는 _____ +not

동사원형 _____ +-ing는 _____

→ _____ 너는 숙제를 안 하고 있었다.

8. The train doesn't leave at seven. 그 기차는 7시에 안 떠난다.

주어가 _____, 시제는 현재 / 과거이므로
be 동사는 _____ +not

동사원형 _____ +-ing는 _____

→ _____ now. 그 기차는 지금 안 떠나고 있다.

9. We don't run fast. 우리는 빨리 달리지 않는다.

주어가 _____, 시제는 현재 / 과거이므로
be 동사는 _____ +not

동사원형 _____ +-ing는 _____

→ _____ now. 우리는 지금 빨리 달리고 있지 않다.

10. She didn't write her name. 그녀는 그녀의 이름을 안 썼다.

주어가 _____, 시제는 현재 / 과거이므로
be 동사는 _____ +not

동사원형 _____ +-ing는 _____

→ _____ 그녀는 그녀의 이름을 안 쓰고 있었다.

예 She doesn't walk.

1단계 | 주어와 시제에 맞는 be동사를 선택한다. → She is

2단계 | be동사 뒤에 not을 써 준다. → She is not/isn't

3단계 | '동사원형 + -ing'를 바꿔 준다. → She isn't walking.

● 다음 문장을 진행 시제 부정문으로 바꾸세요. (단, 부정형은 줄임말로 쓰세요.)

1. He doesn't come home.

그는 집에 오지 않는다.

→ He _____ home.

그는 집에 오는 중이 아니다.

2. I don't watch TV.

나는 TV를 보지 않는다.

→ _____ TV.

나는 TV를 안 보고 있다.

3. They don't live in Korea.

그들은 한국에 살지 않는다.

→ They _____ in Korea.

그들은 한국에 안 살고 있다.

4. She doesn't work hard.

그녀는 열심히 일하지 않는다.

→ She _____ hard.

그녀는 일을 열심히 안 하고 있다.

5. We don't study here.

우리는 여기서 공부하지 않는다.

→ We _____ here.

우리는 여기서 공부를 안 하고 있다.

6. My father doesn't cook.

아버지는 요리를 안 하신다.

→ My father _____.

아버지는 요리를 안 하고 계신다.

7. We didn't go there.

우리는 거기에 가지 않았다.

→ We _____ there.

우리는 거기에 가는 중이 아니었다.

8. You didn't feed the dog.

너는 그 개에게 먹이를 주지 않았다.

→ You _____ the dog.

너는 그 개에게 먹이를 주고 있지 않았다.

9. David didn't play soccer.

데이비드는 축구를 하지 않았다.

→ David _____ soccer.

데이비드는 축구를 안 하고 있었다.

10. I didn't do it.

나는 그것을 하지 않았다.

→ I _____ it.

나는 그것을 안 하고 있었다.

11. She didn't write a story.

그녀는 이야기를 쓰지 않았다.

→ She _____ a story.

그녀는 이야기를 안 쓰고 있었다.

12. The boys didn't run fast.

그 소년들은 빨리 달리지 않았다.

→ The boys _____ fast.

그 소년들은 빨리 달리고 있지 않았다.

● 주어진 동사를 이용해 우리말에 알맞은 문장을 완성하세요. (단, 부정형은 줄임말로 쓰세요.)

| clean | buy | wear | drink | play | help | take | live | do | win |

	현재진행 시제(~하고 있지 않다)	과거진행 시제(~하고 있지 않았다)
1.	You ＿＿＿＿＿＿＿＿＿ me. 너는 나를 안 도와주고 있다.	You ＿＿＿＿＿＿＿＿＿ me. 너는 나를 안 도와주고 있었다.
2.	Amy ＿＿＿＿＿＿＿＿＿ a shower. 에이미는 샤워를 안 하고 있다.	Amy ＿＿＿＿＿＿＿＿＿ a bath. 에이미는 목욕을 안 하고 있었다.
3.	She ＿＿＿＿＿＿＿＿＿ a hat. 그녀는 모자를 안 쓰고 있다.	She ＿＿＿＿＿＿＿＿＿ glasses. 그녀는 안경을 안 쓰고 있었다.
4.	He ＿＿＿＿＿＿＿＿＿ the piano. 그는 피아노를 안 치고 있다.	He ＿＿＿＿＿＿＿＿＿ the guitar. 그는 기타를 안 치고 있었다.
5.	I ＿＿＿＿＿＿＿＿＿ the house now. 나는 지금 집 청소를 안 하고 있다.	I ＿＿＿＿＿＿＿＿＿ the room. 나는 방 청소를 안 하고 있었다.
6.	Ann ＿＿＿＿＿＿＿＿＿ any milk. 앤은 우유를 안 마시고 있다.	Ann ＿＿＿＿＿＿＿＿＿ any juice. 앤은 주스를 안 마시고 있었다.
7.	He ＿＿＿＿＿＿＿＿＿ his homework. 그는 숙제를 안 하고 있다.	He ＿＿＿＿＿＿＿＿＿ his best. 그는 최선을 다하고 있지 않았다.
8.	They ＿＿＿＿＿＿＿＿＿ in London now. 그들은 지금 런던에 살고 있지 않다.	They ＿＿＿＿＿＿＿＿＿ in Seoul in 2012. 그들은 2012년에 서울에 살고 있지 않았다.
9.	We ＿＿＿＿＿＿＿＿＿ now. 우리가 지금 이기고 있는 게 아니다.	We ＿＿＿＿＿＿＿＿＿ yesterday. 우리는 어제 이기고 있지 않았다.
10.	The boy ＿＿＿＿＿＿＿＿＿ . 그 소년은 그 기타를 사는 중이 아니다.	＿＿＿＿＿＿＿＿＿ 그 소년은 모자를 안 사고 있었다.

15 진행 시제의 의문문

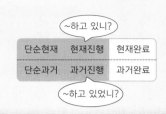

~하고 있니?

단순현재	현재진행	현재완료
단순과거	과거진행	과거완료

~하고 있었니?

1. 진행 시제의 의문문은 be동사를 주어 앞에 써 준다

이번에는 물어보는 문장, **의문문**을 배워 보자.
진행 시제 동사형에도 be동사가 있으니, be동사를 이용해 의문문을 만들어야 해.

첫째 마당에서 be동사의 의문문은 be동사를 주어 앞으로 이동시켜 만들었잖아!
마찬가지로 진행 시제에서도 **be동사를 주어 앞으로** 옮겨 의문문을 만들면 돼.
그리고 문장의 첫 글자는 반드시 대문자로 써야 해!

2. 현재진행 시제의 의문문 만들기

평서문

I am running.
She is running.
They are running.

be동사를
주어 앞으로!

의문문

Am I running?
Is she running?
Are they running?

문장의 첫 글자는
반드시 대문자로
써야 해!

3. 과거진행 시제의 의문문 만들기

평서문

He was running.
We were running.

be동사를
주어 앞으로!

의문문

Was he running?
Were we running?

시제훈련 01 | 진행 시제 의문문 만들기

1단계 | 주어와 시제에 맞는 be동사 정하기 ➡ am/are/is/was/were
2단계 | be동사를 주어 앞으로 보내기 ➡ Am/Are/Is/Was/Were + 주어
3단계 | 규칙에 맞게 동사 형태 바꾸기 ➡ (동사원형) + -ing

● 과거를 과거 진행 시제로 바꿔 의문문을 완성하세요.

1. Did you go to school? 너는 등교했니?

> 주어가 _____, 시제는 현재 / 과거이므로
> be동사 _____ 를 맨 앞으로

> 동사원형 _____ + -ing는 _____

→ _____ 너는 학교에 가는 중이었니?

2. Does Jack hit a ball well? 잭은 공을 잘 치니?

> 주어가 _____, 시제는 현재 / 과거이므로
> be동사 _____ 를 맨 앞으로

> 동사원형 _____ + -ing는 _____

→ _____ 잭은 공을 잘 치고 있니?

3. Did they live here? 그들은 여기에서 살았니?

> 주어가 _____, 시제는 현재 / 과거이므로
> be동사 _____ 를 맨 앞으로

> 동사원형 _____ + -ing는 _____

→ _____ 그들은 여기에서 살고 있었니?

4. Does the girl write emails? 그 소녀는 이메일을 쓰니?

> 주어가 _____, 시제는 현재 / 과거이므로
> be 동사 _____ 를 맨 앞으로

> 동사원형 _____ + -ing는 _____

→ _____ 그 소녀는 이메일을 쓰고 있니?

5. Did he take the bus? 그는 그 버스를 탔니?

주어가 _____, 시제는 현재 / 과거이므로
be동사 _____를 맨 앞으로

동사원형 _____ + -ing는 _____

→ _____ 그는 그 버스를 타고 있었니?

6. Did your friends wait for you? 네 친구들은 너를 기다렸니?

주어가 _____, 시제는 현재 / 과거이므로
be동사 _____를 맨 앞으로

동사원형 _____ + -ing는 _____

→ _____ 네 친구들은 너를 기다리고 있었니?

7. Does Jack catch a ball well? 잭은 공을 잘 잡니?

주어가 _____, 시제는 현재 / 과거이므로
be동사 _____를 맨 앞으로

동사원형 _____ + -ing는 _____

→ _____ 잭은 공을 잘 잡고 있니?

8. Does it rain hard? 비가 세차게 오니?

주어가 _____, 시제는 현재 / 과거이므로
be동사 _____를 맨 앞으로

동사원형 _____ + -ing는 _____

→ _____ now? 지금 비가 세차게 오고 있니?

9. Do they do homework? 그들은 숙제를 하니?

주어가 _____, 시제는 현재 / 과거이므로
be동사 _____를 맨 앞으로

동사원형 _____ + -ing는 _____

→ _____ 그들은 숙제를 하고 있니?

10. Did you make sandwiches? 너는 샌드위치를 만들었니?

주어가 _____ 시제는 현재 / 과거이므로
be 동사 _____를 맨 앞으로

동사원형 _____ + -ing는 _____

→ _____ 너는 샌드위치를 만들고 있었니?

> **예** Does she walk?
>
> **1단계** | 주어와 시제에 맞는 be동사를 선택한다. → she is
>
> **2단계** | be동사를 주어 앞으로 옮긴다. → Is she
>
> **3단계** | '동사원형＋ing'로 바꾸고 '?'를 쓴다. → Is she walking?

● 다음 문장을 진행 시제의 의문문으로 바꾸세요.

1. Does he come home?

그는 집에 오니?

→ _____ he _____ home now?

그는 지금 집에 오는 중이니?

2. Do you watch TV?

너는 TV를 보니?

→ _____ you _____ TV now?

너는 지금 TV를 보고 있니?

3. Do they live in Korea?

그들은 한국에 사니?

→ _____ they _____ in Korea now?

그들은 지금 한국에 살고 있니?

4. Does she work hard?

그녀는 열심히 일하니?

→ _____ she _____ now?

그녀는 지금 일하고 있니?

5. Do you study here?

너는 여기서 공부하니?

→ _____ you _____ now?

너는 지금 공부하고 있니?

6. Does your father cook well?

너의 아버지는 요리를 잘하시니?

→ _____ your father _____ now?

너의 아버지는 지금 요리하고 계시니?

7. Did you go there?

너희는 거기에 갔니?

→ _____ you _____ there?

너희는 거기에 가고 있었니?

8. Did you feed your dog?

너는 그 개에게 먹이를 줬니?

→ _____ you _____ your dog?

너는 그 개에게 먹이를 주고 있었니?

9. Did David play soccer?

데이비드는 축구를 했니?

→ _____ David _____ soccer?

데이비드는 축구를 하고 있었니?

10. Did you do it?

네가 그것을 했니?

→ _____ you _____ it?

네가 그것을 하고 있었니?

11. Did she write a story?

그녀는 이야기를 썼니?

→ _____ she _____ a story?

그녀는 이야기를 쓰고 있었니?

12. Did they run fast?

그들은 빨리 달렸니?

→ _____ they _____ fast?

그들은 빨리 달리고 있었니?

● 주어진 동사를 이용해 우리말에 알맞은 문장을 완성하세요.

call	die	eat	use	read	swim	tell	learn	sleep	listen

	현재진행 시제(~하고 있니?)	과거진행 시제(~하고 있었니?)
1.	_____ she _____ the truth? 그녀는 사실을 말하고 있니?	_____ she _____ a lie? 그녀는 거짓말을 하고 있었니?
2.	_____ he _____ the computer? 그가 그 컴퓨터를 쓰고 있니?	_____ he _____ the computer? 그가 그 컴퓨터를 쓰고 있었니?
3.	_____ they _____ hard? 그들은 열심히 배우고 있니?	_____ they _____ again? 그들이 다시 배우고 있었니?
4.	_____ Ann _____ lunch? 앤은 점심을 먹고 있니?	_____ Ann _____ breakfast? 앤은 아침을 먹고 있었니?
5.	_____ you _____ now? 너는 지금 듣고 있니?	_____ you _____ to me? 너는 내 말을 듣고 있었어?
6.	_____ you _____ a book? 너는 책을 읽고 있니?	_____ you _____ a newspaper? 너는 신문을 읽고 있었니?
7.	_____ the trees _____? 그 나무들은 죽어 가고 있니?	_____ the flowers _____? 그 꽃들은 죽어 가고 있었니?
8.	_____ Jack _____ his mother? 잭은 엄마에게 전화하고 있니?	_____ Jack _____ you? 잭은 너에게 전화하고 있었니?
9.	_____ the baby _____ now? 그 아기는 지금 자고 있니?	_____ the baby _____ well? 그 아기는 잘 자고 있었니?
10.	_____ Ann _____ now? 앤은 지금 수영하고 있니?	_____ 그녀는 수영을 잘하고 있었니?

16 진행 시제 총정리

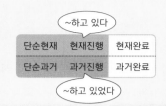

시제복습 01 진행 시제 평서문 복습하기

● 주어진 동사를 이용해 우리말에 알맞은 문장을 완성하세요.

run   sit   come   look   read   build

현재진행 시제(~하고 있다)	과거진행 시제(~하고 있었다)
1. She _____ now. 그녀는 지금 오고 있다. They _____ from Canada. 그들은 캐나다에서 오고 있는 중이다.	A truck _____. 트럭이 오고 있는 중이었다. We _____ back. 우리는 돌아오는 중이었다.
2. I _____ here alone. 나는 여기 혼자 앉아 있다. We _____ on the bench. 우리는 벤치에 앉아 있다.	He _____ next to me. 그는 내 옆에 앉아 있었다. They _____ on the road. 그들은 길 위에 앉아 있었다.
3. They _____ a new house. 그들은 새 집을 짓고 있다. He _____ with bricks. 그는 벽돌로 건축하고 있다.	They _____ a small house. 그들은 작은 집을 짓고 있었다. She _____ her house. 그녀는 그녀의 집을 짓고 있었다.
4. He _____ at me. 그는 나를 쳐다보고 있다. We _____ at the duck. 우리는 그 오리를 쳐다보고 있다.	I _____ at the screen. 나는 스크린을 쳐다보고 있었다. My friends _____ at him. 내 친구들은 그를 쳐다보고 있었다.
5. I _____ a comic book. 나는 만화책을 읽고 있다. My father _____ a book. 아버지는 책을 읽고 계신다.	They _____ a newspaper. 그들은 신문을 읽고 있었다. The boy _____ aloud. 그 소년은 큰 소리로 읽고 있었다.
6. I _____ to school. 나는 학교까지 뛰어가고 있다. Jack _____ home. 잭은 집까지 뛰어가고 있다.	Linda _____. 린다는 혼자 뛰어가고 있었다. Some people _____. 몇몇 사람들은 뛰어가고 있었다.

● 주어진 동사를 이용해 우리말에 알맞은 문장을 완성하세요.

learn   use   lie   make   drink   die

	현재진행 시제(~하고 있다)	과거진행 시제(~하고 있었다)
7.	I _____ some water. 나는 물을 마시고 있다. We _____ some milk. 우리는 우유를 마시고 있다.	They _____ something. 그들은 뭔가 마시고 있었다. He _____ nothing. 그는 아무것도 안 마시고 있었다.
8.	We _____ a movie. 우리는 영화를 만들고 있다. The man _____ coffee. 그 남자를 커피를 끓이고 있다.	I _____ a cake. 나는 케이크를 만들고 있었다. A spider _____ a web. 거미는 거미줄을 치고 있었다.
9.	They _____ to each other. 그들은 서로 거짓말을 하고 있다. You _____ again. 너는 또 거짓말을 하고 있다.	He _____ to them. 그는 그들에게 거짓말을 하고 있었다. Tom _____ to his friend. 톰은 친구에게 거짓말을 하고 있었다.
10.	I _____ English. 나는 영어를 배우고 있다. My sister _____ Chinese. 여동생은 중국어를 배우고 있다.	The baby _____ to walk. 그 아기는 걷는 법을 배우고 있었다. My friends _____ to swim. 내 친구들은 수영하는 법을 배우고 있었다.
11.	I _____ of hunger. 나는 배고파 죽겠다. Many people _____ of hunger. 많은 사람들이 굶주림으로 죽어 가고 있다.	Some trees _____ . 나무 몇 그루가 죽어 가고 있었다. The plant _____ . 그 식물은 죽어 가고 있었다.
12.	He _____ my phone. 그는 내 전화기를 쓰고 있다. People _____ cars. 사람들은 차를 이용하고 있다.	I _____ . 나는 영어를 사용하고 있었다. You _____ . 네가 내 펜을 쓰고 있었다.

시제복습 02   진행 시제 부정문 복습하기

● 주어진 동사를 이용해 우리말에 알맞은 부정문을 완성하세요.

| eat | move | wash | sleep | smile | watch |

	현재진행 시제(~하고 있지 않다)	과거진행 시제(~하고 있지 않았다)
1.	_____ now. 나는 지금 안 자고 있다. The dog _____. 그 개는 안 자고 있다.	They _____ at that time. 그들은 그때 자고 있지 않았다. He _____ at night. 그는 밤에 자고 있지 않았다.
2.	We _____ the movie. 우리는 그 영화를 안 보고 있다. The man _____ TV. 그 남자는 TV를 안 보고 있다.	I _____ the show. 나는 그 쇼를 관람하고 있지 않았다. The woman _____ the dog. 그녀는 그 개를 지켜보고 있지 않았다.
3.	I _____ my hands. 나는 손을 안 움직이고 있다. The snake _____ now. 그 뱀은 지금 안 움직이고 있다.	The clouds _____. 구름이 움직이지 않고 있었다. The car _____ forward. 그 차는 앞으로 움직이지 않고 있었다.
4.	I _____ anything. 나는 아무것도 안 먹고 있다. My sister _____ lunch. 여동생은 점심을 안 먹고 있다.	The horse _____ more. 그 말은 더 많이 먹고 있지 않았다. Your friends _____ too much. 네 친구들은 너무 많이 먹고 있지 않았다.
5.	He _____ at me. 그는 나를 보고 웃지 않고 있다. They _____ at each other. 그들은 서로에게 웃지 않고 있다.	I _____ at you. 나는 너를 보고 웃지 않고 있었다. You _____ at us. 너는 우리를 보고 웃지 않고 있었다.
6.	I _____. 나는 손을 안 씻고 있다. The girl _____ her face. 그 소녀는 얼굴을 안 씻고 있다.	My mother _____ the dishes. 엄마는 설거지를 안 하고 계셨다. My brother _____. 오빠는 그 개를 안 씻기고 있었다.

● 주어진 동사를 이용해 우리말에 알맞은 의문문을 완성하세요.

do   cut   draw   play   swim   close

현재진행 시제(~하고 있니?)	과거진행 시제(~하고 있었니?)
1. _____ you _____ a picture? 너는 그림을 그리고 있니? _____ she _____ the moon? 그녀는 달을 그리고 있니?	_____ you _____ me? 너는 나를 그리고 있었니? _____ Tom _____ his mother? 톰은 엄마를 그리고 있었니?
2. _____ he _____ the guitar? 그는 기타를 연주하고 있니? _____ I _____ the piano? 내가 피아노를 연주하고 있니?	_____ they _____ soccer? 그들은 축구를 하고 있었니? _____ you _____ baseball? 너는 야구를 하고 있었니?
3. _____ you _____ the cake? 네가 그 케이크를 자르고 있니? _____ Jack _____ the paper? 잭이 종이를 자르고 있니?	_____ the boy _____ the grass? 그 소년을 풀을 깎고 있었니? _____ they _____ the trees? 그들은 나무를 베고 있었니?
4. _____ she _____ her homework? 그녀는 숙제를 하고 있니? _____ you _____ your best? 너는 최선을 다하고 있니?	_____ your father _____ exercises? 너의 아버지는 운동을 하고 계셨니? _____ his mother _____ housework? 그의 어머니는 집안일을 하고 계셨니?
5. _____ the man _____ the door? 그 남자는 문을 닫고 있니? _____ you _____ your eyes? 너는 눈을 감고 있니?	_____ he _____ the book? 그는 책을 덮고 있었니? _____ they _____ the windows? 그들은 창문을 닫고 있었니?
6. _____ Ted _____ now? 테드는 지금 수영하고 있니? _____ _____ here? 그들은 여기에서 수영하고 있니?	_____ the children _____? 그 아이들은 수영하고 있었니? _____ _____ in the sea? 너는 바다에서 수영하고 있었니?

● 주어진 동사를 이용해 우리말에 알맞은 문장을 완성하세요. (단, 부정형은 줄임말로 쓰세요.)

sleep　cry　come　rain　swim

1. 나는 수영하고 있다.

I _____.

2. 너는 수영하고 있니?

_____

4. 그들은 자고 있었다.

They _____.

3. 그는 수영을 안 하고 있었다.

He _____.

5. 그녀는 자고 있니?

_____

6. 그는 안 자고 있다.

He _____.

8. 비가 내리고 있었니?

_____

7. 비가 안 내리고 있다.

It _____.

9. 비가 내리고 있었다.

It _____.

10. 우리는 울고 있었다.

We _____.

12. 그녀는 울고 있지 않다.

She _____.

11. 그들은 울고 있니?

_____

13. 그들은 오고 있었다.

They _____.

14. 그는 오고 있니?

_____

15. 그녀는 안 오고 있다.

She _____.

17 단순/진행 시제 -평서문 복습

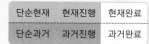

단순현재	현재진행	현재완료
단순과거	과거진행	과거완료

시제복습 01 시제에 알맞은 문장 완성하기

● 시제에 알맞은 동사 형태로 표를 완성하세요.

1. go	현재	과거
단순 시제 (~하다)	I ___go___ to school. She _____ to school. We _____ to school.	He ___went___ to school. They _____ to school.
진행 시제 (~하고 있다)	I ___am going to___ school. She _____ to school. We _____.	He ___was going to___ school. They _____.

2. study	현재	과거
단순 시제 (~하다)	I _____ hard. She _____ hard. We _____ hard.	He _____ hard. They _____ hard.
진행 시제 (~하고 있다)	I _____ hard. She _____ hard. We _____.	He _____ hard. They _____.

3. make	현재	과거
단순 시제 (~하다)	I _____ pancakes. She _____ pancakes. We _____ pancakes.	He _____ pancakes. They _____ pancakes.
진행 시제 (~하고 있다)	I _____ pancakes. She _____ pancakes. We _____.	He _____ pancakes. They _____.

● 보기 처럼 시제에 알맞은 동사 형태로 문장을 완성하세요.

보기	Every day I ride a bike.
	Yesterday I rode a bike.
	Now I am riding a bike.

ride

단순현재 : ~한다
단순과거 : ~했다
현재진행 : ~하고 있다

1. Every day I _____ a picture.

   Yesterday I _____ a picture.

   Now I _____ a picture.

draw

4. Every day I _____ blocks.

   Yesterday I _____ blocks.

   Now I _____ blocks.

build

2. Every day Tom _____ .

   Yesterday he _____ .

   Now he _____ .

run

5. Every day Jack _____ books.

   Yesterday he _____ books.

   Now he _____ books.

read

3. Every day Amy _____ English.

   Yesterday she _____ English.

   Now she _____ English.

learn

6. Every day Bill _____ .

   Yesterday he _____ .

   Now he _____ .

sing

7. Every day we _____.

Yesterday we _____.

Now we _____.

| swim |

8. Every day you _____ soccer.

Yesterday you _____ soccer.

Now you _____ soccer.

| play |

9. Every day the dog _____.

Yesterday the dog _____.

Now the dog _____.

| bark |

10. Every day she _____ math.

Yesterday she _____ math.

Now she _____ math.

| teach |

11. Every day they _____ kites.

Yesterday they _____ kites.

Now they _____ kites.

| fly |

12. Every day you _____ others.

Yesterday you _____ others.

Now you _____ others.

| help |

13. Every day the bus _____.

Yesterday the bus _____.

Now the bus _____.

| come |

14. Every day Mr. Lee _____.

Yesterday he _____.

Now he _____.

| cook |

● 주어진 동사를 이용해 우리말에 알맞은 문장을 완성하세요.

dance　　lie　　die　　stop　　jog

---

1. 그는 조깅을 하고 있었다.

He ＿＿＿＿＿＿＿＿.

2. 그녀는 조깅을 했다.

She ＿＿＿＿＿.

4. 그들은 멈추고 있었다.

They ＿＿＿＿＿＿＿.

3. 나는 조깅 중이다.

I ＿＿＿＿＿＿＿.

5. 그녀는 멈췄다.

She ＿＿＿＿＿＿＿.

6. 그 버스는 여기에 선다.

The bus ＿＿＿＿ here.

8. 그들은 죽었다.

They ＿＿＿＿.

7. 우리는 죽는다.

We ＿＿＿＿.

9. 그것은 죽어 가고 있다.

It ＿＿＿＿＿＿＿.

10. 그는 춤을 추고 있었다.

He ＿＿＿＿＿＿＿＿＿＿.

12. 나는 춤을 추고 있다.

I ＿＿＿＿＿＿＿.

11. 그들은 춤을 췄다.

They ＿＿＿＿＿.

13. 그들은 거짓말을 했다.

They ＿＿＿＿.

14. 그는 거짓말을 한다.

＿＿＿＿＿

15. 너희는 거짓말을 하고 있다.

＿＿＿＿＿＿＿＿＿

시제복습 04   우리말에 알맞은 문장 완성하기

● 주어진 동사를 이용해 우리말에 알맞은 문장을 완성하세요.

play   live   wear   wait   walk   sleep

1. 나는 걸었다.

I _____.

2. 그녀는 시계를 찬다.

She _____ a watch.

4. 그들은 자고 있었다.

They _____.

3. 그는 기타를 치고 있다.

He _____ the guitar.

5. 그녀는 걸었다.

She _____.

6. 너는 기다리고 있었다.

You _____.

8. 그는 모자를 썼다.

He _____ a cap.

7. 내 동생은 놀고 있다.

My brother _____.

9. 제인은 한국에 산다.

Jane _____ in Korea.

10. 우리는 기다리고 있다.

We _____.

12. 나는 안경을 끼고 있다.

I _____ glasses.

11. 그는 잤다.

He _____.

13. 그들은 여기에 살았다.

They _____ here.

14. 그는 야구를 한다.

_____

15. 잭은 기다렸다.

_____

103

18 단순/진행 시제 −부정문, 의문문 복습

단순현재	현재진행	현재완료
단순과거	과거진행	과거완료

 시제복습 01 시제와 문형에 알맞은 문장 완성하기

● 시제와 문형에 알맞게 표를 완성하세요.

〈부정문〉

1. watch	현재	과거
단순 시제	I ___don't watch___ TV. She _____ TV. We _____ TV.	He ___didn't watch___ TV. They _____ TV.
진행 시제	I ___am not watching___ TV. She _____ TV. We _____ .	He ___wasn't watching___ TV. They _____ .

2. use	현재	과거
단순 시제	I _____ the phone. She _____ the phone. We _____ the phone.	He _____ the phone. They _____ the phone.
진행 시제	I _____ the phone. She _____ the phone. We _____ .	He _____ the phone. They _____ .

3. sit	현재	과거
단순 시제	I _____ on it. She _____ on it. We _____ on it.	It _____ on it. They _____ on it.
진행 시제	I _____ on it. She _____ on it We _____ .	It _____ on it. They _____ .

〈의문문〉

4. work	현재		과거	
단순 시제	Do you work late? _____ she _____ late? _____ they _____ late?		Did he work late? _____ we _____ late?	
진행 시제	Am I working late? _____ she _____ late? _____ you _____ ?		_____ he _____ late? _____ they _____ ?	

5. close	현재		과거	
단순 시제	_____ you _____ the door? _____ she _____ the door? _____ they _____ the door?		_____ he _____ the door? _____ we _____ the door?	
진행 시제	_____ I closing the door? _____ she _____ the door? _____ you _____ ?		_____ he _____ the door? _____ they _____ ?	

6. take	현재		과거	
단순 시제	_____ you _____ a shower? _____ she _____ a shower? _____ they _____ a shower?		Did he _____ a shower? _____ we _____ a shower?	
진행 시제	Am I _____ a shower? _____ she _____ a shower? _____ you _____ ?		_____ he _____ a shower? _____ they _____ ?	

● 주어진 동사를 이용해 우리말에 알맞은 문장을 완성하세요.

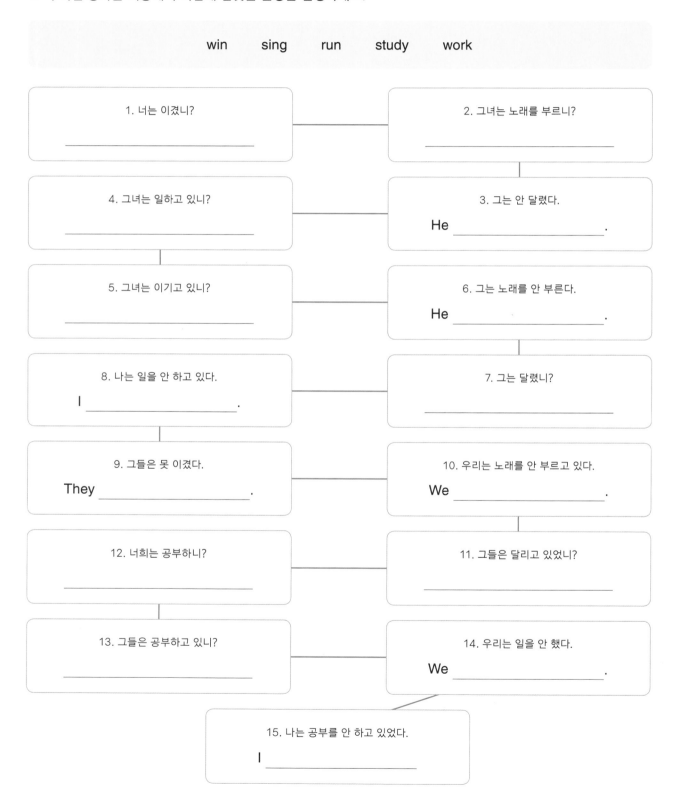

win   sing   run   study   work

1. 너는 이겼니?

_____

2. 그녀는 노래를 부르니?

_____

4. 그녀는 일하고 있니?

_____

3. 그는 안 달렸다.

He _____.

5. 그녀는 이기고 있니?

_____

6. 그는 노래를 안 부른다.

He _____.

8. 나는 일을 안 하고 있다.

I _____.

7. 그는 달렸니?

_____

9. 그들은 못 이겼다.

They _____.

10. 우리는 노래를 안 부르고 있다.

We _____.

12. 너희는 공부하니?

_____

11. 그들은 달리고 있었니?

_____

13. 그들은 공부하고 있니?

_____

14. 우리는 일을 안 했다.

We _____.

15. 나는 공부를 안 하고 있었다.

I _____

● 주어진 문장을 여러 가지 시제와 문형으로 바꿔 보세요. (단, 부정형은 줄임말로 쓰세요.)

◀ START ▶

He is learning English.

그는 영어를 배우고 있다.

1. 과거진행 시제로

be동사 시제 주의!

He _____ .

2. 부정문으로

be동사 + not!

He _____ .

3. 주어를 they로

그들은 영어를 배우고 있지 않았다.

They _____ .

4. 현재진행 시제로

am/are/is로 수정!

They _____ .

5. 긍정문으로

not 삭제!

They _____ .

6. 주어를 she로

3인칭 단수 주어!

She _____ .

7. 의문문으로

be동사가 주어 앞으로!

_____

8. 주어를 you로

너는 영어를 배우고 있니?

_____

9. 평서문으로

be동사 위치

_____

10. 주어를 he로

be동사 위치

_____

◀ END ▶

◀ START ▶와 같은 문장인가요?

107

● 주어진 문장을 여러 가지 시제와 문형으로 바꿔 보세요. (단, 부정형은 줄임말로 쓰세요.)

◀ START ▶
I read a book.
나는 책을 읽는다.

1. 현재진행 시제로
am/are/is + (동사원형)-ing
I _____ .

2. 부정문으로
+ not
I _____ .

3. 주어를 she로
am/are/is + not
She _____ .

4. 긍정문으로
not 삭제!
She _____ .

5. 단순현재 시제로
주어가 3인칭 단수 현재!
She _____ .

6. 단순과거 시제로
read의 과거형은?
She _____ .

7. 의문문으로
Did + 주어 + (동사원형)
_____

8. 단순현재 시제로
그녀는 책을 읽니?
_____

9. 단순현재 부정문으로
그녀는 책을 읽지 않는다.
_____

10. 주어를 I로, 평서문으로
나는 책을 읽는다.
_____
◀ END ▶

◀ START ▶와
같은 문장인가요?

완료 시제
Perfect Tense

셋째 마당에서는 완료 시제를 배울 거야. 완료 시제는 우리말에는 없는 시제라 낯설고 어려워 보일 수 있어. 하지만 실제 일상 대화나 문장에서 정말 많이 쓰는 시제야. 영어권에서는 어린 유치원생도 완료 시제를 쓰니까~. 완료 시제를 배우고 나면 중학 문법도 확 뚫리고 영어 회화나 영어로 된 책도 더 정확히 이해하게 될 거야.

완료 시제에도 현재완료, 과거완료, 미래완료가 있어.
완료 시제란, 두 개의 시제가 합쳐진 거야.

먼저 과거와 현재가 합쳐진 **현재완료**에 관해 알아보자.

아래 두 문장을 비교해 봐.

★ She teaches English. (그녀는 영어를 가르친다.)
동사로 현재형을 쓰면 '그녀는 (항상/늘) 영어를 가르친다.'는 뜻이야.

★ She taught English. (그녀는 영어를 가르쳤다.)
동사로 과거형을 쓰면 '그녀는 (과거에) 영어를 가르쳤다.'라는 뜻이야. 지금도 영어를 가르치는지는 알 수가 없어.

두 문장을 합쳐서 말해 볼까? 과거에도 영어를 가르쳤고, 현재도 영어를 가르친다! 우리말로는 표현하기 어려운데 영어로는 가능해!

★ She has taught English. 그녀는 (지금까지) 영어를 가르쳐 왔다.
이 표현은 '그녀는 과거부터 지금까지 쭉 영어를 가르쳐 왔다.'라는 의미야.

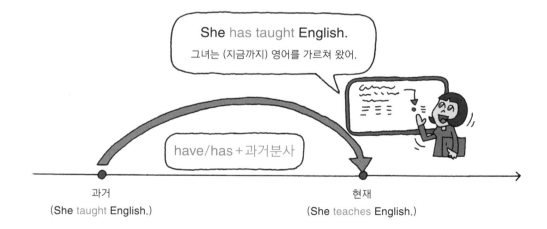

그래서 현재완료는 (지금까지) (지금 막)을 붙여 생각해 보면 이해하기 쉬워.

다음은 대과거(과거보다 더 과거)와 과거가 합쳐진 **과거완료**를 알아보자.

현재완료가 '과거부터 지금까지 있었던 일'을 나타낸 것이라면,
과거완료는 '대과거부터 과거까지 있었던 일'을 나타내는 거야. 과거보다 더 과거를 '대과거'
라고 해.

★ **She** had taught **English.** 그녀는 (그때까지) 영어를 가르쳤어.
이 표현은 '그녀는 과거까지 영어를 가르쳤었어.'라는 의미야.
지금은 영어 선생님이 아니라는 거지.

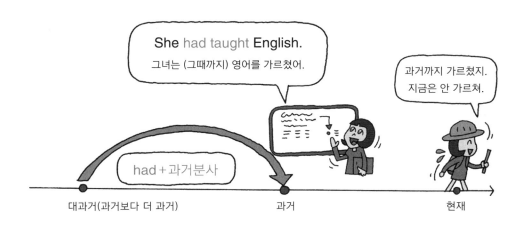

과거완료는 이미 대과거에 시작한 것을 과거까지만 했을 때 쓰는 표현이야. 대과거와 과거가 합
쳐진 거지. 그래서 과거완료는 (그때까지) (그때 막)을 붙여 생각해 보면 쉬워.

현재완료와 과거완료는 그냥 시작 시점과 끝나는 시점이 다를 뿐이야. 현재완료는 현재까지 있
었던 일을 나타내고, 과거완료는 과거까지 있었던 일을 나타내!

완료 시제는 우리말에는 없어서 어렵게 느껴지겠지만 실제로 영어에서 정말 많이 쓰는 시제야.

현재완료를 알고 나면 과거완료는 쉬우니까 현재완료부터 먼저 배워 보자.

19 현재까지 있었던 일을 나타내는 현재완료 시제

| 단순현재 | 현재진행 | 현재완료 |
| 단순과거 | 과거진행 | 과거완료 |

1. 완료 시제의 동사 모양을 알아보자

have + 과거분사(p.p)

분사(分나눌분 詞말사)는
동사의 한 **부분**이 변한 **말**이야.

완료 시제는 시제를 결정하는 have와, 어떤 일이나 상태였는지를 나타내는 과거분사로 구성되어 있어.
앞에서 배운 다른 시제의 모양과 비교해 볼까?

단순현재　I live here. 나는 여기에 산다.
단순과거　I lived here. 나는 (과거에) 여기에 살았다.
현재완료　I have lived here. 나는 (지금까지) 여기에 살아 왔다.

2. 과거의 일만 나타내는 단순과거와 과거에서 현재까지를 나타내는 현재완료

누군가 "너 여기 언제부터 살았어?"라고 물으면, "나 예전부터 살았지."라고 대답할 때 있지?
이때 지금도 내가 여기 살고 있으니까 영어로는 "I have lived here."라고 표현해.
해석은 과거인데 왜 과거 시제를 쓰지 않느냐고?
지금도 살고 있으니(현재를 포함하고 있으니), 현재완료를 써야 해.

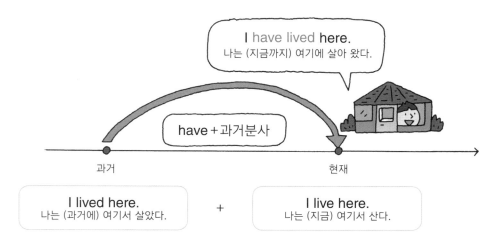

이때, 과거분사는 동사가 아니므로 조동사 <u>have</u>가 시제를 나타내.
주어가 I/We/복수 주어면 have, He/She/단수 주어면 has를 쓴다는 것도 잊지 마!

112

시제훈련 01　현재완료 시제의 동사 모양과 다른 시제 비교하기

시제	일반동사		be동사	
단순현재	~한다	work/works	~이다	am/are/is
단순과거	~했다	worked	~이었다	was/were
현재완료	(지금까지) ~해 왔다	have/has worked	(지금까지) ~이었다	have/has been

현재완료형은 '지금까지 ~해 왔다.' 라고 해석할 수 있어.

● 현재, 과거, 현재완료 시제의 동사 형태를 만드세요.

기다린다	___wait___ / _____
기다렸다	_____
(지금까지) 기다려 왔다	have/has _____

배운다	___learn___ / _____
배웠다	_____
(지금까지) 배워 왔다	have/has _____

비가 내린다	_____ / _____
비가 내렸다	_____
(지금까지) 비가 내렸다	_____

산다	_____ / _____
살았다	_____
(지금까지) 살아 왔다	_____

말한다	_____ / _____
말했다	_____
(지금까지) 말해 왔다	_____

끝내다	_____ / _____
끝냈다	_____
(지금까지) 끝내 왔다	_____

사랑하다	_____ / _____
사랑했다	_____
(지금까지) 사랑해 왔다	_____ _____

~이다	___am___ / _____ / _____
~이었다	_____ / _____
(지금까지) ~이었다	_____ _____

● 다음 상황에 알맞은 동사를 괄호에서 골라 동그라미하세요.

1. Q. 너 어제 아팠니?

A. 나는 어제 아팠어.

I (was, have been) sick yesterday.

2. Q. 너 아프니?

A. 나는 어제부터 (지금까지) 계속 아파.

I (was, have been) sick since yesterday.

3. Q. 여기서 언제 일했니?

A. 나는 여기서 3년 전에 일했어.

I (worked, have worked) here 3 years ago.

4. Q. 여기서 (지금까지) 얼마나 일했니?

A. 나는 여기서 (지금까지) 3년 동안 일해 왔어.

I (have worked, worked) here for 3 years.

5. Q. 그녀는 서울에 살았니?

A. 그녀는 2년 전에 서울에 살았어.

She (has live, lived) in Seoul two years ago.

6. Q. 그녀는 (지금까지) 서울에서 얼마나 살았니?

A. 그녀는 (지금까지) 2년 동안 서울에서 살아 왔어.

She (lived, has lived) in Seoul for two years.

1. 단순과거: 단순히 과거에 어떤 일이 있었다는 내용을 말할 뿐, 현재와는 아무 상관이 없다.
2. 현재완료: 과거에 있었던 일이 현재와 관련을 맺고 있는 상황일 때,
   과거에 시작된 일이 지금까지 계속되거나 지금 막 완료된 것을 말한다.

● 과거와 현재완료 중 어느 시제로 대답해야 할까요? 알맞은 대답을 완성하세요.

1. Q. 여기서 머문 지 얼마나 됐니?

나는 (지금까지) 여기서 4주 동안 머물렀어.
I _____ here for four weeks. A.

2. Q. 그녀는 거기에 머물렀니?

그녀는 지난달에 거기서 머물렀어. (지금은 머무는지 몰라.)
She _____ there last month. A.

3. Q. 지난주에 영어를 배웠니?

응, 나는 지난주에 영어를 배웠어.
Yes, I _____ English last week. A.

4. Q. 너 영어를 배우니?

응, (지금까지) 영어를 배우고 있어.
Yes, I _____ English. A.

5. Q. 너 어제 몇 시에 도착했니?

나는 어제 10시에 도착했어.
I _____ at 10 yesterday. A.

6. Q. 그는 (지금) 도착했니?

그는 (지금) 막 도착했어.
He _____ just _____. A.

● 두 문장씩 비교하며 각 시제에 알맞은 동사를 넣어 문장을 완성하세요.

work	learn	live	finish	wait	talk	rain	watch	use

1. 나는 어제 숙제를 끝냈어.

   I _____ my homework yesterday.

2. 나는 (지금 막) 숙제를 끝냈어.

   I _____ my homework.

3. 그는 (늘) 그녀를 기다려.

   He _____ for her.

4. 그는 (과거에) 그녀를 기다렸어.

   He _____ for her.

5. 그는 (지금까지) 그녀를 기다렸어.

   He _____ .

6. 우리는 부산에 살아.

   We _____ in Busan.

7. 우리는 (과거에) 부산에 살았어.

   We _____ in Busan.

8. 우리는 (지금까지) 부산에서 살아 왔어.

   _____

9. 우리는 (과거에) 그들에게 이야기했어.

   _____ to them.

10. 우리는 그들에게 (지금까지) 이야기해 왔어.

    _____

11. 그는 (과거에) 영어를 배웠어.

    He _____ English.

12. 그는 (지금까지) 영어를 배워 왔어.

    He _____ English.

13. 어제 비가 왔어.

    It _____ yesterday.

14. (지금 막) 비가 왔어.

    It _____ .

15. 나는 (과거에) 거기서 일했어.

    I _____ there.

16. 나는 (지금까지) 거기서 일해 왔어.

    I _____ .

17. 그녀는 (과거에) TV를 봤어.

    She _____ TV.

18. 그녀는 (지금까지) TV를 봤어.

    _____

19. 그녀는 (과거에) 휴대전화를 사용했어.

    She _____ a cell phone.

20. 그녀는 (지금까지) 휴대전화를 사용해 왔어.

    _____

20 규칙 동사의 과거분사형은 과거형과 똑같아

단순현재	현재진행	~ 해 왔다 현재완료
단순과거	과거진행	과거완료

> I have stayed at home. 나는 (지금까지) 집에 머물렀다.
>
> I have cleaned my room. 나는 (지금까지) 내 방을 청소했다.

위의 문장에서 조동사 have 뒤에 쓰인 과거분사를 찾아보자.

stayed와 cleaned야. 그런데 어디서 본 것 같지?

맞아! 과거분사로 쓰였지만, 첫째 마당에서 배운 과거형과 모양이 똑같아.

1. 규칙 동사의 과거분사형은 과거형과 같다

아래 표에서 동사의 과거분사형을 과거형과 비교해 봐.

동사원형(~하다)	과거형(~했다)	과거분사형(~한/~된)
stay	stayed	stayed
clean	cleaned	cleaned
love	loved	loved
study	studied	studied

과거분사형도 과거형과 모양이 똑같지?
그래서 따로 외울 필요 없어.
규칙변화하는 동사의 과거분사형도
동사원형에 -ed나 -d를 붙이면 돼!

2. 과거분사형은 have와 함께 쓰인다

그럼, 동사의 과거형과 과거분사형은 어떻게 구별할 수 있을까? 아래 문장을 비교해 봐.

> I cleaned my room. : (과거에) 청소를 했다.
>
> I have cleaned my room. : (지금까지) 청소를 다 했다.

첫 번째 문장의 cleaned는 동사의 과거형이야.

두 번째 문장의 cleaned는 앞에 have가 있으니 과거분사야.

이제 직접 각 동사의 과거분사형을 실제로 만드는 연습을 해 보자.

117

● 각 동사를 과거분사로 고친 다음 규칙에 알맞게 분류하세요.

1. rain 비가 내리다	2. wash 씻다	3. dance 춤추다	4. open 열다
rained			
5. close 닫다	6. work 일하다	7. clean 청소하다	8. lie 거짓말하다
9. live 살다	10. learn 배우다	11. use 사용하다	12. arrive 도착하다

A형 | 동사원형 + -ed

 -ed를 붙이는 것은 따로 외울 필요 없어!

_____

B형 | 동사원형 + -d

 외우지 말고 동사 끝 확인하기!

_____

1. beg 간청하다	2. hug 껴안다	3. study 공부하다	4. clap 박수치다
5. try 애쓰다	6. plan 계획을 세우다	7. stop 멈추다	8. worry 걱정하다
9. cry 울다	10. carry 나르다	11. shop 쇼핑하다	12. hurry 서두르다

C형 | y를 i로 고친 뒤 + -ed

studied _____ _____ _____ _____

D형 | 끝의 자음 반복 + -ed

 끝의 자음을 반복하는 것은 진행형인 -ing를 만드는 규칙과 같아!

_____

시제훈련 **02** | 규칙 동사의 현재형을 과거형과 현재완료형으로 바꾸기 1

1단계 | 동사 원형 생각하기: uses ➡ use
2단계 | 과거형 ➡ used
3단계 | 현재완료형 ➡ have/has + used

> 규칙 동사의
> 과거형과 과거분사형은
> 모양이 똑같아!

● 각 문장의 시제에 알맞은 동사 형태로 문장을 완성하세요.

시제	1. 사용하다	2. 지켜보다
(늘, 항상) ~한다	She uses ~	He watches ~
(과거에) ~했다	She _____ ~	He _____ ~
(지금까지) ~해 왔다	She has _____ ~	He has _____ ~

시제	3. 서두르다	4. 애쓰다
(늘, 항상) ~한다	I hurry ~	She tries ~
(과거에) ~했다	I _____ ~	She _____ ~
(지금까지) ~해 왔다	I have _____ ~	She has _____ ~

시제	5. 씻다	6. 닫다
(늘, 항상) ~한다	He washes ~	It closes ~
(과거에) ~했다	He _____ ~	It _____ ~
(지금 막) ~했다	He has _____ ~	It has _____ ~

시제	7. 멈추다	8. 걱정하다
(늘, 항상) ~한다	It stops ~	We worry ~
(과거에) ~했다	It _____ ~	We _____ ~
(지금 막) ~했다	It has _____ ~	We have _____ ~

시제훈련 03 | 규칙 동사의 현재형을 과거형과 현재완료형으로 바꾸기 2

1단계 | 동사의 원형 생각하기: finishes ➡ finish

2단계 | 과거형 ➡ finished

3단계 | 현재완료형 ➡ have/has + finished

● 각 동사원형에 -ed를 붙여, 과거와 현재완료 시제의 동사 형태를 완성하세요.

시제	1. 끝내다	2. 계획하다
(늘, 항상) ~한다	She finishes ~	He plans ~
(과거에) ~했다	She _____ ~	He _____ ~
(지금 막) ~했다	She has _____ ~	He has _____ ~

시제	3. 간청하다	4. 공부하다
(늘, 항상) ~한다	She begs ~	They study ~
(과거에) ~했다	She _____ ~	They _____ ~
(지금까지) ~해 왔다	She _____ ~	They _____ ~

시제	5. 거짓말하다	6. 비가 내리다
(늘, 항상) ~한다	He lies ~	It rains ~
(과거에) ~했다	He _____ ~	It _____ ~
(지금까지) ~해 왔다	He _____ ~	It _____ ~

시제	7. 떨어지다	8. 울다
(늘, 항상) ~한다	It drops ~	She cries ~
(과거에) ~했다	It _____ ~	She _____ ~
(지금 막) ~했다	It _____ ~	She _____ ~

● 두 문장씩 비교하며 각 시제에 알맞은 동사를 넣어 문장을 완성하세요.

| try | lie | watch | stop | use | plan | rain | live | study | wash |

1. 그는 매일 영어를 공부한다.

   He _____ English every day.

2. 그는 (지금까지) 영어를 공부해 왔다

   I has _____ English.

3. 그녀는 지난 주말에 그 쇼를 봤다.

   She _____ the show last weekend.

4. 나는 (지금까지) 그 쇼를 두 번 본 적이 있다.

   I have _____ the show twice.

5. 나는 (지금까지) 서울에서 살아 왔다.

   I _____ in Seoul.

6. 그는 2012년에 서울에 살았다.

   He _____ in Seoul in 2012.

7. 그는 (지금 막) 휴가 계획을 다 세웠다.

   He _____ his vacation.

8. 나는 어제 휴가 계획을 세웠다.

   I _____ my vacation yesterday.

9. 그 버스는 (지금 막) 멈췄다.

   The bus _____ .

10. 그 차는 갑자기 멈췄다.

    The car _____ suddenly.

11. (지금 막) 비가 왔다.

    It has _____ .

12. (어제) 비가 왔다.

    It _____ .

13. 그는 (지금까지) 내게 거짓말을 해 왔다.

    He _____ to me.

14. 그들은 (늘) 서로에게 거짓말을 한다.

    They _____ to each other.

15. 나는 (지금 막) 손을 다 씻었다.

    I have _____ my hands.

16. 그녀는 요리 전에 손을 씻었다.

    She _____ her hands before cooking.

17. 우리는 (늘) 그 컴퓨터를 쓴다.

    We _____ the computer.

18. 그녀는 (어제) 그 컴퓨터를 썼다.

    _____

19. 그들은 항상 이기려고 애를 쓴다.

    They _____ to win all the time.

20. 그는 (지금까지) 이기려고 애를 써 왔다.

    _____

21 제멋대로 변하는 과거분사형도 있어

> I have met the actor. 나는 그 배우를 만난 적이 있어.
>
> I have seen the movie. 나는 그 영화를 본 적이 있어.

위 문장에서 동사들을 찾은 다음, 그 옆에 동사원형과 과거형을 비교해 보자.

have met : meet-met   have seen : see-saw

과거분사가 과거형과 같은 것도 있고, 다른 것도 있지?

1. 불규칙 변화 동사는 유형별로 외운다

다음 표를 보면서 과거형과 과거분사형을 비교해 봐.

	동사원형(~하다)	과거형(~했다)	과거분사형(~한/~된)
A-A-A형	cut	**cut**	**cut**
A-B-A형	run	**ran**	**run**
A-B-B형	say	**said**	**said**
A-B-C형	eat	**ate**	**eaten**

> 첫째 마당 04과의 과거 동사의 불규칙 변화를 한 번 더 복습하면 훨씬 더 이해가 잘될 거야. 과거분사도 과거형의 불규칙 변화 유형과 거의 비슷하거든.

외울 때 동사원형-과거형-과거분사형을 한꺼번에 외우는 것이 좋아.
3가지 단계로 변한다고 이를 '**동사의 3단 변화**'라고 하기도 해.

외울 때도 원형-과거형-과거완료형을 다음과 같이 외우자.
　　1. 모두 같은 **A-A-A**형을 가장 먼저
　　2. 하나가 같은 **A-B-A**나 **3. A-B-B**를 외운 다음
　　4. 모두 다른 **A-B-C**형 순서로 외우면 효과적이야.

그리고 불규칙하게 변하는 동사는 그런 동사가 나올 때마다 각각 손과 입으로 함께 외워야 해.

시제훈련 01 **불규칙 변화 동사 — 유형별로 외우자**

1. A-A-A형 → 쉬우니까 먼저 외우기!
2. A-B-A형 → 가장 적어.
3. A-B-B형 → 가장 많아. 유형별로 묶어서 외우기!
4. A-B-C형 → 정말 자주 쓰는 동사들이라 금방 외워질 거야!

● 동사의 과거분사형을 쓰면서 외워 보세요.

1. A-A-A형

대개 짧은 단어들이야!

동사원형	과거형	과거분사형 쓰기 연습(~한/~된)	동사원형	과거형	과거분사형 쓰기 연습(~한/~된)
cut 자르다	cut 잘랐다	_____	let 시키다	let 시켰다	_____
put 놓다	put 놓았다	_____	hit 치다	hit 쳤다	_____
shut 닫다	shut 닫았다	_____	*read 읽다	read 읽었다	_____

주의! read의 과거형과, 과거분사형은 [red]로 읽어요.

2. A-B-A형

3개는 꼭 외워 둬!

동사원형	과거형	과거분사형(~한/~된) 쓰기 연습		
run 달리다	ran 달렸다	run	r _ n	_____
come 오다	came 왔다	come	c _ _ e	_____
become 되다	became 되었다	become	be _ _ me	_____

3. A-B-B형

동사원형	과거형	과거분사형(~한/~된) 쓰기 연습		
say 말하다	said 말했다	said	sai _	_____
hear 듣다	heard 들었다	heard	hea _ _	_____
make 만들다	made 만들었다	made	ma _ _	_____
have 가지다	had 가졌다	had	h _ _	_____
find 찾다	found 찾았다	found	f _ _ _ d	_____
get 가지다	got 가졌다	got	g _ _	_____

gotten을 쓰기도 해.

123

build 짓다	built 지었다	built	bu _ _ _	___
meet 만나다	met 만났다	met	m _ _ _	___
sleep 자다	slept 잤다	slept	sle _ _	___
send 보내다	sent 보냈다	sent	se _ _	___
sit 앉다	sat 앉았다	sat	s _ _	___
stand 서다	stood 섰다	stood	st _ _ d	___
win 이기다	won 이겼다	won	w _ _	___
lose 지다, 잃다	lost 졌다, 잃었다	lost	lo _ _	___
buy 사다	bought 샀다	bought	b _ _ _ _ t	___
catch 잡다	caught 잡았다	caught	c _ _ _ t	___
teach 가르치다	taught 가르쳤다	taught	t _ _ _ ht	___
think 생각하다	thought 생각했다	thought	t _ _ _ _ ht	___

4. A-B-C형

동사원형	과거형	과거분사형(~한/~된) 쓰기 연습	
be 이다	was, were 이었다	been	be _ _	___
do 하다	did 했다	done	do _ _	___
go 가다	went 갔다	gone	go _ _	___
eat 먹다	ate 먹었다	eaten	eat _ _	___
see 보다	saw 보았다	seen	se _ _	___
break 부수다	broke 부쉈다	broken	brok _ _	___
take 가지고 가다	took 가지고 갔다	taken	tak _ _	___
write 쓰다	wrote 썼다	written	writ _ _ _	___
grow 키우다, 자라다	grew 키웠다, 자랐다	grown	gro _ _	___
know 알다	knew 알았다	known	kno _ _	___

과거형과 과거분사형을 손으로 가리고 말해 봐.
틀린 것은 표시해 두고, 여러 번 읽고 써 봐!

LINK 꼭 외워야 할 불규칙 동사표(174쪽)

단순현재 | He sits here every day. 그는 매일 여기에 앉는다.

현재완료 | He has sat here for a long time. 그는 (지금까지) 오랫동안 앉아 있다.

그가 매일 앉으면 sits,
지금까지 앉아 있으면 has sat!

● 주어진 동사를 완료형에 알맞게 바꾸세요.

	1. 자르다	2. 놓다	3. 하다
(매일) ~한다	I cut ~	He put ~	She does ~
(지금 막) ~했다	I have _____ ~	He has _____ ~	She has _____ ~

	4. 말하다	5. 가르치다	6. 있다
(매일) ~한다	He says ~	She teaches ~	I am ~
(지금까지) ~해 왔다	He has _____ ~	She has _____ ~	I have _____ ~

	7. 이기다	8. 잡다	9. 보다
(매일) ~한다	We win ~	It catches ~	She sees ~
(지금까지) ~해 왔다	We have _____ ~	It has _____ ~	She has _____ ~

	10. 오다	11. 먹다	12. 말하다
(매일) ~한다	They come ~	He eats ~	He says ~
(지금 막) ~했다	She _____ ~	He _____ ~	He _____ ~

	13. 가지다	14. 쓰다	15. 부수다
(매일) ~한다	He has ~	I write ~	She breaks ~
(지금까지) ~해 왔다	He _____ ~	I _____ ~	She _____ ~

● 두 문장의 차이에 주의하여 알맞은 동사 형태로 문장을 완성하세요.

| eat | be | do | cut | take | teach | see | have | catch | think |

1. I _____ a shower every day.
   나는 매일 샤워를 한다.

2. He has _____ a shower.
   그는 (지금 막) 샤워를 했다.

3. She _____ onions yesterday.
   그녀는 어제 양파를 잘랐다.

4. I have _____ the onions.
   나는 (지금 막) 양파를 다 잘랐다.

5. Ann _____ so.
   앤은 (항상) 그렇게 생각한다.

6. We _____ so.
   우리는 (지금까지) 그렇게 생각해 왔다.

7. The man _____ a fish.
   그 남자는 (늘) 고기를 잡는다.

8. I _____ a fish many times.
   나는 (지금까지) 여러 번 고기를 잡아 봤다.

9. She has _____ her homework.
   그녀는 (지금 막) 숙제를 다 했다.

10. They _____ their homework.
    그들은 숙제를 했다.

11. The boy has _____ sick in bed.
    그 소년은 (지금까지) 아파서 누워 있다.

12. My sister _____ sick in bed.
    여동생은 아파서 누워 있다.

13. He _____ short hair.
    그는 머리가 짧다.

14. She has _____ short hair.
    그녀는 (지금까지) 짧은 머리였다.

15. I _____ her every morning.
    나는 매일 아침 그녀를 본다.

16. We _____ her before.
    우리는 (지금까지) 그녀를 본 적이 있다.

17. She _____ us a long time.
    그녀는 (지금까지) 오랫동안 우리를 가르쳐 왔다.

18. He _____ us last year.
    그는 작년에 우리를 가르쳤다.

19. They _____ breakfast.
    그들은 (늘) 아침을 먹는다.

20. He _____
    그는 (지금 막) 아침을 먹었다.

22 과거로 해석되지만 현재를 나타내는 현재완료 시제

자, 이제 현재완료를 좀 더 자세히 알아보자.

> have, has + 과거분사(p.p)

1. 현재완료는 현재가 기준인 시제이다

현재완료는 우리말로 바꿀 때 과거로 해석되어서 과거 시제와 헷갈릴 거야.
아래 대화문을 통해 두 시제의 차이를 좀 더 살펴보자.

〈과거로 말하면〉

He lost his key.

그는 열쇠를 잃어버렸다.

A: 그래? 그래서 찾았어?
B: 그건 몰라. 그냥 잃어버렸다는 것만 알아.

〈현재완료로 말하면〉

He has lost his key.

그는 열쇠를 잃어버렸다.

A: 그래? 그래서 찾았어?
B: 아니, 아직 못 찾았대.

현재완료는 과거로 해석되지만 현재가 기준인 시제야!
그래서 현재완료는 절대로 과거를 나타내는 시간 표현(yesterday, then, last, ago)과 같이 쓰지 않아.

2. 현재완료는 동사나 상황에 따라 여러 가지로 해석할 수 있다

같은 문장이라도 함께 쓰이는 부사나 상황에 따라 해석이 조금씩 달라져.

I have lived in Korea once.

나는 (지금까지) 한국에 한 번 살아 본 적이 있다.

I have lived in Korea for many years.

나는 (지금까지) 한국에 수년간 살아 왔다.

보통
(지금) 막 ~했다
(지금까지) ~해 본 적이 있다 로 해석하면 돼.
(지금까지) 해 왔다

127

예 I broke the window.

1단계 | 주어에 맞는 동사 have 정하기 → I have/has

2단계 | 동사를 과거분사로 고치기 → I have broken the window.

● 다음 과거 시제 문장을 현재완료 시제로 바꾸세요.

1. I saw the movie. 나는 그 영화를 봤다.

see - **saw** - seen

주어가 I이므로 동사는 [have/has] + 동사원형 _____의 과거분사인 _____

→ _____ 나는 (지금까지) 그 영화를 본 적이 있다.

2. He read the book yesterday. 그는 어제 그 책을 읽었다.

_____ - **read** - _____

주어가 He이므로 동사는 [have/has] + 동사원형 _____의 과거분사인 _____

→ _____ 그는 (지금까지) 그 책을 읽어 본 적이 있다.

3. We met them last week. 우리는 그들을 지난주에 만났다.

_____ - **met** - _____

주어가 We이므로 동사는 [have/has] + 동사원형 _____의 과거분사인 _____

→ _____ 우리는 (지금까지) 그들을 만난 적이 있다.

4. Ben had a cold. 벤은 감기에 걸렸다.

_____ - **had** - _____

주어가 Ben이므로 동사는 [have/has] + 동사원형 _____의 과거분사인 _____

→ _____ 벤은 (지금까지) 감기를 앓아 왔다.

5. I ate chocolate. 나는 초콜릿을 먹었다.

_____ - ate -

주어가 I이므로 동사는 [have/has] + 동사원형 _____의 과거분사인 _____

→ _____ 나는 (지금 막) 초콜릿을 먹었다.

6. They knew her. 그들은 그녀를 알았다.

_____ - knew -

주어가 They이므로 동사는 [have/has] + 동사원형 _____의 과거분사인 _____

→ _____ 그들은 (지금까지) 그녀를 알고 지냈다.

7. My teacher said so. 우리 선생님은 그렇게 말씀하셨다.

_____ - said -

주어가 My teacher이므로 동사는 [have/has] + 동사원형 _____의 과거분사인 _____

→ _____ 우리 선생님은 (지금까지) 그렇게 말씀해 오셨다.

8. The girl wrote emails. 그 소녀는 이메일을 썼다.

_____ - wrote -

주어가 The girl이므로 동사는 [have/has] + 동사원형 _____의 과거분사인 _____

→ _____ 그 소녀는 (지금까지) 이메일을 써 왔다.

9. We made a plan. 우리는 계획을 세웠다.

_____ - made -

주어가 We이므로 동사는 [have/has] + 동사원형 _____의 과거분사인 _____

→ _____ 우리는 (지금까지) 계획을 세워 왔다.

10. My brother was sick. 내 남동생은 아팠다.

_____ - was/were -

주어가 My brother이므로 동사는 [have/has] + 동사원형 _____의 과거분사인 _____

→ _____ 내 남동생은 (지금까지) 앓아 왔다.

시제훈련 02   단순현재와 현재완료 비교하기

● 주어진 동사를 이용해 우리말에 알맞은 문장을 완성하세요.

| win | know | see | come | do | hear | meet | go | have | teach |

	단순현재 시제(늘/항상 ~하다)	현재완료 시제(지금까지 ~해 왔다/~한 적이 있다)
1.	He _____ his homework. 그는 숙제를 한다.	He _____ his homework. 그는 (지금 막) 숙제를 다 했다.
2.	She _____ history. 그녀는 역사를 가르친다.	She _____ history. 그녀는 (지금까지) 역사를 가르쳐 왔다.
3.	I _____ the song. 나는 그 노래를 듣는다.	I _____ the song. 나는 (지금까지) 그 노래를 들은 적이 있다.
4.	The boy _____ the game. 그 소년은 그 경기를 이긴다.	The boy _____ the game. 그 소년은 (지금 막) 그 경기를 이겼다.
5.	He _____ home. 그는 집으로 간다.	He _____ home. 그는 (지금 막) 집으로 가 버렸다.
6.	I _____ her every morning. 나는 매일 아침 그녀를 본다.	I _____ her for a long time. 나는 (지금까지) 오랫동안 그녀를 봐 왔다.
7.	Bill _____ the ticket. 빌은 그 표를 가지고 있다.	Bill _____ the ticket. 빌은 (지금까지) 그 표를 가지고 있다.
8.	The girl _____ back. 그 소녀는 돌아온다.	The girl _____ back. 그 소녀는 (지금 막) 돌아왔다.
9.	We _____ the fact. 우리는 그 사실을 안다.	We _____ the fact. 우리는 (지금까지) 그 사실을 알아 왔다.
10.	_____ 나는 매일 아침 그녀를 만난다.	_____ 나는 (지금까지) 오랫동안 그녀를 만나 왔다.

● 주어진 동사를 이용해 우리말에 알맞은 문장을 완성하세요.

do make stop come become close play arrive hear study

	단순과거 시제(~했다)	현재완료 시제(~해 왔다)
1.	I _____ my best. 나는 최선을 다했다.	I _____ my best. 나는 (지금까지) 최선을 다해 왔다.
2.	She _____ history. 그녀는 역사를 공부했다.	She _____ history. 그녀는 (지금까지) 역사를 공부했다.
3.	They _____ the music. 그들은 그 음악을 들었다.	They _____ the news. 그들은 (지금까지) 그 소식을 들은 적이 있다.
4.	The boy _____ the door. 그 소년은 문을 닫았다.	The boy _____ the window. 그 소년은 (지금 막) 창문을 닫았다.
5.	He _____ an actor. 그는 배우가 되었다(지금은 배우인지 모른다).	He _____ a scientist. 그는 과학자가 되었다(지금도 과학자이다).
6.	My watch _____ suddenly. 내 시계가 갑자기 멈췄다.	The rain _____ . 비가 (지금 막) 멈췄다.
7.	Bill _____ the piano last night. 빌은 어젯밤에 피아노를 연주했다.	Bill _____ the violin. 빌은 (지금까지) 바이올린을 연주해 왔다.
8.	The bus _____ late. 그 버스는 늦게 왔다.	Summer _____ . (지금 막) 여름이 되었다(왔다).
9.	I _____ a pizza yesterday. 나는 어제 피자를 만들었다.	I _____ a cake once. 나는 (지금까지) 케이크를 한 번 만들어 봤다.
10.	_____ 우리는 어제 도착을 했다.	_____ 우리는 (지금 막) 도착했다.

23 과거까지 있었던 일을 나타내는 과거완료 시제

단순현재	현재진행	현재완료
단순과거	과거진행	과거완료

~해 왔었다

1. 과거완료와 현재완료를 비교해 보자

현재완료가 '지금까지의 일'을 나타내는 것이라면,
과거완료는 '과거까지의 일'을 나타내는 시제야.

현재 완료   I have lived in Seoul.   나는 (지금까지) 서울에 살아 왔다.
과거 완료   I had lived in Seoul.   나는 (그때까지) 서울에 살았었다.

지영: "너 이사 오기 전까지 어디 살았었어?"
수지: "나(이사 오기 전) 그때까지 (쭉) 서울에 살았었어." ➡ 과거완료

현재완료는 말하고자
하는 시점이 현재,
과거완료는 말하고자
하는 시점이 과거!

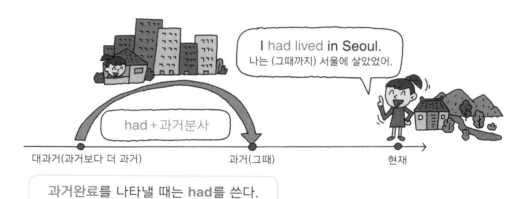

I had lived in Seoul.
나는 (그때까지) 서울에 살았었어.

had + 과거분사

대과거(과거보다 더 과거)   과거(그때)   현재

과거완료를 나타낼 때는 **had**를 쓴다.

2. 과거완료는 동사나 상황에 따라 여러 가지로 해석될 수 있다

보통
(그때 이미 막) ~했다
(그때까지) ~해 본 적이 있다
(그때까지) ~해 왔다
라고 해석하면 돼.

3. 과거보다 이전에 있었던 일을 나타낼 때 쓰는 과거완료

I was happy after I had met her.   나는 그녀를 만나고 나서 행복했어.
내가 그녀를 만난 것은 내가 행복한 것보다 먼저 일어난 일이지?
이렇게 과거의 2가지 일 중 먼저 일어난 일(대과거)을 나타낼 때도 과거완료형을 써.

과거완료 : 먼저 일어난 일

132

시제훈련 01 과거완료와 현재완료 비교하기

1. 과거완료: 대과거에 시작, 과거(그때)까지 계속/완료된 일!

   had + 과거분사 ➡ "그때까지 ~했었다."

2. 현재완료: 과거에 시작, 현재(지금)까지 계속/완료된 일!

   have + 과거분사 ➡ "지금까지 ~해 왔다."

이 책에서는 과거완료를 강조하기 위해 '~했었다'라고 표현하지만, 우리말 문법은 '했다'가 맞아. 국어 문법에는 완료 시제가 없기 때문이지.

● 다음 상황에 알맞은 동사를 괄호에서 골라 동그라미하세요.

1.

그녀는 (지금까지) 3년 동안 영어를 가르쳐 왔어.

She (had, has) taught English for 3 years.

2.
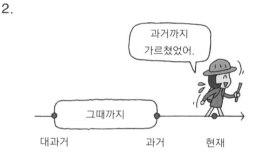

그녀는 (그때까지) 3년 동안 영어를 가르쳤었어.

She (had, has) taught English for 3 years.

3.

그는 (지금까지) 영어를 공부해 왔어.

He (has, had) studied English.

4.

그는 (그때까지) 영어를 공부했었어.

He (has, had) studied English.

5.

그는 (지금까지) 거기서 일해 왔어.

He (had, has) worked there.

6.
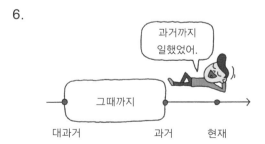

그는 (그때까지) 거기서 일했었어.

He (had, has) worked there.

예 나는 (그때에) 이미 점심을 다 먹었다.

1단계 | 동사 자리에 had 쓰기 → I had

2단계 | had 뒤에 과거분사 쓰기 → I had *already eaten lunch.

*already(이미)는 had와 과거분사 사이에 써 줘요.

eat - ate - eaten

● 다음 대화의 밑줄 친 문장을 과거완료 시제로 완성하세요.

1. A. 너 잭이랑 같이 저녁 먹었니?

   B. 아니. 같이 못 먹었어. 내가 도착했을 때, 잭은 이미 저녁을 먹었더라고.

   eat - ate - _____

   동사는 had + 동사원형 _____ 의 과거분사인 _____

   → Jack _____ already _____ dinner.

Jack ate dinner.
(잭은 저녁을 먹었어.)를 쓰면
안 되나요?

내가 도착한 것보다, 잭이 저녁을
먹은 것이 더 먼저 일어난 일이지?
과거 2가지 일 중 먼저 일어난
일에 과거완료를 써야 해.

2. A. 너 어제 잘 때까지 뭐했어?

   B. 나는 (그때까지) 종일 집에 있었어.

   be - was/were - _____

   동사는 had + 동사원형 _____ 의 과거분사인 _____

   → I _____ at home all day.

3. A. 너 영어 정말 잘한다!

   B. 고마워. 나는 캐나다에서 2년 살았었어.

   live - lived - _____

   동사는 had + 동사원형 _____ 의 과거분사인 _____

   → I _____ in Canada for two years.

4. A. 너 잭 만났니?

   B. 아니. (그때) 잭은 이미 가 버리고 없었어.

   go - went - _____

   동사는 had + 동사원형 _____ 의 과거분사인 _____

   → Jack _____ .

5. A. 너 티켓 샀니?

   B. 아니. 나는 (그때) 내 가방을 잃어버렸었어. 그래서 못 샀어.

   lose - lost - _____

   동사는 had + 동사원형 _____ 의 과거분사인 _____

   → I _____ .

6. A. 너희 그 영화배우 봤니?

   B. 아니, 우리가 늦게 갔어. 그는 (그때) 이미 떠나고 없더라.

   leave - left - _____

   동사는 had + 동사원형 _____ 의 과거분사인 _____

   → He _____ .

7. A. 너 2012년도에 수아 알았어?

   B. 응. (그때까지) 나는 그녀를 한 번 본 적이 있었어.

   see - saw - _____

   동사는 had + 동사원형 _____ 의 과거분사인 _____

   → I _____ her once.

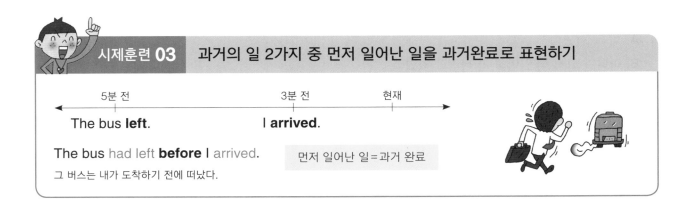

시제훈련 03 **과거의 일 2가지 중 먼저 일어난 일을 과거완료로 표현하기**

5분 전　　　　　　　　3분 전　　　현재

The bus **left**.　　　　　I **arrived**.

The bus had left **before** I arrived.　　먼저 일어난 일＝과거 완료

그 버스는 내가 도착하기 전에 떠났다.

● 과거의 일 2가지 중 먼저 일어난 일을 과거완료로 표현해 보세요.

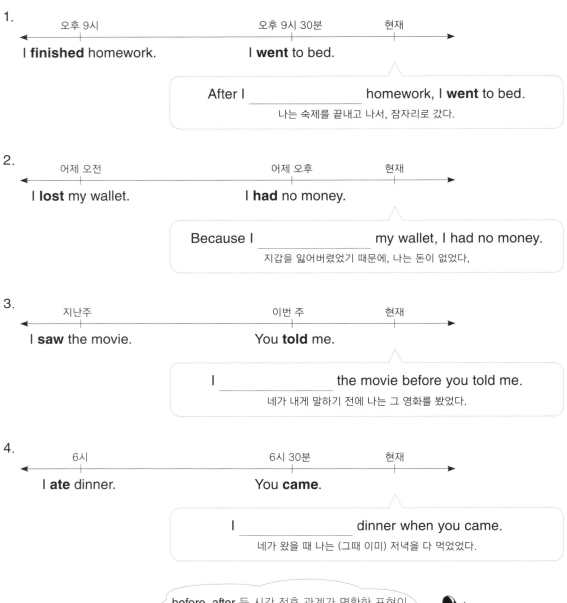

1.

오후 9시　　　　　　　오후 9시 30분　　　현재

I **finished** homework.　　I **went** to bed.

After I ＿＿＿＿＿＿＿ homework, I **went** to bed.

나는 숙제를 끝내고 나서, 잠자리로 갔다.

2.

어제 오전　　　　　　　어제 오후　　　현재

I **lost** my wallet.　　I **had** no money.

Because I ＿＿＿＿＿＿＿ my wallet, I had no money.

지갑을 잃어버렸었기 때문에, 나는 돈이 없었다,

3.

지난주　　　　　　　이번 주　　　현재

I **saw** the movie.　　You **told** me.

I ＿＿＿＿＿＿＿ the movie before you told me.

네가 내게 말하기 전에 나는 그 영화를 봤었다.

4.

6시　　　　　　　6시 30분　　　현재

I **ate** dinner.　　You **came**.

I ＿＿＿＿＿＿＿ dinner when you came.

네가 왔을 때 나는 (그때 이미) 저녁을 다 먹었었다.

before, after 등 시간 전후 관계가 명확한 표현이 있을 때는, 과거완료 대신 단순과거를 쓰기도 해.

24 완료 시제의 부정문

단순현재	현재진행	현재완료
단순과거	과거진행	과거완료

~한 적이 없다

~한 적이 없었다

1. 완료 시제의 부정문은 have 뒤에 not을 붙여 준다

완료 시제의 부정문은 무척 간단해. 왜냐고? have 뒤에 not만 붙여 주면 돼.
'have + not'도 보통 간단히 줄여서 haven't라고 써.

2. 현재완료 시제의 부정문 만들기

긍정문

I have arrived.
나는 (지금 막) 도착했다.

She has arrived.
그녀는 (지금 막) 도착했다.

have + not
has + not

부정문

I haven't arrived.
나는 (지금까지) 도착 안 했다.

She hasn't arrived.
그녀는 (지금까지) 도착 안 했다.

3. 과거완료 시제의 의문문 만들기

긍정문

He had arrived.
그는 (그때 막) 도착했다.

We had arrived.
우리는 (그때 막) 도착했었다.

had + not

부정문

He hadn't arrived.
그는 (그때까지) 도착 안 했었다.

We hadn't arrived.
우리는 (그때까지) 도착 안 했었다.

주의!

문장에 have나 has, had가 있다고 무조건 위의 방식을 쓰면 안 돼.
Have가 '가지다, 먹다'의 뜻으로 쓰일 때는 일반동사니까,
이때는 두더지(do/does/did)의 도움이 필요해!

• He has a brother. → He **doesn't have** a brother.

Do Does
두   더즈

137

예 I don't break the window.
1단계 | 주어와 시제에 맞는 have 형태 정하기 → I have/has/had
2단계 | 동사 have 뒤에 not을 붙이고 줄여 쓰기 → I haven't/hasn't/hadn't
3단계 | 규칙에 맞게 과거분사로 바꾸기 → I haven't broken the window.

● 단순과거는 과거완료 시제로, 단순현재는 현재완료 시제의 부정문으로 바꾸세요.

1. He didn't go home. 나는 집에 가지 않았다.

go - _____ - _____

주어가 _____, 시제는 현재/과거이므로, 동사는 _____ +not+ 과거분사 _____

→ He _____. 그는 (그때까지) 집에 들어가지 않았었다.

2. She doesn't take a shower. 그녀는 샤워를 하지 않는다.

take - _____ - _____

주어가 _____, 시제는 현재/과거이므로, 동사는 _____ +not+ 과거분사 _____

→ She _____. 그녀는 (지금까지) 샤워를 하지 않았다.

3. They don't know each other. 그들은 서로 모른다.

know - _____ - _____

주어가 _____, 시제는 현재/과거이므로, 동사는 _____ +not+ 과거분사 _____

→ They _____. 그들은 (지금까지) 서로 모르고 있다.

4. It doesn't rain every day. 비가 매일 오지는 않는다.

rain - _____ - _____

주어가 _____, 시제는 현재/과거이므로, 동사는 _____ +not+ 과거분사 _____

→ It _____. (지금까지) 비가 오지 않았다.

5. Jack didn't study hard. 잭은 열심히 공부하지 않았다.

study - _____ - _____

주어가 _____, 시제는 현재/과거이므로 동사는 _____ + not + 과거분사 _____

→ Jack _____. 잭은 (그때까지) 열심히 공부하지 않았었다.

6. They didn't see a lion. 그들은 사자를 안 봤다.

see - _____ - _____

주어가 _____, 시제는 현재/과거이므로 동사는 _____ + not + 과거분사 _____

→ They _____. 그들은 (그때까지) 사자를 본 적이 없었다.

7. I didn't my homework. 나는 숙제를 안 했다.

do - _____ - _____

주어가 _____, 시제는 현재/과거이므로 동사는 _____ + not + 과거분사 _____

→ I _____ yet. 너는 (그때까지) 아직 숙제를 안 했었다.

8. Ellen doesn't live in America. 엘렌은 미국에서 안 산다.

live _____ - _____

주어가 _____, 시제는 현재/과거이므로 동사는 _____ + not + 과거분사 _____

→ Ellen _____. 엘렌은 (지금까지) 미국에서 살아 본 적이 없다.

9. They don't run away. 그들은 달아나지 않는다.

run - _____ - _____

주어가 _____, 시제는 현재/과거이므로 동사는 _____ + not + 과거분사 _____

→ They _____. 그들은 (지금까지) 달아나지 않았다.

10. She didn't think about it. 그녀는 그것에 관해 생각을 안 해 봤다.

think - _____ - _____

주어가 _____, 시제는 현재/과거이므로 동사는 _____ + not + 과거분사 _____

→ She _____. 그녀는 (그때까지) 그것에 관해 생각해 본 적이 없었다.

시제훈련 02 단순 시제 부정문을 완료 시제 부정문으로 바꾸기

> 예 She doesn't walk.
>
> **1단계** | 주어와 시제에 맞는 have 형태를 선택한다. → She has (3인칭 단수, 현재)
>
> **2단계** | have 뒤에 not을 쓰고 줄인다. → She has not → She hasn't
>
> **3단계** | 규칙에 맞게 과거분사로 바꾼다. → She hasn't walked.

● 다음 문장의 동사를 현재진행형으로 바꾸세요.

1. He doesn't come home.

   그는 집에 오지 않는다.

   → He _____ home.

   그는 (지금까지) 집에 오지 않았다.

2. You don't walk your dog.

   너는 네 개를 산책시키지 않는다.

   → You _____ your dog.

   너는 (지금까지) 네 개를 산책시킨 적이 없다.

3. They don't live in Korea.

   그들은 한국에 살지 않는다.

   → They _____ in Korea.

   그들은 (지금까지) 한국에 살아 본 적이 없다.

4. She doesn't hear the news.

   그녀는 뉴스를 듣지 않는다.

   → She _____ the news.

   그녀는 (지금까지) 뉴스를 들은 적이 없다.

5. We don't lose hope.

   우리는 희망을 잃지 않는다.

   → We _____ hope.

   우리는 (지금까지) 희망을 잃은 적이 없다.

6. My father doesn't cook.

   아버지는 요리를 안 하신다.

   → _____

   아버지는 (지금까지) 요리를 하신 적이 없다.

7. We didn't meet him.

   우리는 그를 만나지 않았다.

   → We _____ him.

   우리는 (그때까지) 그를 만나 본 적이 없었다.

8. I didn't feed the dog.

   나는 그 개에게 먹이를 주지 않았다.

   → I _____ the dog.

   나는 (그때까지) 그 개에게 먹이를 준 적이 없었다.

9. David didn't play the violin.

   데이비드는 바이올린을 연주하지 않았다.

   → David _____ the violin.

   데이비드는 (그때까지) 바이올린을 연주하지 않았었다.

10. I didn't find my bike.

    나는 자전거를 찾지 못했다.

    → I _____ my bike.

    나는 (그때까지) 자전거를 못 찾았었다.

11. She didn't teach math.

    그녀는 수학을 가르치지 않았다.

    → She _____ math.

    그녀는 (그때까지) 수학을 가르쳐 본 적이 없었다.

12. The boy didn't have a watch.

    그 소년은 시계를 안 가지고 있었다.

    → _____

    그 소년은 (그때까지) 시계를 가져 본 적이 없었다.

● 주어진 동사를 이용해 우리말에 알맞은 동사 형태로 문장을 완성하세요.

cry   call   come   have   hear   help   grow   meet   play   take

	현재완료 시제	과거완료 시제
1.	You _____ me. 너는 (지금까지) 나를 도와준 적이 없다.	You _____ me. 너는 (그때까지) 나를 도와준 적이 없었다.
2.	Amy _____ a shower. 에이미는 (지금까지) 샤워를 안 했다.	Amy _____ a bath. 에이미는 (그때까지) 목욕을 안 했었다.
3.	She _____ about him. 그녀는 (지금까지) 그에 관해 들어 본 적이 없다.	She _____ about me. 그녀는 (그때까지) 나에 관해 들어 본 적이 없었다.
4.	He _____ the piano. 그는 (지금까지) 피아노를 쳐 본 적이 없다.	He _____ the guitar. 그는 (그때까지) 기타를 쳐 본 적이 없었다.
5.	Spring _____ yet. 봄이 (지금까지) 아직 오지 않았다.	Winter _____ . 겨울이 (그때까지) 오지 않았었다.
6.	Ann _____ me. 앤은 (지금까지) 내게 전화를 하지 않았다.	Ann _____ them. 앤은 (그때까지) 그들에게 전화를 하지 않았었다.
7.	The baby _____ . 아기는 (지금까지) 울지 않았다.	The baby _____ . 아기는 (그때까지) 울지 않았었다.
8.	The plant _____ . 그 식물은 (지금까지) 자라지 않았다.	The tree _____ . 그 나무는 (그때까지) 자라지 않았었다.
9.	I _____ long hair. 나는 (지금까지) 긴 머리를 가져 본 적이 없다.	I _____ short hair. 나는 (그때까지) 짧은 머리를 가져 본 적이 없었다.
10.	The girl _____ . 그 소녀는 (지금까지) 그를 만나 본 적이 없다.	_____ 그 소녀는 (그때까지) 그들을 만나 본 적이 없었다.

25 완료 시제의 의문문

1. 완료 시제의 의문문은 have를 주어 앞으로 보내자

이번에는 물어보는 문장, **의문문**에 관해 알아보자.

먼저 완료 시제의 부정문은 조동사 have 뒤에 not을 붙여 줬지! 완료 시제의 의문문도 조동사 have의 역할이 중요해. be동사가 들어간 의문문을 만들 때처럼 **조동사 have를 주어 앞으로** 보내면 돼.

2. 현재완료 시제의 의문문 만들기

평서문

I have arrived.
나는 (지금 막) 도착했다.

She has arrived.
그녀는 (지금 막) 도착했다.

have나 has를 앞으로

의문문

Have **you** arrived?
너는 (지금 막) 도착했니?

Has **she** arrived?
그녀는 (지금 막) 도착했니?

3. 과거완료 시제의 의문문 만들기

평서문

He had arrived.
그는 (그때 막) 도착했다.

We had arrived.
우리는 (그때 막) 도착했다.

had를 앞으로

의문문

Had **he** arrived?
그는 (그때 막) 도착했니?

Had **we** arrived?
우리는 (그때 막) 도착했니?

주의!

have가 '가지다, 먹다'의 뜻으로 쓰일 때는 일반동사니까
이때는 두더지(do/does/did)의 도움이 필요해!

• He has a brother. → **Does** he **have** a brother?

142

1단계 | 주어와 시제에 맞는 have 형태 정하기 → have/has/had
2단계 | 동사 have를 주어 앞에 보내기 → have/has/had + 주어
3단계 | 규칙에 맞게 동사 형태 바꾸기 → 과거분사

● 현재는 현재완료로, 과거는 과거완료로 바꿔 의문문을 완성하세요.

1. Do you eat breakfast every day? 너는 매일 아침을 먹니?

eat - _____ - _____

주어가 _____, 시제는 현재 / 과거이므로, have + 주어 + 과거분사 _____

→ _____ 너는 (지금 막) 아침을 먹었니?

2. Did they go out? 그들은 외출했니?

go - _____ - _____

주어가 _____, 시제는 현재 / 과거이므로, _____ + 주어 + 과거분사 _____

→ _____ 그들은 (그때까지) 외출했었니?

3. Did you lose your money? 너는 돈을 잃어버렸어?

lose - _____ - _____

주어가 _____, 시제는 현재 / 과거이므로, _____ + 주어 + 과거분사 _____

→ _____ 너는 (그때까지) 돈을 다 잃어버렸었니?

4. Does she send you an email? 그녀는 네게 이메일을 보내니?

send - _____ - _____

주어가 _____, 시제는 현재 / 과거이므로, _____ + 주어 + 과거분사 _____

→ _____ an email? 그녀가 (지금까지) 네게 이메일을 보낸 적이 있니?

5. Did he build a house? 그는 집을 지었니?

build - _____ - _____

주어가 _____, 시제는 현재 / 과거이므로, _____ + 주어 + 과거분사 _____

→ _____ 그가 (그때까지) 집을 지어 본 적이 있었니?

6. Did your friend wait for you? 네 친구가 너를 기다려 줬니?

wait - _____ - _____

주어가 _____, 시제는 현재 / 과거이므로, _____ + 주어 + 과거분사 _____

→ _____ 네 친구가 (그때까지) 너를 기다려 줬었니?

7. Does Jack teach you Chinese? 잭은 네게 중국어를 가르치니?

teach - _____ - _____

주어가 _____, 시제는 현재 / 과거이므로, _____ + 주어 + 과거분사 _____

→ _____ 잭이 (지금까지) 네게 중국어를 가르쳐 왔니?

8. Is she sick in bed? 그녀는 아파서 누워 있니?

be - was/were - _____

주어가 _____, 시제는 현재 / 과거이므로, _____ + 주어 + 과거분사 _____

→ _____ all day? 그녀는 (지금까지) 아파서 하루 종일 누워 있니?

9. Do they cut potatoes? 그들은 감자를 깎니?

cut - _____ - _____

주어가 _____, 시제는 현재 / 과거이므로, _____ + 주어 + 과거분사 _____

→ _____ once? 그들은 (지금까지) 감자를 한 번 깎아 본 적이 있니?

10. Did you make a mistake? 너는 실수를 했니?

make - _____ - _____

주어가 _____, 시제는 현재 / 과거이므로, _____ + 주어 + 과거분사 _____

→ _____ 너는 (그때까지) 실수해 본 적이 있었니?

예 Does she work?

1단계 | 주어와 시제에 맞는 have 형태를 선택한다. → She has

2단계 | have/has를 주어 앞으로 옮긴다. → Has she

3단계 | 규칙에 맞게 동사를 과거분사로 바꾼다. → Has she worked?

● 다음 문장을 완료 시제의 의문문으로 바꾸세요. (단, 부정형은 줄여 쓰세요.)

1. Does he come home?

그는 (늘) 집에 오니?

→ _____ he _____ home?

그는 (지금 막) 집에 왔니?

2. Do you walk your dog?

너는 (늘) 네 개를 산책 시키니?

→ _____ you _____ your dog?

너는 (지금까지) 네 개를 산책시킨 적이 있니?

3. Do they live in Korea?

그들은 한국에 사니?

→ _____ they _____ in Korea?

그들은 (지금까지) 한국에 살고 있니?

4. Does she hear the news?

그녀는 (늘) 뉴스를 듣니?

→ _____ she _____ the news?

그녀는 (지금 막) 그 소식을 들었니?

5. Do you lose hope?

너는 (늘) 희망을 잃게 되니?

→ _____ you _____ hope?

너는 (지금까지) 희망을 잃어 본 적이 있니?

6. Does your father cook?

너희 아버지는 (늘) 요리를 하시니?

→ _____ your father _____?

너희 아버지는 (지금까지) 요리를 해 보신 적이 있니?

7. Did you meet him?

너는 그를 만났니?

→ _____ you _____ him?

너는 (그때까지) 그를 만나 본 적이 있었니?

8. Did you feed your dog?

너는 그 개에게 먹이를 줬니?

→ _____ you _____ your dog?

너는 (그때까지) 네 개에게 쭉 먹이를 줘 왔었니?

9. Did David play the violin?

데이비드는 바이올린을 연주했니?

→ _____ David _____ the violin?

데이비드는 (그때까지) 바이올린을 연주했었니?

10. Did you find your bike?

너는 네 자전거를 찾았니?

→ _____ you _____ your bike?

너는 (그때까지) 네 자전거를 찾았었니?

11. Did she teach math?

그녀는 수학을 가르쳤니?

→ _____ she _____ math?

그녀는 (그때까지) 수학을 가르쳐 본 적이 있었니?

12. Did the boy have a watch?

그 소년은 시계를 가지고 있었니?

→ _____ the boy _____ a watch?

그 소년은 (그때까지) 시계를 가져 본 적이 있었니?

● 주어진 동사를 이용해 우리말에 알맞은 문장을 완성하세요.

| use | hear | eat | know | die | find | do | cut | see | read |

	현재완료 시제(~해 왔니?)	과거완료 시제(~해 왔었니?)
1.	_____ she _____ her homework? 그녀는 (지금 막) 숙제를 다 했니?	_____ she _____ her homework? 그녀는 (그때까지) 숙제를 다 했었니?
2.	_____ he _____ the computer? 그가 (지금까지) 그 컴퓨터를 써 본 적이 있니?	_____ he _____ the computer? 그가 (그때까지) 컴퓨터를 써 본 적이 있었니?
3.	_____ you _____ your finger? 너는 (지금 막) 손가락을 베었니?	_____ you _____ the cake? 너는 (그때까지) 케이크를 다 잘랐었니?
4.	_____ Ann _____ lunch? 앤은 (지금까지) 점심을 다 먹었니?	_____ Ann _____ breakfast? 앤은 (그때까지) 아침을 다 먹었었니?
5.	_____ you _____ the news? 너희는 (지금까지) 그 소식을 들어 본 적이 있니?	_____ you _____ the sound? 너희는 (그때까지) 그 소리를 들어 본 적이 있었니?
6.	_____ you _____ the book? 너는 (지금까지) 그 책을 읽어 본 적이 있어?	_____ you _____ the newspaper? 너는 (그때까지) 그 신문을 읽어 본 적이 있었니?
7.	_____ the tree _____? 그 나무는 (지금 막) 죽어 버렸니?	_____ the flowers _____? 그 꽃들은 (그때까지) 죽어 있었니?
8.	_____ Jack _____ her? 잭은 (지금까지) 그녀를 알고 지내 왔니?	_____ you _____ Jack? 너는 (그때까지) 잭을 알고 지냈었니?
9.	_____ you _____ the movie? 너는 (지금까지) 그 영화를 본 적이 있니?	_____ you _____ the show? 너는 (그때까지) 그 영화를 본 적이 있었니?
10.	_____ 앤은 (지금까지) 그 책을 찾았니?	_____ 앤은 (그때까지) 그 꽃들을 찾아낸 적이 있었니?

26 완료 시제 총정리

시제복습 01 완료 시제 평서문 복습하기

● 주어진 동사를 이용해 우리말에 알맞은 문장을 완성하세요.

learn   become   live   come   go   build

	현재완료 시제	과거완료 시제
1.	She _____ . 그녀는 (지금 막) 왔다. They _____ from Canada. 그들은 (지금 막) 캐나다에서 왔다.	Spring _____ finally. (그때) 마침내 봄이 왔었다. They _____ back. 그들이 (그때 막) 돌아왔었다.
2.	He _____ here. 그는 (지금까지) 여기에 쭉 살고 있다. We _____ in peace. 우리는 (지금까지) 평화롭게 살아 왔다.	He _____ alone. 그는 (그때까지) 혼자 살았었다. They _____ together. 그들은 (그때까지) 함께 살았었다.
3.	They _____ a new house. 그들은 (지금까지) 새 집을 지어 왔다. He _____ houses with bricks. 그는 (지금까지) 벽돌로 집을 건축해 왔다.	They _____ a small house. 그들은 (그때까지) 작은 집을 지었었다. She _____ her house. 그녀는 (그때까지) 그녀의 집을 지었었다.
4.	He _____ for lunch. 그는 (지금까지) 점심을 먹으러 가고 없다. They _____ home. 그들은 (지금까지) 집에 가 버리고 없다.	My pen _____ then. 그때 내 펜이 없어져 버리고 없었다. My friends _____ too far. (그때까지) 내 친구들은 너무 멀리 가 버렸었다.
5.	I _____ his friend. 나는 (지금 막) 그의 친구가 되었다. It _____ colder. 날씨가 (지금 막) 더 추워졌다.	They _____ rich. 그들은 (그때 막) 부자가 되었다. She _____ famous. 그녀는 (그때) 유명해졌었다.
6.	I _____ English. 나도 (지금까지) 영어를 쭉 배우고 있다. Jack _____ so much. 잭은 (지금까지) 많은 것을 배워 오고 있다.	She _____ . 린다는 (그때까지) 여기서 영어를 배웠었다. They _____ . 그들은 (그때까지) 함께 영어를 배워 왔었다.

147

● 주어진 동사를 이용해 우리말에 알맞은 문장을 완성하세요.

use   be   lie   make   do   lose

	현재완료 시제	과거완료 시제
7.	She _____ this. 그녀는 (지금 막) 이것을 했다. I _____ it. 나는 (지금 막) 그것을 해냈다.	They _____ many things. 그들은 (그때까지) 많은 것을 해냈었다. He _____ nothing. 그는 (그때까지) 아무것도 안 하고 있었다.
8.	We _____ a cake. 우리는 (지금 막) 케이크를 만들었다. The man _____ coffee. 그 남자는 (지금 막) 커피를 끓였다.	I _____ cookies. 나는 (그때까지) 과자를 만들어 본 적이 있었다. The woman _____ a mistake. 그 여자는 (그때까지) 실수를 한 적이 있었다.
9.	They _____ many times. 그들은 (지금까지) 거짓말을 여러 번 했다. You _____ to me. 너는 (지금까지) 내게 거짓말을 해 왔다.	He _____ to them. 그는 (그때까지) 그들에게 거짓말을 해 왔었다. Tom _____ to his friend. 톰은 (그때까지) 친구에게 거짓말을 한 적이 있었다.
10.	I _____ to America. 나는 (지금까지) 미국에 다녀온 적이 있다. She _____ here for hours. 그녀는 (지금까지) 몇 시간째 여기 쭉 있었다.	We _____ here till yesterday. 우리는 어제까지 여기 쭉 있었다. It _____ warm till yesterday. 어제까지는 따뜻했었다.
11.	I _____ the pen. 나는 (지금까지) 그 펜을 잃어버렸다. Many people _____ their lives. (지금까지) 많은 사람들이 목숨을 잃었다.	He _____ everything. 그는 (그때까지) 모든 것을 잃어버렸었다. We _____ our way home. 우리는 (그때까지) 집에 가는 길을 잃어버렸었다.
12.	He _____ my phone. 그는 (지금까지) 내 전화기를 써 왔다. People _____ cars. 사람들은 (지금까지) 차를 이용해 왔다.	I _____. 내가 (그때까지) 그 펜을 사용했었다. She _____. 그녀는 (그때까지) 아무것도 사용하지 않았었다.

● 주어진 동사를 이용해 우리말에 알맞은 동사 형태로 부정문을 완성하세요. (단, 부정형은 줄임말로 쓰세요.)

eat　　wash　　move　　sleep　　arrive　　watch

현재완료 시제	과거완료 시제
1. I _____ for three days. 나는 (지금까지) 3일 동안 잠을 자지 못했다. The dog _____ all night. 그 개는 (지금까지) 밤새 잠을 안 잤다.	They _____ at all. 그들은 (그때까지) 전혀 안 자고 있었다. He _____ all night. 그는 (그때까지) 밤에 자고 있지 않았다.
2. We _____ TV for days. 우리는 (지금까지) 며칠 동안 TV를 안 봤다. The man _____ many movies. 그 남자는 (지금까지) 많은 영화를 안 봤다.	I _____ the show once. 나는 (그때까지) 그 쇼를 한 번도 관람하지 않았다. The woman _____ you for hours. 그녀는 (그때까지) 몇 시간이나 너를 보지 않았었다.
3. I _____ for hours. 나는 (지금까지) 몇 시간이나 꼼짝 않고 있다. It _____ for weeks. 그것은 (지금까지) 몇 주나 움직이지 않았다.	He _____ his car for weeks. 그는 (그때까지) 몇 주나 차를 옮기지 않았었다. The car _____ for hours. 그 차는 (그때까지) 몇 시간이나 꼼짝 않고 있었다.
4. I _____ today. 나는 (지금까지) 오늘 아무것도 안 먹고 있다. My sister _____ Italian food. 여동생은 (지금까지) 이탈리아 음식을 먹어 본 적이 없다.	The horse _____ all day. 그 말은 (그때까지) 하루 종일 아무것도 안 먹었었다. They _____ Korean food. 그들은 (그때까지) 한국 음식을 먹어 본 적이 없었다.
5. His plane _____ yet. 그의 비행기는 (지금까지) 아직 도착을 안 했다. The boys _____ here. 그 소년들은 (지금까지) 여기에 도착을 안 했다.	My food _____ by that time. 나의 음식은 그때까지도 도착하지 않았었다. They _____ on time. 그들은 (그때까지) 정각에 도착하지 않았었다.
6. I _____ my hands. 나는 (지금까지) 손을 안 씻고 있다. The girl _____ her face. 그 소녀는 (지금까지) 얼굴을 안 씻고 있다.	She _____ the dishes. 그녀는 (그때까지) 설거지를 안 했었다. He _____ . 그는 (그때까지) 세차를 안 했었다.

● 주어진 동사를 이용해 우리말에 알맞은 동사 형태로 의문문을 완성하세요.

| do | make | start | close | study | see |

	현재완료 시제	과거완료 시제
1.	_____ you already _____ plans? 너는 (지금) 벌써 계획을 세웠니? _____ she _____ a mistake? 그녀는 (지금까지) 실수를 한 적이 있니?	_____ you _____ a cake? 그들은 (그때 이미) 케이크를 만들었었니? _____ it _____ a sound? 그것이 (그때까지) 소리를 냈었니?
2.	_____ you _____ him today? 너는 오늘 (지금까지) 그를 본 적이 있니? _____ Amy _____ me? 에이미가 (지금까지) 나를 본 적이 있니?	_____ they _____ the birds? 그들은 (그때까지) 그 새들을 본 적이 있었니? _____ you _____ it before? 너는 (그때까지) 전에 그것을 본 적이 있었니?
3.	_____ the meeting _____? 그 회의는 (지금 막) 시작되었니? _____ you _____ the work? 너는 (지금 막) 그 일을 시작했니?	_____ the game _____? (그때 막) 경기가 시작되었니? _____ they _____ to change? 그들은 (그때 막) 변하기 시작했었니?
4.	_____ she _____ for the test? 그녀는 (지금까지) 시험 공부를 해 왔니? _____ you _____ English? 너는 (지금까지) 영어 공부를 해 왔니?	_____ he _____ monkeys? 그는 (그때까지) 원숭이를 연구해 왔었니? _____ they _____ harder? 그들은 (그때까지) 더 열심히 공부했었니?
5.	_____ the store _____? 그 가게는 (지금까지) 문을 닫고 있니? _____ you _____ your eyes? 너는 (지금까지) 눈을 감고 있는 거니?	_____ the school _____ by 2010? 그 학교는 2010년까지 폐쇄됐었니? _____ they _____ their minds? 그들은 (그때까지) 마음 문을 닫아 버렸니?
6.	_____ you _____ your best? 너는 (지금까지) 최선을 다해 왔니? _____ they _____? 그들은 (지금까지) 그것을 다 했니?	_____ they _____ their homework? 그들은 (그때까지) 숙제를 다 했었니? _____ _____ _____? 그녀는 (그때까지) 그 일을 해 본 적이 있었니?

시제복습 04 완료 시제 문장 완성하기

● 주어진 동사를 이용해 현재완료와 과거완료 문장을 완성하세요. (단, 부정형은 줄임말로 쓰세요.)

know   lose   stop   eat   hear   meet   do

1. 나는 (지금) 벌써 먹었다. (현재완료)

I _____ already _____.

2. 그녀는 (지금까지) 너를 만난 적이 있다.

She _____ you.

4. 비가 (지금) 막 멈췄다.

The rain _____ just _____.

3. 그는 (지금 막) 그것을 다 했다.

He _____ it.

5. 우리는 (그때까지) 최선을 다했었다.

We _____ our best.

6. 너는 (지금까지) 길을 잃어버린 거니?

_____ your way?

8. 내가 너를 안 지 (지금까지) 수년이다.

I _____ you for years.

7. 우리는 (그때까지) 그것을 먹어 본 적이 없었다.

We _____ it.

9. (지금까지) 그 소식을 들은 적 있니?

_____ the news?

10. 버스는 (그때 막) 멈췄었다.

The bus _____.

12. 나는 2012년에 자전거를 잃어버렸었다.

I _____ my bike in 2012.

11. 나는 (지금까지) 그것에 관해 들어 본 적이 없다.

I _____ about it.

13. 너는 (지금까지) 그를 만나 본 적 있니?

_____ met him?

14. 나는 (그때까지) 아직 그것을 못 끝냈었다.

I _____ it yet.

15. 너희는 (그때) 서로 아는 사이였었니?

_____ each other?

27 단순현재/현재진행/ 현재완료 복습

단순현재	현재진행	현재완료
단순과거	과거진행	과거완료

시제복습 01 시제와 주어에 알맞은 문장 완성하기

● 시제와 주어에 알맞은 동사 형태로 문장을 완성하세요. (단, 부정형은 줄임말로 쓰세요.)

A. 단순현재 **I do this.** 나는 (늘) 이것을 한다.

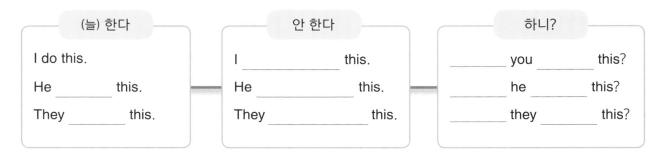

(늘) 한다	안 한다	하니?
I do this.	I _____ this.	_____ you _____ this?
He _____ this.	He _____ this.	_____ he _____ this?
They _____ this.	They _____ this.	_____ they _____ this?

B. 현재진행 **I am doing well.** 나는 (지금) 잘하고 있다.

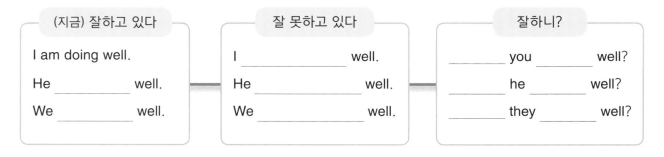

(지금) 잘하고 있다	잘 못하고 있다	잘하니?
I am doing well.	I _____ well.	_____ you _____ well?
He _____ well.	He _____ well.	_____ he _____ well?
We _____ well.	We _____ well.	_____ they _____ well?

C. 현재완료 **He has done it.** 그는 (지금 막) 그것을 했다.

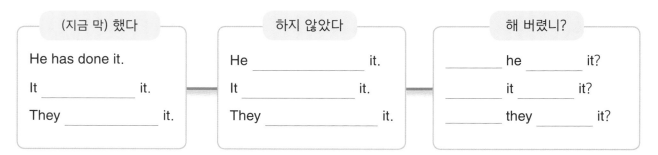

(지금 막) 했다	하지 않았다	해 버렸니?
He has done it.	He _____ it.	_____ he _____ it?
It _____ it.	It _____ it.	_____ it _____ it?
They _____ it.	They _____ it.	_____ they _____ it?

● 시제와 주어에 알맞은 동사 형태로 문장을 완성하세요. (단, 부정형은 줄임말로 쓰세요.)

A. 단순현재 I go home. 나는 (늘) 집에 간다.

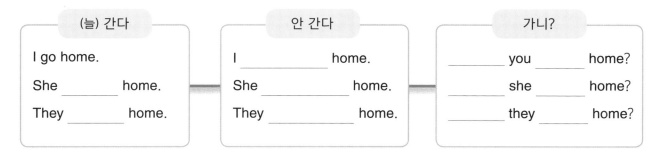

(늘) 간다	안 간다	가니?
I go home.	I _____ home.	_____ you _____ home?
She _____ home.	She _____ home.	_____ she _____ home?
They _____ home.	They _____ home.	_____ they _____ home?

B. 현재진행 I am going now. 나는 지금 가고 있다.

(지금) 가고 있다	안 가고 있다	가고 있니?
I am going now.	I _____ now.	_____ you _____ now?
She _____ now.	She _____ now.	_____ she _____ now?
We _____ now.	We _____ now.	_____ they _____ now?

C. 현재완료 She has gone out. 그녀는 나가 버렸다. (나가서 지금 여기 없다.)

(지금까지) 나가 버렸다	나가 버리지 않았다	나가 버렸니?
She has gone out.	She _____ out.	_____ she _____ out?
It _____ out.	It _____ out.	_____ it _____ out?
They _____ out.	They _____ out.	_____ they _____ out?

● 시제와 문형에 알맞게 표를 완성하세요. (단, 부정형은 줄임말로 쓰세요.)

시제	문형	A watch	B take
단순현재 (늘 ~하다)	평서문	1) They _____ TV. 그들은 TV를 시청한다.	1) He _____ the bus. 그는 그 버스를 탄다.
	부정문	2) They _____ TV. 그들은 TV를 시청 안 한다.	2) He _____ the bus. 그는 그 버스를 안 탄다.
	의문문	3) _____ TV? 그들은 TV를 시청하니?	3) _____ the bus? 그는 그 버스를 타니?
현재진행 (지금 ~하고 있다)	평서문	4) They _____ TV. 그들은 TV를 시청하고 있다.	4) He _____ the bus. 그는 그 버스를 타고 있다.
	부정문	5) They _____ . 그들은 TV를 시청 안 하고 있다.	5) He _____ the bus. 그는 그 버스를 안 타고 있다.
	의문문	6) _____ TV? 그들은 TV를 시청하고 있니?	6) _____ the bus? 그는 그 버스를 타고 있니?
현재완료 (지금까지 ~해 왔다/ ~한 적이 있다)	평서문	7) _____ TV. 그들은 TV를 시청해 왔다.	7) _____ the bus. 그는 그 버스를 타 본 적이 있다.
	부정문	8) _____ 그들은 (지금까지) TV를 시청하지 않았다.	8) He _____ the bus. 그는 (지금까지) 그 버스를 타 본 적이 없다.
	의문문	9) _____ TV? 그들은 (지금까지) TV를 시청해 왔니?	9) _____ 그는 (지금까지) 그 버스를 타 본 적이 있니?

C

study

1) You always _____ hard.
너는 항상 공부를 열심히 한다.

2) You _____ hard.
너는 공부를 열심히 안 한다.

3) _____ English every day?
너는 매일 영어 공부를 하니?

4) You _____ now.
너는 지금 공부를 하고 있다.

5) You _____ right now.
너는 지금 공부를 안 하고 있다.

6) _____ you _____ hard?
너는 공부를 열심히 하고 있니?

7) You _____ hard.
너는 (지금까지) 공부를 열심히 해 왔다.

8) You _____ enough.
너는 (지금까지) 공부를 충분히 하지 않았다.

9) _____ for the test?
너는 (지금까지) 시험 공부를 다 했니?

D

arrive

1) It _____ at five.
그것은 5시에 도착한다.

2) It _____ on time.
그것은 정각에 안 도착한다.

3) _____ on time?
그것은 제때에 도착하니?

4) It _____ now.
그것은 지금 도착하고 있다.

5) It _____ here.
그것은 여기에는 안 도착하고 있다.

6) _____ in London?
그것은 런던에 도착하고 있니?

7) It _____ just _____ .
그것은 (지금) 막 도착했다.

8) It _____ yet.
그것은 (지금까지) 아직 도착하지 않았다.

9) _____ yet?
그것이 (지금) 벌써 도착했니?

● 주어진 문장을 여러 가지 시제와 문형으로 바꾸세요.

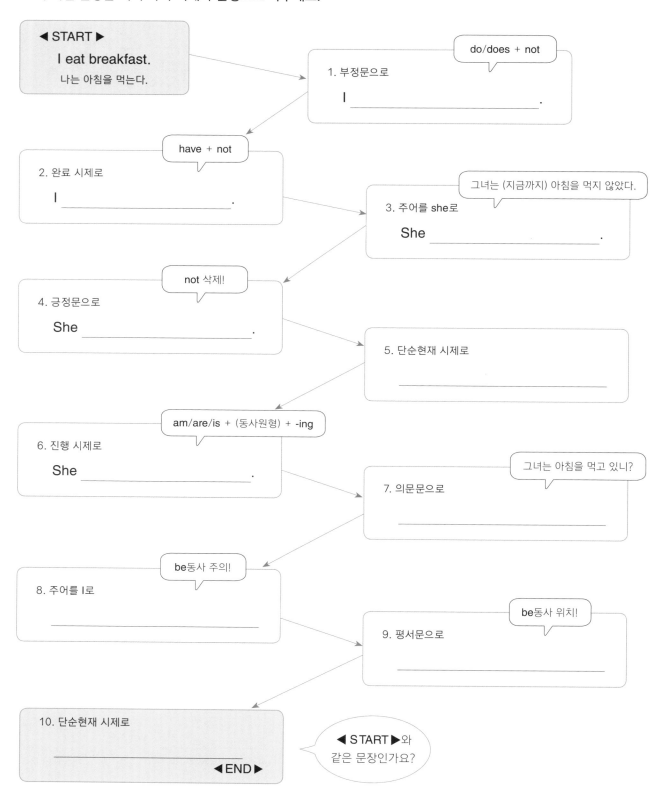

◀START▶
I eat breakfast.
나는 아침을 먹는다.

1. 부정문으로   do/does + not

I _____.

2. 완료 시제로   have + not

I _____.

3. 주어를 she로   그녀는 (지금까지) 아침을 먹지 않았다.

She _____.

4. 긍정문으로   not 삭제!

She _____.

5. 단순현재 시제로

_____

6. 진행 시제로   am/are/is + (동사원형) + -ing

She _____.

7. 의문문으로   그녀는 아침을 먹고 있니?

_____

8. 주어를 I로   be동사 주의!

_____

9. 평서문으로   be동사 위치!

_____

10. 단순현재 시제로

_____
◀END▶

◀START▶와
같은 문장인가요?

28 단순과거/과거진행/ 과거완료 복습

 시제복습 01 시제와 주어에 알맞은 문장 완성하기

● 시제와 주어에 알맞은 동사 형태로 문장을 완성하세요. (단, 부정형은 줄임말로 쓰세요.)

A. 단순과거 **You slept well.** 너는 잘 잤다.

잤다	안 잤다	잤니?
You slept well.	You _____ well.	_____ you _____ well?
She _____ well.	She _____ well.	_____ she _____ well?
We _____ well.	We _____ well.	_____ they _____ well?

B. 과거진행 **I was sleeping then.** 나는 그때 자고 있었다.

(그때) 자고 있었다	안 자고 있었다	자고 있었니?
I was sleeping then.	I _____ then.	_____ you _____ then?
He _____ then.	He _____ then.	_____ he _____ then?
We _____ then.	We _____ then.	_____ they _____ then?

C. 과거완료 **He had slept all night.** 그는 (그때까지) 밤새도록 잠을 잤다.

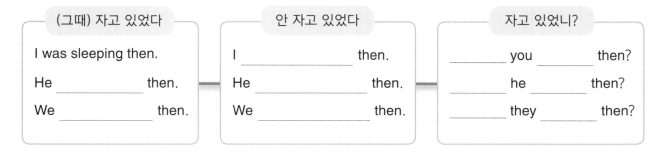

(그때까지) 잠을 잤었다	안 잤었다	잠을 잤었니?
He had slept all night.	He _____ all night.	_____ he _____ all night?
It _____ all night.	It _____ all night.	_____ it _____ all night?
They _____ all night.	They _____ all night.	_____ they _____ all night?

● 시제와 주어에 알맞은 동사 형태로 문장을 완성하세요. (단, 부정형은 줄임말로 쓰세요.)

A. 단순과거 **I thought again.** 나는 다시 생각했다.

생각했다	안 생각했다	생각했니?
I thought again.	I _____ again.	_____ you _____ again?
She _____ again.	She _____ again.	_____ she _____ again?
We _____ again.	We _____ again.	_____ they _____ again?

B. 과거진행 **I was thinking.** 나는 (그때) 생각 중이었다.

(그때) 생각하고 있었다	생각하지 않고 있었다	생각하고 있었니?
I was thinking.	I _____ .	_____ you _____ ?
He _____ .	He _____ .	_____ he _____ ?
We _____ .	We _____ .	_____ they _____ ?

C. 과거완료 **He had thought about it.** 그는 (그때까지) 그것에 관해 생각해 봤었다.

(그때까지) 생각해 봤었다	생각해 보지 않았다	생각해 봤었니?
He had thought about it.	He _____ about it.	_____ he _____ about it?
It _____ about it.	It _____ about it.	_____ it _____ about it?
We _____ about it.	We _____ about it.	_____ they _____ about it?

● 시제와 문형에 알맞게 표를 완성하세요. (단, 부정형은 줄임말을 쓰세요.)

시제	문형	A　have	B　talk
단순과거 (~했다)	평서문	1) They _____ fun. 그들은 즐거운 시간을 가졌다.	1) She _____ to you. 그녀는 네게 말했다.
	부정문	2) They _____ fun. 그들은 즐거운 시간을 안 가졌다.	2) She _____ to you. 그녀는 네게 말하지 않았다.
	의문문	3) _____ fun? 그들은 즐거운 시간을 가졌니?	3) _____ to you? 그녀는 네게 말했어?
과거진행 (그때 ~하고 있었다)	평서문	4) They _____ fun. 그들은 즐거운 시간을 갖고 있었다.	4) She _____ to you. 그녀는 네게 말하고 있었다.
	부정문	5) They _____. 그들은 즐겁게 보내고 있지 않았다.	5) She _____ to you. 그녀는 네게 말하고 있지 않았다.
	의문문	6) _____ fun? 그들은 즐겁게 보내고 있었니?	6) _____ to you? 그녀는 네게 말하고 있었니?
과거완료 (그때까지 ~해 왔었다)	평서문	7) _____ fun. 그들은 (그때까지) 즐거운 시간을 가졌었다.	7) _____ to you. 그녀는 (그때까지) 네게 말을 했었다.
	부정문	8) _____. 그들은 (그때까지) 즐거운 시간을 못 가졌었다.	8) She _____. 그녀는 (그때까지) 네게 말하지 않았었다.
	의문문	9) _____. 그들은 (그때까지) 즐거운 시간을 가졌었니?	9) _____. 그녀는 (그때까지) 네게 말한 적 있었니?

시제	문형	C (listen)	D (lose)
단순과거 (~했다)	평서문	1) You _____ to me yesterday. 너는 어제 내 말을 들었다.	1) She _____ weight. 그녀는 체중이 줄었다.
	부정문	2) You _____ to me. 너는 내 말을 듣지 않았다.	2) She _____ weight. 그녀는 살이 안 빠졌다.
	의문문	3) _____ to me? 너는 내 말을 들었니?	3) _____ weight? 그녀는 살이 빠졌니?
과거진행 (그때 ~하고 있었다)	평서문	4) You _____ to me. 너는 내 말을 듣고 있었다.	4) She _____ weight. 그녀는 살이 빠지고 있었다.
	부정문	5) You _____ to me. 너는 내 말을 듣고 있지 않았다.	5) She _____ weight. 그녀는 살이 빠지고 있지 않았다.
	의문문	6) _____ you _____ to me? 너는 내 말을 듣고 있었니?	6) _____ any weight? 그녀는 살이 좀 빠지고 있었니?
과거완료 (그때까지 ~해 왔었다)	평서문	7) You _____ to me. 너는 (그때까지) 내 말을 들어 왔었다.	7) She _____ weight. 그녀는 (그때) 체중이 빠졌었다.
	부정문	8) You _____ to me yet. 너는 (그때까지) 아직 내 말을 듣지 않았었다.	8) She _____ much weight . 그녀는 (그때까지) 몸무게가 많이 줄지는 않았었다.
	의문문	9) _____ 네가 (그때까지) 내 말을 들은 적이 있었니?	9) _____ 그녀는 (그때까지) 살을 빼 본 적이 있었니?

● 주어진 문장을 여러 가지 시제와 문형으로 바꾸세요. (단, 부정형은 줄임말로 쓰세요.)

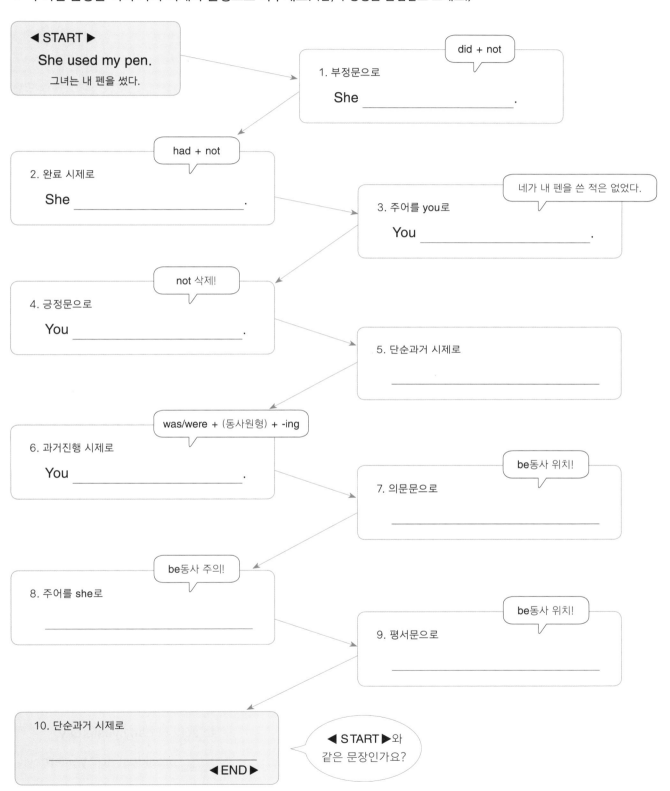

◀ START ▶
She used my pen.
그녀는 내 펜을 썼다.

1. 부정문으로 　　did + not
She _____.

2. 완료 시제로 　　had + not
She _____.

3. 주어를 you로 　　네가 내 펜을 쓴 적은 없었다.
You _____.

4. 긍정문으로 　　not 삭제!
You _____.

5. 단순과거 시제로
_____

6. 과거진행 시제로 　　was/were + (동사원형) + -ing
You _____.

7. 의문문으로 　　be동사 위치!
_____

8. 주어를 she로 　　be동사 주의!
_____

9. 평서문으로 　　be동사 위치!
_____

10. 단순과거 시제로
_____
◀END▶

◀ START ▶와
같은 문장인가요?

29 단순/진행/완료 시제 –평서문 복습

 시제복습 01 시제에 알맞은 문장 완성하기

● 시제에 주의하여 알맞은 동사 형태로 문장을 완성하세요.

take　　　go　　　get　　　do　　　eat

나는 (지금까지) 최선을 다해 왔어.

나는 아침 일찍 일어나.

나는 지금 샤워를 하고 있어.

나는 어제 일찍 학교에 갔어.

나는 어제 7시에는 아침 식사 중이었어.

1) I _____ my best.

2) I _____ up early in the morning.

3) I _____ a shower now.

4) I _____ to school early yesterday.

5) I _____ breakfast at 7 yesterday.

그녀는 (지금까지) 최선을 다해 왔어.

그녀는 아침 일찍 일어나.

그녀는 지금 샤워를 하고 있어.

그녀는 어제 일찍 학교에 갔어.

그녀는 어제 7시에는 아침 식사 중이었어.

6) She _____ her best.

7) She _____ up early in the morning.

8) She _____ a shower now.

9) She _____ to school early yesterday.

10) She _____ breakfast at 7 yesterday.

그들은 (지금까지) 최선을 다해 왔어.

그들은 아침 일찍 일어나.

그들은 지금 샤워를 하고 있어.

그들은 어제 일찍 학교에 갔어.

그들은 어제 7시에는 아침 식사 중이었어.

11) They _____ their best.

12) They _____ up early in the morning.

13) They _____ a shower now.

14) They _____ to school early yesterday.

15) They _____ breakfast at 7 yesterday.

● 시제에 주의하여 알맞은 동사 형태로 문장을 완성하세요.

use　　do　　win　　study　　learn

나는 (지금까지) 3년째 영어를 배워왔다.

나는 영어 말하기 대회에서 상을 받았다.

나는 매일 영어 숙제를 한다.

나는 지금 숙제를 위해 컴퓨터를 사용하고 있다.

나는 오늘 열심히 공부하고 있다.

1) I _____ English for three years.

2) I _____ the prize in an English speech contest.

3) I _____ my English homework every day.

4) I _____ the computer for homework now.

5) I _____ hard today.

그는 (지금까지) 3년째 영어를 배워왔다.

그는 영어 말하기 대회에서 상을 받았다.

그는 매일 영어 숙제를 한다.

그는 지금 숙제를 위해 컴퓨터를 사용하고 있다.

그는 오늘 열심히 공부하고 있다.

6) He _____ English for three years.

7) He _____ the prize in an English speech contest.

8) He _____ his English homework every day.

9) He _____ the computer for homework now.

10) He _____ hard today.

우리는 (지금까지) 3년째 영어를 배워왔다.

우리는 영어 말하기 대회에서 상을 받았다.

우리는 매일 영어 숙제를 한다.

우리는 지금 숙제를 위해 컴퓨터를 사용하고 있다.

우리는 오늘 열심히 공부하고 있다.

11) We _____ English for three years.

12) We _____ the prize in an English speech contest.

13) We _____ our English homework every day.

14) We _____ the computer for homework now.

15) We _____ hard today.

● 주어진 동사를 이용해 우리말에 알맞은 문장을 완성하세요.

| arrive | lose | make | watch | run | stop | swim |
| die | hear | meet | do | lie | clap | sit | come |

1. 나는 (지금) 막 도착했다.

I _____ just _____ .

2. 그는 TV를 시청한다.

He _____ TV.

4. 그것은 멈추고 있었다.

It _____ .

3. 그녀는 달리고 있었다.

She _____ .

5. 우리는 (그때까지) 최선을 다했었다.

We _____ our best.

6. 난 지금까지 길을 잃어버렸다.

I _____ my way.

8. 그들은 수영을 하고 있었다.

They _____ .

7. 넌 지금 거짓말을 하고 있다.

You _____ now.

9. 그녀는 (그때까지) 그 소식을 들은 적이 있었다.

She _____ the news.

10. 그들은 앉았다.

They _____ down.

12. 그 나무는 죽어 가고 있다.

The tree _____ .

11. 그들은 박수를 쳤다.

They _____ .

13. 그는 집에 온다.

_____ home.

14. 우리는 (지금까지) 그를 만난 적이 있다.

We _____ him.

15. 그는 그것을 만들었다.

He _____ it.

164

시제복습 04   시제와 문형에 알맞은 문장으로 바꾸기

● 주어진 문장을 여러 가지 시제와 문형으로 바꾸세요.

◀START▶

He has gone home.

그는 집에 가 버렸다.

1. 단순현재 시제로 — 3인칭 단수 현재동사!

He _____.

2. 현재진행형으로 — 그는 집에 가는 중이다.

_____

3. 과거진행형으로 — be동사를 과거로!

_____

4. 단순과거 시제로 — be동사 삭제!

_____

5. 과거완료 시제로 — had+과거분사

_____

6. 주어를 they로 — 그들은 집에 가고 없었다.

_____

7. 단순과거 시제로

_____

8. 과거진행형으로 — 그들은 집에 가는 중이었다.

_____

9. 현재진행형으로 — be동사 시제 주의!

_____

10. 현재완료 시제로 — have/has+과거분사

_____

11. 주어를 he로

_____

◀END▶

● 주어진 문장을 여러 가지 시제와 문형으로 바꾸세요.

◀ START ▶
They played soccer.
그들은 축구를 했다.

1. 과거 진행 시제로
was/were + (동사원형) + -ing
They _____ .

2. 주어를 He로
be동사 주의!
_____

3. 주어를 she, 현재진행 시제로
am/are/is + 동사원형
She _____ .

4. 단순현재 시제로
3인칭 단수 현재동사!
She _____ .

5. 현재완료 시제로
그녀는 (지금까지) 축구를 해 본 적이 있다.
She _____ .

6. 주어를 he, 단순과거 시제로
He _____ .

7. 주어를 I로
_____

8. 현재진행 시제로
나는 축구를 하고 있다.
_____

9. 현재완료 시제로
have/has + 과거분사
_____

10. 단순과거 시제로
나는 축구를 했다.
_____

11. 주어를 They로
_____
◀ END ▶

30 단순/진행/완료 시제 –부정문, 의문문 복습

단순현재	현재진행	현재완료
단순과거	과거진행	과거완료

 시제복습 01 우리말에 알맞은 문장 완성하기

● 시제와 주어에 주의하여 알맞은 동사 형태로 문장을 완성하세요. (단, 부정형은 줄임말로 쓰세요.)

take   go   stay   eat   see

나 지금 집에 없어.

나는 어제 쇼핑하러 안 갔어.

나는 (지금까지) 여기에서 버스를 한 번도 안 타 봤어.

나는 그때 아침을 안 먹고 있었어.

나는 (그때까지) 네 누나를 본 적이 없었어.

1) I _____ at home now.

2) I _____ shopping yesterday.

3) I _____ the bus once here.

4) I _____ breakfast at that time.

5) I _____ your sister.

그는 지금 집에 없어.

그는 어제 쇼핑하러 안 갔어.

그는 (지금까지) 여기에서 버스를 한 번도 안 타 봤어.

그는 그때 아침을 안 먹고 있었어.

그는 (그때까지) 네 누나를 본 적이 없었어.

6) He _____ at home now.

7) He _____ shopping yesterday.

8) He _____ the bus once here.

9) He _____ breakfast at that time.

10) He _____ your sister.

우리는 지금 집에 없어.

우리는 어제 쇼핑하러 안 갔어.

우리는 (지금까지) 여기에서 버스를 한 번도 안 타 봤어.

우리는 그때 아침을 안 먹고 있었어.

우리는 (그때까지) 네 누나를 본 적이 없었어.

11) We _____ at home now.

12) We _____ shopping yesterday.

13) We _____ the bus once here.

14) We _____ breakfast at that time.

15) We _____ your sister.

● 시제와 주어에 주의하여 알맞은 동사 형태로 문장을 완성하세요.

make　　　read　　　take　　　watch　　　finish

너는 오늘 아침에 샤워를 했니?
너는 그때 TV를 보고 있었어?
너는 지금 책을 읽고 있니?
너는 (지금) 막 저녁 식사를 끝냈니?
너는 종종 실수를 하니?

1) _____ you _____ a shower this morning?

2) _____ you _____ TV at that time?

3) _____ you _____ a book now?

4) _____ you just _____ dinner?

5) _____ you often _____ a mistake?

그녀는 오늘 아침에 샤워를 했니?
그녀는 그때 TV를 보고 있었어?
그녀는 지금 책을 읽고 있니?
그녀는 (지금) 막 저녁 식사를 끝냈니?
그녀는 종종 실수를 하니?

6) _____ she _____ a shower this morning?

7) _____ she _____ TV at that time?

8) _____ she _____ a book now?

9) _____ she just _____ dinner?

10) _____ she often _____ a mistake?

그는 오늘 아침에 샤워를 했니?
그는 그때 TV를 보고 있었어?
그는 지금 책을 읽고 있니?
그는 (지금) 막 저녁 식사를 끝냈니?
그는 종종 실수를 하니?

11) _____ he _____ a shower this morning?

12) _____ he _____ TV at that time?

13) _____ he _____ a book now?

14) _____ he just _____ dinner?

15) _____ he often _____ a mistake?

● 주어진 동사를 이용해 우리말에 알맞은 문장을 완성하세요.

be	know	lose	make	like	smile	dance
live	hear	meet	do	leave	stand	come

1. 나는 늦지 않았다.

I _____ late.

2. 너는 (지금까지) 그를 만난 적이 있니?

_____ him?

4. 그녀가 웃고 있었니?

_____ she _____?

3. 그가 이것을 만들었니?

_____ this?

5. 우리는 (그때까지) 그것을 다 못 했었다.

We _____ it.

6. 너는 (지금까지) 개를 잃어버린 적 있니?

_____ your dog?

8. 나는 너를 모른다.

I _____ you.

7. 그들은 떠나지 않았다.

They _____ .

9. 그녀는 (지금까지) 여기서 산 적이 없다.

She _____ here.

10. 그들은 줄 서 있지 않았다.

They _____ in line.

12. 그는 최선을 다하고 있니?

_____ his best?

11. 그들은 (그때까지) 오지 않았었다.

They _____ .

13. 너는 (지금까지) 그 소식을 들어 본 적 있니?

_____ the news?

14. 너는 춤을 잘 추니?

_____ well?

15. 그녀는 피자를 좋아하니?

_____ a pizza?

● 주어진 문장을 여러 가지 시제와 문형으로 바꾸세요.

◀ START ▶
She washed her hands.
그녀는 손을 씻었다.

1. 부정문으로   + not

   She _____.

그녀는 손을 씻지 않는다.

2. 현재 시제로

   _____

3. 현재진행 시제로   am/are/is + not + -ing

   _____

4. 현재완료 시제로   have/has + not + 과거분사

   _____

5. 긍정문으로   not 삭제!

   _____

그녀는 손을 씻었니?

6. 단순과거 의문문으로

   _____

7. 현재 시제로   do/does!

   _____

그녀는 손을 씻고 있었니?

8. 현재진행 시제로

   _____

9. 현재완료 시제로   have/has + 주어 + 과거분사

   _____

10. 평서문으로   have/has 위치 이동!

   _____

11. 단순과거 시제로

   She _____.

◀ END ▶

170

● 주어진 문장을 여러 가지 시제와 문형으로 바꾸세요.

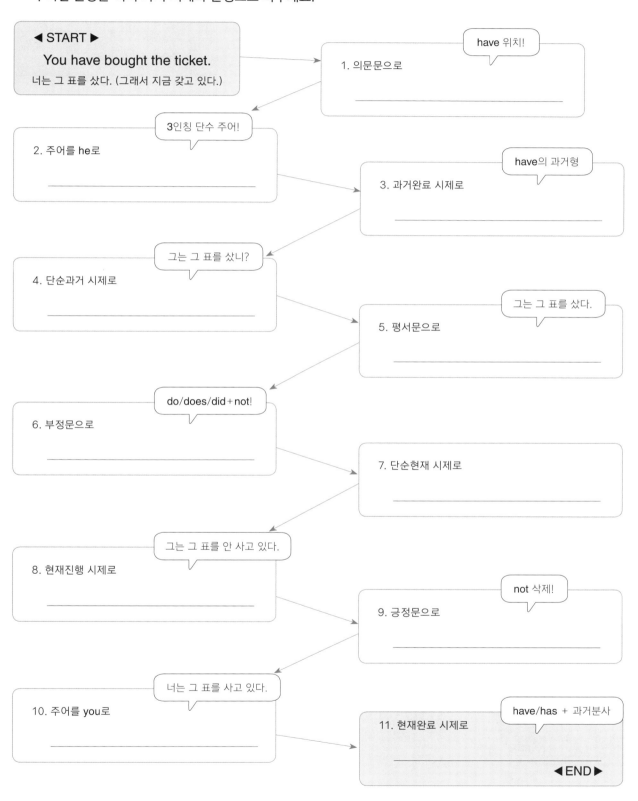

◀ START ▶

You have bought the ticket.

너는 그 표를 샀다. (그래서 지금 갖고 있다.)

1. 의문문으로

have 위치!

_____

2. 주어를 he로

3인칭 단수 주어!

_____

3. 과거완료 시제로

have의 과거형

_____

4. 단순과거 시제로

그는 그 표를 샀니?

_____

5. 평서문으로

그는 그 표를 샀다.

_____

6. 부정문으로

do/does/did+not!

_____

7. 단순현재 시제로

_____

8. 현재진행 시제로

그는 그 표를 안 사고 있다.

_____

9. 긍정문으로

not 삭제!

_____

10. 주어를 you로

너는 그 표를 사고 있다.

_____

11. 현재완료 시제로

have/has + 과거분사

_____

◀ END ▶

한눈에 보는 영어의 12시제

	단순 시제 Simple Tense	진행 시제 Progressive Tense
현재 (~이다, ~하다)	① 현재 시제 〈동사원형〉 또는 〈am/are/is〉 I **come**. She **comes**. 온다. ＊주어가 3인칭일 때 동사 뒤에 -(e)s를 붙여요.	④ 현재진행 시제 〈am/is/are + -ing〉 I **am coming**. She **is coming**. You **are coming**. (지금) 오고 있다.
과거 (~였다, ~했다)	② 과거 시제 〈동사원형 + -ed〉 또는 〈was/were〉 I **came**. She **came**. 왔다. ＊과거형은 규칙형과 불규칙형이 있어요.	⑤ 과거진행 시제 〈was/were + -ing〉 I/She **was coming**. You **were coming**. (그때) 오고 있었다.
미래 (~일 것이다, ~할 것이다)	③ 미래 시제 〈will + (동사원형)〉 I/She **will come**. 올 것이다.	⑥ 미래진행 시제 〈will + be + -ing〉 I/She/You **will be coming**. (미래 어느 때) 오고 있을 것이다.

초등학교 영어 교과 과정에서는 단순 시제와 현재진행 시제가 나오고,
중학교 영어 교과 과정에서는 과거완료 시제까지 나옵니다.

	완료 시제 Perfect Tense	완료진행 시제 Perfect Progressive Tense
현재 (~이다, ~하다)	⑦ 현재완료 시제 〈have/has + 과거분사〉 I **have come**. She **has come**. (지금 막) 왔다/와 있다.	⑩ 현재완료진행 시제 〈have/has been + -ing 〉 I **have been coming**. She **has been coming**. (지금까지) 오고 있다.
과거 (~였다, ~했다)	⑧ 과거완료 시제 〈had + 과거분사〉 I/She **had come**. (그때 막) 왔었다.	⑪ 과거완료진행 시제 〈had been + -ing 〉 I/She **had been coming**. (그때까지) 오고 있었다.
미래 (~일 것이다, ~할 것이다)	⑨ 미래완료 시제 〈will + have + 과거분사〉 I/She **will have come**. (미래 어느 때까지) 와 있을 것이다.	⑫ 미래완료진행 시제 〈will + have been + -ing 〉 I/She **will have been coming**. (미래 어느 때까지) 오고 있을 것이다.

실제 영어책이나 일상 회화에서는 모든 시제가 다 쓰이지만, 진행 시제와
완료 시제가 가장 많이 쓰이고, 우리나라 학교 문법 시험에도 많이 나옵니다.

꼭 외워야 할 불규칙 동사표

 "비-워즈/워-빈-비잉" 큰 소리로 읽고, 손으로 가리고 반복해서 읽어 보세요.

동사원형	뜻(~하다)	과거형	과거분사형	동사+-ing(현재분사형)
be	~이다, ~있다	was/were	been	being
bear	낳다	bore	born	bearing
become	~이 되다	became	become	becoming
begin	시작하다	began	begun	beginning
bite	물다	bit	bitten	biting
break	부수다	broke	broken	breaking
bring	가지고 오다	brought	brought	bringing
build	짓다	built	built	building
buy	사다	bought	bought	buying
catch	잡다	caught	caught	catching
choose	고르다	chose	chosen	choosing
come	오다	came	come	coming
cost	(값이) 들다	cost	cost	costing
cut	자르다	cut	cut	cutting
dig	(땅을) 파다	dug	dug	digging
do	하다	did	done	doing
draw	그리다, 당기다	drew	drawn	drawing
drink	마시다	drank	drunk	drinking
drive	운전하다	drove	driven	driving
eat	먹다	ate	eaten	eating
fall	떨어지다	fell	fallen	falling
feed	먹이다	fed	fed	feeding
feel	느끼다	felt	felt	feeling
fight	싸우다	fought	fought	fighting
find	찾다	found	found	finding
fly	날다	flew	flown	flying
forget	잊다	forgot	forgotten	forgetting
freeze	얼다	froze	frozen	freezing

연습장에 표를 만들고 동사원형만 쓴 다음, 뜻, 과거형, 과거분사형, 현재분사형을 써 보세요.
답을 맞춰 본 다음, 틀린 동사만 골라 확실히 외울 때까지 다시 읽고 써 보세요!

동사원형	뜻(~하다)	과거형	과거분사형	동사+-ing(현재분사형)
get	받다, 얻다	got	got(gotten)	getting
give	주다	gave	given	giving
go	가다	went	gone	going
grow	자라다	grew	grown	growing
hang	매달다	hung	hung	hanging
have	가지다	had	had	having
hear	듣다	heard	heard	hearing
hide	숨다, 숨기다	hid	hidden	hiding
hit	치다	hit	hit	hitting
hold	쥐다	held	held	holding
hurt	다치게 하다	hurt	hurt	hurting
keep	유지하다	kept	kept	keeping
know	알다	knew	known	knowing
lay	눕히다	laid	laid	laying
lead	이끌다	led	led	leading
leave	떠나다	left	left	leaving
let	~하게 하다	let	let	letting
lie	눕다	lay	lain	lying
lose	잃다	lost	lost	losing
make	만들다	made	made	making
mean	의미하다	meant	meant	meaning
meet	만나다	met	met	meeting
pay	지불하다	paid	paid	paying
put	두다	put	put	putting
read	읽다	read[red]	read[red]	reading
ride	타다	rode	ridden	riding
ring	울리다	rang	rung	ringing
rise	오르다, 일어서다	rose	risen	rising

꼭 외워야 할 불규칙 동사표

동사원형	뜻(~하다)	과거형	과거분사형	동사+-ing(현재분사형)
run	달리다	ran	run	running
say	말하다	said	said	saying
see	보다	saw	seen	seeing
sell	팔다	sold	sold	selling
send	보내다	sent	sent	sending
set	놓다	set	set	setting
shake	흔들다	shook	shaken	shaking
shut	닫다	shut	shut	shutting
sing	노래하다	sang	sung	singing
sink	가라앉다	sank	sunk	sinking
sit	앉다	sat	sat	sitting
sleep	자다	slept	slept	sleeping
speak	말하다	spoke	spoken	speaking
spend	쓰다(소비하다)	spent	spent	spending
stand	서다	stood	stood	standing
steal	훔치다	stole	stolen	stealing
swim	수영하다	swam	swum	swimming
take	가지고(데리고) 가다	took	taken	taking
teach	가르치다	taught	taught	teaching
tear	찢다	tore	torn	tearing
tell	말하다	told	told	telling
think	생각하다	thought	thought	thinking
throw	던지다	threw	thrown	throwing
understand	이해하다	understood	understood	understanding
wake	깨다	woke	woken	waking
wear	입고 있다	wore	worn	wearing
win	이기다	won	won	winning
write	쓰다	wrote	written	writing

바빠 영어 시리즈
손이 기억하는 훈련 프로그램

이렇게 공부가 잘 되는 영어 책 봤어?
손이 기억하는 영어 훈련 프로그램!

★ 4학년인 딸을 위해 1년간 서점을 뒤지다 찾아낸 보물 같은 책, 이 책은 무조건 사야 합니다.　　　　- 어느 학부모의 찬사

★ 개인적으로 최고라고 생각하는 영어 시리즈!　　　　　　　　　　- YBM어학원 5년 연속 최우수학원 원장, 허성원

정확한 문법으로 영어 문장을 만든다!

초등 기초 영문법은 물론 중학 기초 영문법까지
해결되는 책!

첨삭 없이 공부할 수 있는 첫 번째 영작 책!

연필 잡고 쓰기만 하면 1형식부터
5형식 문장을 모두 쓸 수 있다!

띄엄띄엄 배웠던 시제를 한 번에 총정리!

동사의 3단 변화도 저절로 해결!

과학적 학습법이 총동원된 책!

단어를 외우는 시간을 같아도 그 효과는
2배 이상!

'바쁜 5·6학년을 위한 빠른 분수'

하~ 자꾸 분수만
틀리네?
분수만 모아 놓은
문제집 어디 없나?

명강사들의
강력 추천!

"영역별로 공부하면
선행할 때도 빨리 이해되고,
복습할 때도 효율적입니다."

연산 총정리!	중학교 입학 전에 끝내야 할 분수 총정리
	초등 연산의 완성인 분수 영역이 약하면 중학교 수학을 포기하기 쉽다! 고학년은 몰입해서 10일 안에 분수를 끝내자!

영역별 완성!	고학년은 영역별 연산 훈련이 답이다!
	고학년 연산은 분수, 소수 등 영역별로 훈련해야 효과적이다!

탄력적 배치!	고학년은 고학년답게! 효율적인 문제 배치!
	쉬운 내용은 압축해서 빠르게, 어려운 문제는 충분히 공부하자!

어려운
문제는
충분히!

쉬운
내용은
압축!

5·6학년용 '바빠 연산법'

지름길로 가자! 고학년 전용 연산책

분수

소수

곱셈

나눗셈

바쁜 3·4학년을 위한 빠른 연산법 - 덧셈, 뺄셈, 곱셈, 나눗셈도 있어요!

순이 기억되는 문법 시리즈

주선이(3E 영어 연구소) 지음
William Link 감수

영어 시제 편

정답

헷갈리는 시제 한 권에 모아, 쓰면서 비교해라!

이제는 정확히 정리된다!

영문법의 절반은 동사와 시제!
시제를 정리하면 문법도 독해도 쉬워진다.

필수동사의 3단 변화까지 저절로 해결!

이지스에듀

중학 영어까지 뚫리는 영어 시제 총정리!

5,6학년을 위한

문법 문장 영어특강

01 단순 시제의 종류와 형태

시제훈련 01 시제에 알맞은 동사 형태 만들기

walk 걷다

현재 | 1) 동사원형 → walk(걷다)
2) 동사원형 + -s → walks(걷다)
과거 | 동사원형 + -ed → walked(걸었다)
미래 | will + 동사원형 → will walk(걸을 것이다)

> 문장의 시제는 동사가 결정한다!

● 각 시제에 알맞은 동사 형태를 만드세요.

동사원형	현재형		과거형	미래형
1. work	1) work 일하다	2) works 일하다	3) worked 일했다	4) will work 일할 것이다
2. need	1) need 필요하다	2) needs 필요하다	3) needed 필요했다	4) will need 필요할 것이다
3. help	1) help 돕다	2) helps 돕다	3) helped 도왔다	4) will help 도울 것이다
4. play	1) play 놀다	2) plays 놀다	3) played 놀았다	4) will play 놀 것이다
5. clean	1) clean 청소하다	2) cleans 청소하다	3) cleaned 청소했다	4) will clean 청소할 것이다
6. cook	1) cook 요리하다	2) cooks 요리하다	3) cooked 요리했다	4) will cook 요리할 것이다

시제훈련 02 문장에서 시제 바꾸기

1. 현재 : 1) 나는 빨리 걷는다. → I walk fast.
   2) 그는 빨리 걷는다. → He walks fast.
2. 과거 : 나는 빨리 걸었다. → I walked fast.
3. 미래 : 나는 빨리 걸을 것이다. → I will walk fast.

● 각 시제에 알맞은 동사를 넣어 문장을 완성하세요.

	현재(~하다)	과거(~했다)	미래(~할 것이다)
1.	I work hard. 나는 열심히 일한다. He works hard. 그는 열심히 일한다.	I worked hard. 나는 열심히 일했다.	I will work hard. 나는 열심히 일할 것이다.
2.	I need you. 나는 네가 필요하다. He needs you. 그는 네가 필요하다.	I needed you. 나는 네가 필요했다.	I will need you. 나는 네가 필요할 것이다.
3.	I help people. 나는 사람들을 돕는다. He helps people. 그는 사람들을 돕는다.	I helped people. 나는 사람들을 도왔다.	I will help people. 나는 사람들을 도울 것이다.
4.	I play outside. 나는 밖에서 논다. He plays outside. 그는 밖에서 논다.	I played outside. 나는 밖에서 놀았다.	I will play outside. 나는 밖에서 놀 것이다.
5.	I clean the room. 나는 그 방을 청소한다. He cleans the room. 그는 그 방을 청소한다.	I cleaned the room. 나는 그 방을 청소했다.	I will clean the room. 나는 그 방을 청소할 것이다.
6.	I cook dinner. 나는 저녁을 요리한다. He cooks dinner. 그는 저녁을 요리한다.	I cooked dinner. 나는 저녁을 요리했다.	I will cook dinner. 나는 저녁을 요리할 것이다.

시제훈련 03 단순현재와 단순과거의 동사 형태

동사원형	현재형	과거형
	동사원형, 동사원형 +-s	동사원형 +-ed
ask	ask, asks 묻는다	asked 물었다

> 과거형은 대부분이 동사에 -(e)d를 붙여 줘

● 단순현재와 단순과거의 동사 형태 표를 완성하세요.

동사원형	현재형(동사원형, 3인칭 단수형)	과거형
1. call	call , calls 부르다	called 불렀다
2. climb	climb , climbs 오르다	climbed 올랐다
3. open	open , opens 열다	opened 열었다
4. kick	kick , kicks 차다	kicked 찼다
5. enjoy	enjoy , enjoys 즐기다	enjoyed 즐겼다
6. want	want , wants 원하다	wanted 원했다
7. stay	stay , stays 머무르다	stayed 머물렀다
8. wait	wait , waits 기다리다	waited 기다렸다

시제훈련 04 현재와 과거 시제 비교하기

call climb enjoy kick open stay wait want

● 주어진 동사를 이용해 우리말에 알맞은 문장을 완성하세요.

	현재 시제(~하다)	과거 시제(~했다)
1.	I call you. 나는 너를 부른다. He calls you. 그는 너를 부른다.	I called you. 나는 너를 불렀다.
2.	I climb a tree. 나는 나무에 오른다. He climbs a tree. 그는 나무에 오른다.	I climbed a tree. 나는 나무에 올랐다.
3.	I open the door. 나는 문을 연다. He opens the door. 그는 문을 연다.	I opened the door. 나는 문을 열었다.
4.	I kick a ball. 나는 공을 찬다. He kicks a ball. 그는 공을 찬다.	I kicked a ball. 나는 공을 찼다.
5.	I enjoy dancing. 나는 춤추기를 즐긴다. He enjoys dancing. 그는 춤추기를 즐긴다.	I enjoyed dancing. 나는 춤추기를 즐겼다.
6.	I want to go. 나는 가고 싶다. He wants to go. 그는 가고 싶다.	I wanted to go. 나는 가고 싶었다.
7.	I stay home. 나는 집에 머무른다. He stays home. 그는 집에 머무른다.	I stayed home. 나는 집에 머물렀다.
8.	I wait for spring. 나는 봄을 기다린다. He waits for spring. 그는 봄을 기다린다.	I waited for spring. 나는 봄을 기다렸다.

02 현재 시제에서는 3인칭 단수가 중요해

시제훈련 01 개구리는 그것it이고, 린다는 그녀she이다

1. 현재 시제에서는 주어가 3인칭 단수일 때만 동사의 모양이 바뀐다.
   • I **teach** English. • She **teaches** English.

2. 주어가 Linda나 Mr. Park인 경우, 대명사로 바꿔서 생각하면 쉽다.
   • A frog → It   • Linda → She
   • Mr. Park → He • Students → They

● 주어에 알맞은 동사에 동그라미하세요.

1. I **buy** / buys 사다
2. It **swims** / swim 헤엄치다
3. Spring [It] come / **comes** 오다
4. They **kick** / kicks 차다
5. A frog [It] jump / **jumps** 뛰다
6. You **hear** / hears 듣다
7. He teach / **teaches** 가르치다
8. They wins / **win** 이기다
9. The baby [It] **smiles** / smile 웃다
10. Students [They] **study** / studies 공부하다
11. Birds [They] flies / **fly** 날다
12. She cry / **cries** 울다
13. Linda [She] wash / **washes** 씻다
14. We **watch** / watches 보다
15. Mr. Park [He] go / **goes** 가다
16. My sister [She] catch / **catches** 잡다

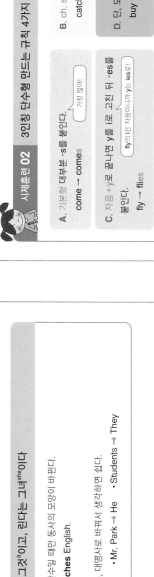

시제훈련 02 3인칭 단수형 만드는 규칙 4가지

A. 기본형 대부분 -s를 붙인다. (가장 많아!)
come → come**s**

B. ch, sh, x, o, s로 끝나면 -es를 붙인다. (동사 끝 주의)
catch → catch**es**

C. 자음+y로 끝나면 y를 i로 고친 뒤 -es를 붙인다. (fly의 y는 자음이니까 y를 ies로)
fly → fli**es**

D. 단, 모음+y로 끝나면 -s만 붙인다. (모음은 a, e, i, o, u!)
buy → buy**s**

(예) have의 3인칭 단수형은 has!

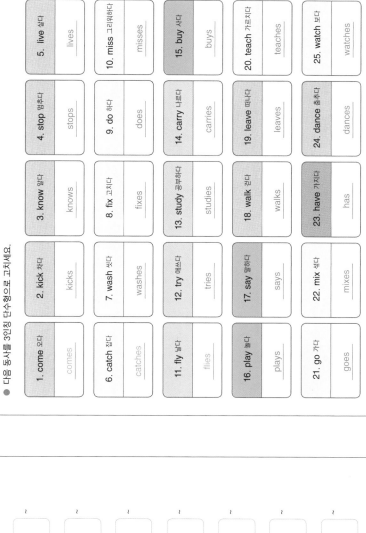

● 다음 동사를 3인칭 단수형으로 고치세요.

1. come 오다 — comes
2. kick 차다 — kicks
3. know 알다 — knows
4. stop 멈추다 — stops
5. live 살다 — lives
6. catch 잡다 — catches
7. wash 씻다 — washes
8. fix 고치다 — fixes
9. do 하다 — does
10. miss 그리워하다 — misses
11. fly 날다 — flies
12. try 애쓰다 — tries
13. study 공부하다 — studies
14. carry 나르다 — carries
15. buy 사다 — buys
16. play 놀다 — plays
17. say 말하다 — says
18. walk 걷다 — walks
19. leave 떠나다 — leaves
20. teach 가르치다 — teaches
21. go 가다 — goes
22. mix 섞다 — mixes
23. have 가지다 — has
24. dance 춤추다 — dances
25. watch 보다 — watches

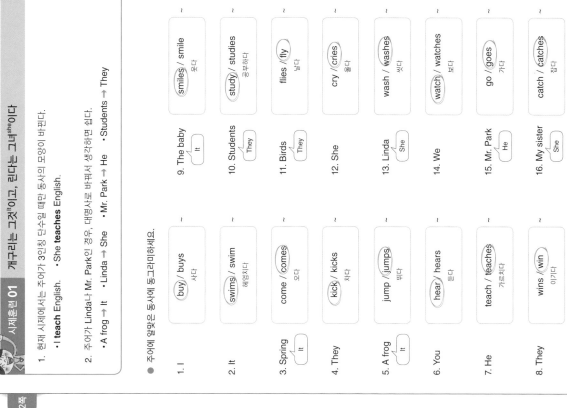

시제훈련 03　그는 watches, 우리는 watch!

먼저 주어가 3인칭 단수인지 확인한 다음 규칙을 적용한다!

1) 3인칭 단수 주어일 때 ｜ He **watches** TV.　Amy **studies** hard.
2) 나머지 주어일 때 ｜ We **watch** TV.　They **study** hard.

● 동사를 주어에 알맞은 형태로 쓰세요.

1. I make ~ ｜ She makes ~
2. Birds fly ~ ｜ It flies ~
3. You carry ~ ｜ He carries ~
4. We do ~ ｜ She does ~
5. They teach ~ ｜ The man teaches ~
6. We have ~ ｜ The boy has ~
7. I mix ~ ｜ Linda mixes ~
8. We say ~ ｜ My father says ~
9. She washes ~ ｜ We wash ~
10. He goes ~ ｜ I go ~
11. Amy studies ~ ｜ Bob studies ~
12. He fixes ~ ｜ She fixes ~
13. It tries ~ ｜ They try ~
14. She cries ~ ｜ The cat cries ~
15. Bob dances ~ ｜ I dance ~
16. You miss ~ ｜ He misses ~

시제훈련 04　우리말에 알맞은 문장 완성하기

● 두 문장씩 비교하며 주어진 동사를 이용해 우리말에 알맞은 문장을 완성하세요.

| do | cry | fly | miss | know | live | play | wash | teach | watch |

1. He knows her.
　그는 그녀를 안다.
2. We know her.
　우리는 그녀를 안다.
3. She does her best.
　그녀는 최선을 다한다.
4. I do my best.
　나는 최선을 다한다.
5. The teacher teaches English.
　그 선생님은 영어를 가르친다.
6. They teach English.
　그들은 영어를 가르친다.
7. We watch TV.
　우리는 텔레비전을 본다.
8. He watches TV.
　그는 텔레비전을 본다.
9. I miss you.
　나는 너를 그리워한다.
10. She misses you.
　그녀는 너를 그리워한다.
11. The baby cries at night.
　그 아기는 밤에 운다.
12. Babies cry at night.
　아기들은 밤에 운다.
13. We fly a kite.
　우리는 연을 날린다.
14. The girl flies a kite.
　그 소녀는 연을 날린다.
15. We play baseball.
　우리는 야구를 한다.
16. He plays baseball.
　그는 야구를 한다.
17. I wash my hands.
　나는 손을 씻는다.
18. He washes his hands.
　그는 손을 씻는다.
19. They live in America.
　그들은 미국에 산다.
20. She ＿＿＿ He lives in America.
　그는 미국에 산다.

03 규칙적으로 변하는 과거 동사는 쉬워

27쪽

시제훈련 01 동사의 과거형을 만드는 원리 - 가장 쉬운 -(e)d

A형 | 기본형 대부분은 동사원형에 -ed를 붙인다.

예 wash → washed

B형 | 동사가 e로 끝나면 -d만 붙인다.

예 hope → hoped

B형은 -ed를 붙여야 하는데
이미 e가 있으니까
-d만 붙이는 거야.

● 동사를 과거형으로 쓰세요.

1. hope 바라다	2. wash 씻다	3. dance 춤추다	4. miss 그리워하다
hoped	washed	danced	missed
5. close 닫다	6. work 일하다	7. clean 청소하다	8. like 좋아하다
closed	worked	cleaned	liked
9. live 살다	10. cook 요리하다	11. watch 보다	12. die 죽다
lived	cooked	watched	died

● 위의 동사를 규칙에 맞게 분류하세요.

A형 | 동사원형 + -ed

washed missed worked cleaned cooked watched

이건 따로
외울 필요 없어!

B형 | 동사원형 + -d

hoped danced closed liked lived died

외우지 말고
동사 끝에 -e가 있는지
확인만 해!

28쪽

시제훈련 02 동사의 과거형을 만드는 원리

C형 | '자음 + y'로 끝나는 동사는 y를 i로 고친 뒤 -ed를 붙인다.

예 cry → cried

D형 | '단모음 + 단자음'으로 끝나는 동사는 끝의 자음을 한 번 더 쓰고 -ed를 붙인다.

예 jog → jogged

s t o p (모음 하나: o, 자음 하나: p)

단모음 + 단자음이
만났네?

→ stopped

● 동사를 과거형으로 쓰세요.

1. hug 껴안다	2. drop 떨어뜨리다	3. study 공부하다	4. clap 박수치다
hugged	dropped	studied	clapped
5. bury (땅에) 묻다	6. plan 계획을 세우다	7. stop 멈추다	8. rob 도둑질하다
buried	planned	stopped	robbed
9. try 애쓰다	10. carry 나르다	11. shop 쇼핑하다	12. hop 깡충 뛰다
tried	carried	shopped	hopped

● 위의 동사를 규칙에 맞게 분류해 보세요.

C형 | y를 i로 고친 뒤 + -ed

studied buried tried carried

y로 끝나면
그 앞을 꼭 확인!

D형 | 끝의 자음 반복 + -ed

hugged dropped clapped planned

stopped robbed shopped hopped

모음 하나에
자음 하나로 끝나면!
끝의 자음 반복 + -ed.

시제훈련 04 현재와 과거 시제 비교하기

hug   bury   cook   clap   like   stop   wash   work   close   study

● 주어진 동사를 이용해 우리말에 알맞은 문장을 완성하세요.

	현재 시제(~하다)	과거 시제(~했다)
1.	She cooks dinner. 그녀는 저녁을 요리한다.	She cooked dinner. 그녀는 저녁을 요리했다.
2.	They work hard. 그들은 열심히 일한다.	They worked hard. 그들은 열심히 일했다.
3.	The bus stops here. 그 버스는 여기서 멈춘다.	The bus stopped again. 그 버스는 다시 멈췄다.
4.	I close the door. 나는 문을 닫는다.	I closed the window. 나는 창문을 닫았다
5.	They clap their hands. 그들은 박수를 친다.	They clapped at that time. 그들은 그때 박수를 쳤다
6.	My father washes his car. 아버지는 세차를 하신다.	My father washed his hands. 아버지는 손을 씻으셨다.
7.	The boy hugs his mother. 소년은 그의 엄마를 껴안는다.	The boy hugged his pet. 소년은 그의 애완견을 껴안았다.
8.	The dog buries a bone. 개는 뼈를 묻는다.	The dog buried her shoe. 그 개는 그녀의 신을 묻었다.
9.	I study English. 나는 영어를 공부한다.	I studied English 나는 영어를 공부했다.
10.	He likes his mother 그는 그의 엄마를 좋아한다.	He liked his pet. 그는 그의 애완견을 좋아했다.

시제훈련 03 동사의 현재형을 과거형으로 바꾸기

1단계 먼저 동사의 원형을 생각하자 •lives → live •jogs → jog

2단계 동사에 맞는 규칙을 적용하자 •live(e로 끝나는 동사) + d   •jog(단모음 + 단자음) + ged

● 3인칭 단수 동사의 현재형을 과거형으로 바꾸세요.

	every day	yesterday
1.	She lives ~	she lived ~
2.	He watches ~	He watched ~
3.	It closes ~	It closed ~
4.	He hops ~	He hopped ~
5.	She claps ~	She clapped ~
6.	He washes ~	He washed ~
7.	She drops ~	She dropped ~
8.	He robs ~	He robbed ~

	every week	last week
9.	It stops ~	It stopped ~
10.	He hopes ~	He hoped ~
11.	She studies ~	She studied ~
12.	He tries ~	He tried ~
13.	She carries ~	She carried ~
14.	She hugs ~	She hugged ~
15.	He plans ~	He planned ~
16.	It climbs ~	It climbed ~

시제훈련 01

꼭 외워야 할 불규칙 동사 - 37가지 유형별로 외우자!

1. 동사원형과 과거형의 모양이 같은 경우 → 가장 쉬우니까 먼저 외우자!
2. 동사원형과 과거형의 모양이 다른 경우 → 가장 어려운 형태야!
3. 동사원형과 과거형의 모양이 닮은 경우 → 유형별로 묶어서 외우자!

● 동사의 과거형을 쓰면서 외우세요.

1. 동사원형과 과거형의 모양이 같은 경우

동사원형	과거형	과거형 쓰기 연습	
cut 자르다	cut 잘랐다	cut	
put 놓다	put 놓았다	put	

동사원형	과거형	과거형 쓰기 연습	
let 시키다	let 시켰다	let	
hit 치다	hit 쳤다	hit	

2. 동사원형과 과거형이 모양이 다른 경우

동사원형	과거형	과거형 쓰기 연습	
say 말하다	said 말했다	sa i d	said
have 가지다	had 가졌다	h a d	had
do 하다	did 했다	d i d	did
go 가다	went 갔다	w e nt	went
eat 먹다	ate 먹었다	a t e	ate
see 보다	saw 보았다	s a w	saw
take 가지고 가다	took 가지고 갔다	t o ok	took
buy 사다	bought 샀다	b o u ght	bought
teach 가르치다	taught 가르쳤다	t a u ght	taught
find 찾다	found 찾았다	f o und	found
sleep 자다	slept 잤다	s l e pt	slept

다 썼으면 과거형을 손으로 가리고 말해 봐.
틀린 것은 표시해 두고, 여러 번 읽고 써 봐!

3-1. 동사원형과 과거형이 모양이 닮은 경우 : 자음이 바뀌는 경우

동사원형	과거형	과거형 쓰기 연습	
build 짓다	built 지었다	bu i l t	built
hear 듣다	heard 들었다	h ea r d	heard
make 만들다	made 만들었다	ma d e	made
send 보내다	sent 보냈다	s en t	sent
spend 쓰다	spent 썼다	s p en t	spent

3-2. 동사원형과 과거형이 모양이 닮은 경우 : 모음이 바뀌는 경우 (모음은 a, e, i, o, u)

동사원형	과거형	과거형 쓰기 연습	
run 달리다	ran 달렸다	r a n	ran
get 가지다	got 가졌다	g o t	got
sit 앉다	sat 앉았다	s a t	sat
stand 서다	stood 섰다	s t oo d	stood
win 이기다	won 이겼다	w o n	won
sing 노래하다	sang 노래했다	s a ng	sang
come 오다	came 왔다	c a me	came
meet 만나다	met 만났다	m e t	met
swim 수영하다	swam 수영했다	s w a m	swam
drink 마시다	drank 마셨다	d r a nk	drank
write 쓰다	wrote 썼다	w r o te	wrote
fly 날다	flew 날았다	f l e w	flew
draw 그리다	drew 그렸다	d r e w	drew
grow 자라다	grew 자랐다	g r e w	grew
know 알다	knew 알았다	kn e w	knew
throw 던지다	threw 던졌다	th r e w	threw

LINK 꼭 외워야 할 불규칙 동사표 (174쪽)

시제훈련 02　그가 매일 앉으면 sits, 어제 앉았으면 sat

현재 시제 | He **sits** here every day. 그는 매일 여기에 **앉는다.**
과거 시제 | He **sat** here yesterday. 그는 어제 여기에 **앉았다.**

● 주어진 동사를 과거형으로 바꾸세요.

	every day	yesterday
1.	I cut ~	I cut ~
2.	You put ~	You put ~
3.	She says ~	She said ~
4.	He has ~	He had ~
5.	She teaches ~	She taught ~
6.	It does ~	It did ~
7.	I build ~	I built ~
8.	We win ~	We won ~

	every week	last week
9.	He makes ~	He made ~
10.	She runs ~	She ran ~
11.	It flies ~	It flew ~
12.	The fish swims ~	It swam ~
13.	Boys come ~	They came ~
14.	Tom eats ~	He ate ~
15.	Jane knows ~	She knew ~
16.	Mom makes ~	She made ~

시제훈련 03　현재와 과거 시제 비교하기

do　buy　eat　see　come　draw　have　play　sing　teach

● 주어진 동사를 이용해 우리말에 알맞은 문장을 완성하세요.

	현재 시제(~하다)	과거 시제(~했다)
1.	He does his best. 그는 최선을 다한다.	He did his best. 그는 최선을 다했다.
2.	She teaches English. 그녀는 영어를 가르친다.	She taught English. 그녀는 영어를 가르쳤다
3.	I sing a song. 나는 노래를 부른다.	I sang a song. 나는 노래를 불렀다.
4.	The boy buys a bike. 그 소년은 자전거를 산다	The boy bought an eraser. 그 소년은 지우개를 샀다.
5.	He has many friends. 그는 친구가 많다.	He had big eyes. 그는 큰 눈을 가졌었다.
6.	Ellen eats lunch. 엘렌은 점심을 먹는다.	Ellen ate dinner. 엘렌은 저녁을 먹었다.
7.	Bill draws a picture. 빌은 그림을 그린다.	Bill drew my face. 빌은 내 얼굴을 그렸다.
8.	The girl comes late. 그 소녀는 늦게 온다.	The girl came early. 그 소녀는 일찍 왔다.
9.	We play soccer. 우리는 축구를 한다.	We played soccer . 우리는 축구를 했다.
10.	She sees her bike . 그녀는 그녀의 자전거를 본다.	She saw her picture. 그녀는 그녀의 그림을 봤다.

05 be동사의 현재형과 과거형

시제훈련 01 시제와 주어에 따라 달라지는 be동사

시제 \ 단·복수	주어가 단수일 때	주어가 복수일 때
현재	The boy **is** hungry. 그 소년은 배가 고프다.	The boys **are** hungry. 그 소년들은 배가 고프다.
과거	The boy **was** hungry. 그 소년은 배가 고팠다.	The boys **were** hungry. 그 소년들은 배가 고팠다.

● 주어에 알맞은 동사에 동그라미하세요.

1. She [is / are] here.
2. The books [is / are] new.
3. The bus [was / were] late.
4. The books [is / were] easy.
5. She [are / was] kind.
6. The man [is / were] tall.
7. The river [is / are] long.
8. Summer [is / were] hot.

9. We [is / are] here.
10. This pen [is / are] new.
11. We [was / were] late.
12. It [are / was] easy.
13. They [is / were] kind.
14. The trees [is / are] tall.
15. Her hair [is / were] long.
16. The coffee [are / was] hot.

시제훈련 02 주어에 알맞은 be동사 찾기

1. 명사는 단수와 복수로 구별하거나, 대명사로 바꿔서 생각해 본다.
The king (왕 → he → 단수) + **is/was**

2. 소유격(my, our, your, his) 뒤에 나오는 명사가 단수인지 복수인지에 따라 be동사를 선택한다.
My brothers (소년들 → 복수) + **are/were**

3. and로 연결된 경우 대부분은 복수 취급한다.
Ben and Ken (벤과 켄 → 복수) + **are/were**

● 주어에 알맞은 be동사의 현재형과 과거형을 쓰세요.

1. I am/was	2. They are/were	3. Her shoes are/were	4. He is/was
5. his bag is/was	6. Your face is/was	7. The class is/was	8. People are/were
9. My hands are/were	10. The moon is/was	11. Tom and I are/were	12. Some boys are/were
13. Your hair is/was	14. My friends are/were	15. Bob and Jack are/were	16. His parents are/were

be동사는 시제와 주어에 따라 형태가 달라지지!

시제훈련 03　be동사의 현재형과 과거형 쓰기

1. 현재 시제(~이다, ~있다): am, are, is
   I **am** tired. 나는 피곤하다. We **are** tired. 우리는 피곤하다

2. 과거 시제(~이었다, ~있었다): was, were
   I **was** tired. 나는 피곤했다. We **were** tired. 우리는 피곤했다.

● 시제와 주어에 알맞은 동사 형태로 바꾸세요.

현재 시제(~이다, ~있다)	과거 시제(~이었다, ~있었다)
1. I am happy. 나도 행복하다.	9. I was tired. 나는 피곤했다.
2. My sister is sad. 나의 여동생은 슬프다.	10. Your friends were late. 네 친구들은 늦었다.
3. The girl is there. 그 소녀는 거기 있다.	11. Tom was sleepy. 톰은 졸렸다.
4. We are here. 우리는 여기 있다.	12. His parents were busy. 그의 부모님은 바빴다.
5. They are new. 그것들은 새것이다.	13. Your sisters were at home. 네 여동생들은 집에 있었다.
6. It is very old. 그것은 아주 오래된 것이다.	14. David was at school. 데이비드는 학교에 있었다.
7. Amy is short. 에이미는 키가 작다.	15. The singer was in Seoul. 그 가수는 서울에 있었다.
8. The trees are tall. 그 나무들은 키가 크다.	16. The actors were in London. 그 배우들은 런던에 있었다.

시제훈련 04　우리말에 알맞은 문장 완성하기

● 우리말에 알맞은 be동사를 골라 문장을 완성하세요.

am　are　is　was　were

1. I am at home. 나는 집에 있다.
2. My father is at work. 아버지는 근무 중이다(직장에 있다).
3. The students were hungry. 그 학생들은 배고팠다.
4. Your hands are clean. 네 손은 깨끗하다.
5. His room was dark. 그의 방은 어두웠다.
6. The apples are red. 그 사과들은 빨갛다.
7. Ben is short. 벤은 키가 작다.
8. The cookies were sweet. 그 쿠키는 달았다.
9. It was cold yesterday. 어제는 추웠다.
10. The dog was cute. 그 개는 귀여웠다.
11. She was busy. 그녀는 바빴다.
12. Your shirt is dirty. 네 셔츠는 더럽다.
13. Her shoes were shiny. 그녀의 신발은 반짝거렸다.
14. The sky is blue. 하늘은 파랗다.
15. His brother is 10 years old. 그의 남동생은 10살이다.
16. The buildings are tall. 그 건물들은 높다.
17. I was tired. 나는 피곤했다.
18. Ben and Ken are hungry. 벤과 켄은 배고프다.
19. The dog is clean. 그 개는 깨끗하다.
20. _____ His brother is hungry. 그의 남동생은 배가 고프다.

06 be동사의 부정문과 의문문

시제훈련 01 be동사의 부정문 만들기

1단계 | be동사 뒤에 not을 써 준다.
2단계 | be동사 + not은 줄여 쓸 수 있다.

예) She is not pretty.
예) She isn't pretty.

isn't 스펠링 외우는 방법!
is n' t
o이에서 아야 빠진 대신 'a'가 붙은 거야.

● 다음 문장을 부정문으로 바꾸세요.

1. My mother is at work.
우리 어머니는 근무 중이다.
→My mother isn't at work.
우리 어머니는 일하는 중이 아니다.

2. We are full.
우리는 배가 부르다.
→We aren't full.
우리는 배가 안 부르다.

3. They were sick.
그들은 아팠다.
→They weren't sick.
그들은 아프지 않았다.

4. They are smart.
그들은 영리하다.
→They aren't smart.
그들은 영리하지 않다.

5. It is my bag.
그것은 내 가방이다.
→It isn't my bag.
그것은 내 가방이 아니다.

6. We were cold.
우리는 추웠다.
→We weren't cold.
우리는 춥지 않았다.

7. Ellen is my friend.
엘렌은 내 친구다.
→Ellen isn't my friend.
엘렌은 내 친구가 아니다.

8. My dog was lazy.
우리 개는 게을렀다.
→My dog wasn't lazy.
우리 개는 게으르지 않았다.

9. I was bored.
나는 지루했다.
→I wasn't bored.
나는 지루하지 않았다.

10. They were your shoes.
그것들은 네 신발이었다.
→They weren't your shoes.
그것들은 네 신발이 아니었다.

11. Amy is sleepy.
에이미는 졸린다.
→Amy isn't sleepy.
에이미는 졸리지 않는다.

12. You are handsome.
너는 잘생겼다.
→You aren't handsome.
너는 잘생긴 게 아니다.

시제훈련 02 be동사의 의문문 만들기

1단계 | be동사를 주어 앞으로 옮긴다.
2단계 | 첫 글자를 대문자로 바꾸고 '?'를 맨 끝에 쓴다.

예) She is pretty.
예) Is she pretty?

● 다음 문장을 의문문으로 바꾸세요.

1. He is at home.
그는 집에 있다.
→Is he at home?
그는 집에 있니?

2. You were hungry.
너는 배가 고팠다.
→Were you hungry?
너는 배가 고팠니?

3. They were right.
그들은 옳았다.
→Were they right?
그들은 옳았니?

4. They are his cousins.
그들은 그의 사촌들이다.
→Are they his cousins?
그들은 그의 사촌들이니?

5. It was cold yesterday.
어제는 추웠다.
→Was it cold yesterday?
어제 추웠니?

6. We were cold.
우리는 추웠다.
→Were we cold?
우리는 추웠니?

7. Mike is your brother.
마이크는 네 동생이다.
→Is Mike your brother?
마이크는 네 동생이니?

8. Your dog was cute.
너의 개는 귀여웠다.
→Was your dog cute?
너의 개는 귀여웠니?

9. She was busy.
그녀는 바빴다.
→Was she busy?
그녀는 바빴니?

10. This is yours.
이것은 네 것이다.
→Is this yours?
이것은 네 것이니?

11. We are ready.
우리는 준비가 되었다.
→Are we ready?
우리는 준비가 되었니?

12. You are handsome.
너는 잘생겼다.
→Are you handsome?
너는 잘생겼니?

시제훈련 03 be동사의 부정문 완성하기

44쪽

● 우리말에 알맞게 be동사의 부정문을 완성하세요. (단, be동사+not은 줄임말로 쓰세요.)

am   are   is   was   were

	현재 시제(~아니다, ~없다)	과거 시제(~아니었다, ~없었다)
1.	We aren't cold. 우리는 춥지 않다.	We weren't cold. 우리는 춥지 않았다.
2.	They aren't wrong. 그들은 틀린 게 아니다.	They weren't wrong. 그들은 틀린 게 아니었다.
3.	I'm not ready. 나는 준비가 되어 있다.	I wasn't late. 나는 늦지 않았다.
4.	Mike isn't my cousin. 마이크는 내 사촌이 아니다.	Mike wasn't my friend. 마이크는 내 친구가 아니었다.
5.	I'm not busy. 나는 안 바쁘다.	I wasn't tired. 나는 피곤하지 않았다.
6.	Amy isn't full. 에이미는 배부르지 않다.	Amy wasn't hungry. 에이미는 배고프지 않았다.
7.	My mother isn't at home. 우리 어머니는 집에 없다.	My mother wasn't at work. 우리 어머니는 근무하지 않았다.
8.	The dogs aren't smart. 그 개들은 영리하지 않다.	The dogs weren't lazy. 그 개들은 게으르지 않았다.
9.	The book isn't fun. 그 책은 재미있지 않다.	The book wasn't fun. 그 책은 재미있지 않았다.
10.	Mike isn't hungry. 마이크는 배고프지 않다.	Mike wasn't at home. 마이크는 집에 없었다.

시제훈련 04 be동사의 의문문 완성하기

45쪽

● 우리말에 알맞게 be동사의 의문문을 완성하세요.

am   are   is   was   were

	현재 시제(~이니?, ~있니?)	과거 시제(~이었니?, ~있었니?)
1.	Are you happy? 너는 기쁘니?	Were you happy? 너는 기뻤니?
2.	Am I right? 내가 맞는(옳은) 거니?	Was I right? 내가 맞았니(옳았니)?
3.	Are you ready? 너는 준비가 되었니?	Were you late? 너는 늦었니?
4.	Is he your friend? 그가 네 친구니?	Was he your brother? 그가 네 동생이었니?
5.	Is she free? 그녀는 한가하니?	Was she sleepy? 그녀는 졸렸니?
6.	Is it nice? 그것은 멋지니?	Was it easy? 그것은 쉬웠니?
7.	Is your brother at school? 네 남동생은 학교에 있니?	Was your brother at home? 네 남동생은 집에 있었니?
8.	Are they here? 그들은 여기 있니?	Were they kind? 그들은 친절했니?
9.	Is the book new? 그 책은 새 거야?	Was the book yours? 그 책은 네 것이었니?
10.	Is your friend kind? 네 친구는 친절하니?	Was your friend at home? 네 친구는 집에 있었니?

07 일반동사의 부정문

시제훈련 01 현재 시제의 부정문 만들기

1단계 | 주어에 맞게 do나 does 중 하나를 선택   예) I go. → (do, does)
2단계 | do/does + not을 줄여서 동사 앞으로!   예) do not → don't
3단계 | 동사는 반드시 동사원형!   예) I don't go.

● 다음 문장을 부정문으로 바꾸세요. (단, do/does/did+not은 줄임말로 쓰세요.)

1. He comes home.
그는 집에 온다.
→ He doesn't come home.
그는 집에 오지 않는다.

2. I know you.
나는 너를 안다.
→ I don't know you.
나는 너를 알지 못한다.

3. They live in Korea.
그들은 한국에 산다.
→ They don't live in Korea.
그들은 한국에 살지 않는다.

4. She works hard.
그녀는 열심히 일한다.
→ She doesn't work hard.
그녀는 열심히 일하지 않는다.

5. It grows fast.
그것은 빨리 자란다.
→ It doesn't grow fast.
그것은 빨리 자라지 않는다.

6. Tom studies here.
톰은 여기서 공부한다.
→ Tom doesn't study here.
톰은 여기서 공부하지 않는다.

7. Ellen watches TV.
엘런은 TV를 본다.
→ Ellen doesn't watch TV.
엘런은 TV를 보지 않는다.

8. My dog eats a lot.
내 개는 많이 먹는다.
→ My dog doesn't eat a lot.
내 개는 많이 먹지 않는다.

9. David plays soccer.
데이비드는 축구를 한다.
→ David doesn't play soccer.
데이비드는 축구를 하지 않는다.

10. My mother cooks well.
나의 어머니는 요리를 잘한다.
→ My mother doesn't cook well.
나의 어머니는 요리를 잘하지 않는다.

11. Amy leaves early.
에이미는 일찍 떠난다.
→ Amy doesn't leave early.
에이미는 일찍 떠나지 않는다.

12. You look nice.
너는 멋있어 보인다.
→ You don't look nice.
너는 멋있어 보이지 않는다.

시제훈련 02 과거 시제의 부정문 만들기

1단계 | did를 선택   예) I went. → (do, does, did)
2단계 | did not을 줄여서 동사 앞으로!   예) did not → didn't
3단계 | 동사는 반드시 동사원형!   예) I didn't go.

● 다음 문장을 부정문으로 바꾸세요. (단, do/does/did+not은 줄임말로 쓰세요.)

1. He came home.
그는 집에 왔다.
→ He didn't come home.
그는 집에 오지 않았다.

2. I knew you.
나는 너를 알았다.
→ I didn't know you.
나는 너를 알지 못했다.

3. They lived in Korea.
그들은 한국에 살았다.
→ They didn't live in Korea.
그들은 한국에 살지 않았다.

4. She worked hard.
그녀는 열심히 일했다.
→ She didn't work hard.
그녀는 열심히 일하지 않았다.

5. It grew fast.
그것은 빨리 자랐다.
→ It didn't grow fast.
그것은 빨리 자라지 않았다.

6. Ben studied here.
벤은 여기서 공부했다.
→ Ben didn't study here.
벤은 여기서 공부하지 않았다.

7. Ellen watched TV.
엘런은 TV를 봤다.
→ Ellen didn't watch TV.
엘런은 TV를 보지 않았다.

8. My dog ate a lot.
내 개는 많이 먹었다.
→ My dog didn't eat a lot.
내 개는 많이 먹지 않았다.

9. David played soccer.
데이비드는 축구를 했다.
→ David didn't play soccer.
데이비드는 축구를 하지 않았다.

10. My mother cooked well.
우리 엄마는 요리를 잘했다.
→ My mother didn't cook well.
우리 엄마는 요리를 잘하지 못했다.

11. Amy left early.
에이미는 일찍 떠났다.
→ Amy didn't leave early.
에이미는 일찍 떠나지 않았다.

12. You looked nice.
너는 멋있어 보였다.
→ You didn't look nice.
너는 멋있어 보이지 않았다.

49쪽

시제훈련 03　긍정문을 부정문으로 바꾸기

1단계　주어와 시제에 맞는 do/does/did 중 하나를 선택한다.
2단계　do/does/did+not을 줄이고 동사 바로 앞으로!
3단계　don't/doesn't/didn't 뒤에는 반드시 동사원형!

● 다음 문장을 부정문으로 바꾸세요. (단, do/does/did+not은 줄임말로 쓰세요.)

1. I go home.
　나는 집에 간다.
→ I don't go home.
　나는 집에 가지 않는다.

2. They wait for a bus.
　그들은 버스를 기다린다.
→ They don't wait for a bus.
　그들은 버스를 기다리지 않는다.

3. I ran fast.
　나는 빨리 달렸다.
→ I didn't run fast.
　나는 빨리 달리지 않았다.

4. She knows it.
　그녀는 그것을 안다.
→ She doesn't know it.
　그녀는 그것을 알고 있지 않다.

5. It stopped.
　그것은 멈췄다.
→ It didn't stop.
　그것은 멈추지 않았다.

6. He eats noodles.
　그는 면을 먹는다.
→ He doesn't eat noodles.
　그는 면을 먹지 않는다.

7. I said so.
　나는 그렇게 말했다.
→ I didn't say so.
　나는 그렇게 말하지 않았다.

8. He came.
　그는 왔다.
→ He didn't come.
　그는 오지 않았다.

9. I did it.
　나는 그것을 했다.
→ I didn't do it.
　나는 그것을 하지 않았다.

10. She wrote this.
　그녀는 이것을 썼다.
→ She didn't write this.
　그녀는 이것을 쓰지 않았다.

11. We bought this.
　우리는 이것을 샀다.
→ We didn't buy this.
　우리는 이것을 사지 않았다.

12. He studies hard.
　그는 열심히 공부한다.
→ He doesn't study hard.
　그는 열심히 공부하지 않는다.

50쪽

시제훈련 04　단순 시제의 부정문 비교하기

● 주어진 동사를 이용해 우리말에 알맞은 문장을 완성하세요.

dance　buy　go　grow　help　play　sell　sing　study　work

	현재 시제(~하지 않는다)	과거 시제(~하지 않았다)
1.	She doesn't go out. 그녀는 외출하지 않는다.	She didn't go out. 그녀는 외출하지 않았다.
2.	They don't work hard. 그들은 열심히 일하지 않는다.	They didn't work hard. 그들은 열심히 일하지 않았다.
3.	She doesn't sing well. 그녀는 노래를 잘 못 부른다.	She didn't sing last night. 그녀는 지난밤에 노래를 안 불렀다.
4.	He doesn't play the piano. 그는 피아노를 치지 않는다.	He didn't play the guitar. 그는 그 기타를 치지 않았다.
5.	I don't dance here. 나는 여기서 춤을 추지 않는다.	I didn't dance with her. 나는 그녀와 춤추지 않았다.
6.	The tree doesn't grow well. 그 나무는 잘 자라지 않는다.	The tree didn't grow big. 그 나무는 크게 자라지 않았다.
7.	He doesn't buy a pen. 그는 펜을 사지 않는다.	He didn't buy an eraser. 그는 지우개를 사지 않았다.
8.	You don't help me. 너는 나를 돕지 않는다.	You didn't help them. 너는 그들을 돕지 않았다.
9.	We don't study hard. 우리는 열심히 공부하지 않는다.	We didn't study hard. 우리는 열심히 공부하지 않았다.
10.	The store doesn't sell a pen . 그 가게는 펜을 팔지 않는다.	The store didn't sell the guitar. 그 가게는 그 기타를 팔지 않았다.

08 일반동사의 의문문

시제훈련 01 현재 시제의 의문문 만들기

1단계 | 주어에 맞게 do나 does 중 하나를 선택
2단계 | 주어와 위치를 바꾸고 대문자로!
3단계 | Do/Does 뒤에는 반드시 동사원형!

예) She goes. → (do, does)
예) does She → Does she
예) Does she go?

● 다음 문장을 의문문으로 바꾸세요.

1. He has a cold.
그는 감기에 걸렸다.
→ Does he have a cold?
그는 감기에 걸렸니?

2. The boy sings well.
그 소년은 노래를 잘한다.
→ Does the boy sing well?
그 소년은 노래를 잘하니?

3. She knows us.
그녀는 우리를 안다.
→ Does she know us?
그녀는 우리를 아니?

4. You buy many books.
너는 책을 많이 산다.
→ Do you buy many books?
너는 책을 많이 사니?

5. Ben watches TV.
벤은 TV를 시청한다.
→ Does Ben watch TV?
벤은 TV를 시청하니?

6. They eat breakfast.
그들은 아침을 먹는다.
→ Do they eat breakfast?
그들은 아침을 먹니?

7. You work hard.
너는 열심히 일한다.
→ Do you work hard?
너는 열심히 일하니?

8. They live in London.
그들은 런던에 산다.
→ Do they live in London?
그들은 런던에 사니?

9. The man teaches English.
그 남자는 영어를 가르친다.
→ Does the man teach English?
그 남자는 영어를 가르치니?

10. The bird flies away.
그 새는 날아간다.
→ Does the bird fly away?
그 새는 날아가니?

11. Ellen tries hard.
엘렌은 노력한다.
→ Does Ellen try hard?
엘렌은 노력하니?

12. The man fixes a roof.
그 남자는 지붕을 고친다.
→ Does the man fix a roof?
그 남자는 지붕을 고치니?

시제훈련 02 과거 시제의 의문문 만들기

1단계 | did를 선택
2단계 | 주어와 위치를 바꾸고 대문자로!
3단계 | Did 뒤에는 반드시 동사원형!

예) They went. → (do, does, did)
예) did They → Did they
예) Did they go?

● 다음 문장을 의문문으로 바꾸세요.

1. He had a cold.
그는 감기에 걸렸다.
→ Did he have a cold?
그는 감기에 걸렸니?

2. The boy sang well.
그 소년은 노래를 잘했다.
→ Did the boy sing well?
그 소년은 노래를 잘했니?

3. She knew us.
그녀는 우리를 알았다.
→ Did she know us?
그녀는 우리를 알았니?

4. You bought many books.
너는 책을 많이 샀다.
→ Did you buy many books?
너는 책을 많이 샀니?

5. Ben watched TV.
벤은 TV를 시청했다.
→ Did Ben watch TV?
벤은 TV를 시청했니?

6. They ate breakfast.
그들은 아침을 먹었다.
→ Did they eat breakfast?
그들은 아침을 먹었니?

7. You worked hard.
너는 열심히 일했다.
→ Did you work hard?
너는 열심히 일했니?

8. They lived in London.
그들은 런던에 살았다.
→ Did they live in London?
그들은 런던에 살았니?

9. The man taught English.
그 남자는 영어를 가르쳤다.
→ Did the man teach English?
그 남자는 영어를 가르쳤니?

10. The bird flew away.
그 새는 날아갔다.
→ Did the bird fly away?
그 새는 날아갔니?

11. Ellen tried hard.
엘렌은 열심히 노력했다.
→ Did Ellen try hard?
엘렌은 열심히 노력했니?

12. The man fixed the roof.
그 남자는 그 지붕을 고쳤다.
→ Did the man fix the roof?
그 남자는 그 지붕을 고쳤니?

시제훈련 04 현재와 과거 시제 의문문 비교하기

● 주어진 동사를 이용해 우리말에 알맞은 문장을 완성하세요.

throw   stand   spend   have   live   stop   drink   clean   carry   win

	현재 시제(~하니?)	과거 시제(~했니?)
1.	Does she ___ live ___ here? 그녀는 여기 사니?	Did she ___ live ___ here? 그녀는 여기 살았니?
2.	Does he ___ stand ___ up? 그가 일어서니?	Did he ___ stand ___ up? 그가 일어섰니?
3.	Do they ___ win ___ ? 그들이 이기니?	Did they ___ win ___ ? 그들이 이겼니?
4.	Do you ___ throw ___ the ball? 네가 공을 던지니?	Did you ___ throw ___ the stone? 네가 그 돌을 던졌니?
5.	Do we ___ spend ___ much time? 우리가 시간을 많이 쓰니?	Did we ___ spend ___ much money? 우리가 돈을 많이 썼니?
6.	Do you ___ carry ___ the umbrella? 너는 우산을 갖고 다니니?	Did you ___ carry ___ water? 너는 물을 갖고 다녔니?
7.	Does the train ___ stop ___ here? 그 기차는 여기 정차하니?	Did the train ___ stop ___ at Suwon? 기차가 수원에 정차했니?
8.	Does Jack ___ clean ___ his room? 잭은 자기 방을 청소하니?	Did Jack ___ clean ___ the house? 잭은 집을 청소했니?
9.	Does Jack ___ drink ___ any milk? 잭은 우유를 마시니?	Did Jack ___ drink ___ any water ___ ? 잭은 물을 좀 마셨니?
10.	Do you ___ have ___ the ball? 너는 그 공을 가지고 있니?	Did you ___ have ___ the umbrella? 네가 그 우산을 가지고 있었어?

시제훈련 03 평서문을 의문문으로 바꾸기

1단계 | 주어와 시제에 맞는 do/does/did 중 하나를 선택
2단계 | Do/Does/Did를 주어 앞으로!
3단계 | 동사는 반드시 동사원형!

예 He met her. → (do, does, did)
예 does He → Does he ~
예 Does he meet her?

● 다음 문장을 의문문으로 바꾸세요.

1. He jogged this morning.
그는 오늘 아침에 조깅을 했다.
↑ Did he ___ jog ___ this morning?
그는 오늘 아침에 조깅을 했니?

2. She says so.
그녀는 그렇게 말한다.
↑ Does she ___ say ___ so?
그녀는 그렇게 말하니?

3. He won the game.
그는 게임을 이겼다.
↑ Did he ___ win ___ the game?
그는 게임을 이겼니?

4. She bought a bike.
그녀는 자전거를 샀다.
↑ Did she ___ buy ___ a bike?
그녀는 자전거를 샀니?

5. The boy climbs trees.
그 소년은 나무에 오른다.
↑ Does the boy ___ climb ___ trees? 그 소년은 나무에 오르니?

6. She found her glasses.
그녀는 안경을 찾았다.
↑ Did she ___ find ___ her glasses?
그녀는 안경을 찾았니?

7. You met him.
너는 그를 만났다.
↑ Did you ___ meet ___ him?
너는 그를 만났니?

8. The baby sleeps well.
그 아기는 잘 잔다.
↑ Does the baby ___ sleep ___ well? 그 아기는 잘 자니?

9. Amy makes jokes.
에이미는 농담을 한다.
↑ Does Amy ___ make ___ jokes?
에이미는 농담을 하니?

10. You hear the sound.
너는 그 소리를 듣는다.
↑ Do you ___ hear ___ the sound?
너는 그 소리를 듣니?

11. Sam does his best.
샘은 최선을 다한다.
↑ Does Sam ___ do ___ his best?
샘은 최선을 다하니?

12. You took my book.
네가 내 책을 가져갔다.
↑ Did you ___ take ___ my book?
네가 내 책을 가져갔니?

09 단순 시제 총정리

단순현재 | 현재진행 | 현재완료
단순과거 | 과거진행 | 과거완료

시제복습 01 단순 시제 평서문 비교하기

● 우리말에 알맞은 동사 형태로 문장을 완성하세요.

hug   stop   come   try   build   go

	단순현재 시제	단순과거 시제
1.	We hug each other. 우리는 서로 부둥켜 안는다. The boy hugs his pet. 소년은 강아지를 껴안는다.	The actor hugged me warmly. 그 배우는 나를 따뜻하게 안아 줬다.
2.	A birthday comes once a year. 생일은 일 년에 한 번씩 온다. They come from Canada. 그들은 캐나다 출신이다.	He came back yesterday. 그는 어제 돌아왔다.
3.	They build a new house. 그들은 새 집을 짓는다. He builds with bricks. 그는 벽돌로 건축을 한다.	We built a small house. 그들은 작은 집을 지었다.
4.	We stop for stop signs. 우리는 정지 신호를 보고 멈춘다. A bus stops near the hotel. 버스가 호텔 근처에 선다.	The singer stopped singing. 그 가수는 노래 부르는 것을 그만두었다.
5.	I go to school. 나는 학교에 간다. He goes home. 그는 집에 간다.	She went to the market. 그녀는 시장에 갔다.
6.	I try to do my best. 나는 최선을 다하려고 한다. The dog tries to jump. 그 개는 뛰려고 애쓴다.	We tried to hurry. 우리는 서두르려고 애썼다.

시제복습 02 단순 시제 부정문 비교하기

● 우리말에 알맞은 동사 형태로 문장을 완성하세요. (단, do/does/did+not은 줄임말로 쓰세요.)

swim   be   stay   have   meet   go

	단순현재 시제	단순과거 시제
1.	I don't go home at three. 나는 3시에 귀가하지 않는다. My sister doesn't go to school. 여동생은 학교에 다니지 않는다.	He didn't go to the library. 그는 도서관에 가지 않았다.
2.	Ted doesn't swim in the pool. 테드는 수영장에서 수영을 하지 않는다. People don't swim here. 사람들은 여기에서 수영을 하지 않는다.	I didn't swim yesterday. 나는 어제 수영을 하지 않았다.
3.	They don't meet . 그들은 만나지 않는다. He doesn't meet anyone. 그는 아무도 만나지 않는다.	I didn't meet him there. 나는 거기서 그를 만나지 않았다.
4.	We aren't thirsty. 우리는 목마르지 않다. She isn't my friend. 그녀는 내 친구가 아니다.	The books weren't new. 그 책들은 새것이 아니었다.
5.	She doesn't have long hair. 그녀는 머리가 길지 않다. I don't have many friends. 나는 친구가 많지 않다.	They didn't have enough time. 그들은 충분한 시간이 없었다.
6.	He doesn't stay in Korea. 그는 한국에 머물지 않는다. They don't stay at home. 그들은 집에 머물지 않는다.	We didn't stay in China . 우리는 중국에 머물지 않았다.

17

시제복습 04　단순 시제 문장 바꾸기

● 주어진 문장을 여러 가지 시제와 문형으로 바꿔 보세요. (단, 부정형은 줄임말로 쓰세요.)

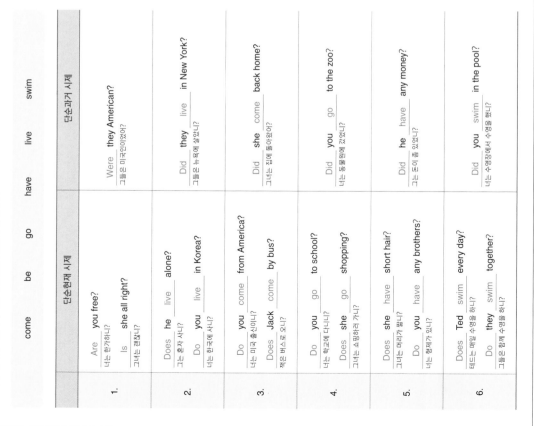

▶ START ▶
He teaches English.
그는 영어를 가르친다.

1. 과거 시제로 (불규칙 동사야!)
He _____ taught English .

2. 부정문으로 (do/does/did + not)
He _____ didn't teach English .

3. 주어를 they로 (그들은 영어를 가르치지 않았다.)
They _____ didn't teach English .

4. 현재 시제로
They _____ don't teach English .

5. 긍정문으로 (do/does/did + not 삭제!)
They _____ teach English .

6. 주어를 she로 (3인칭 단수 현재 동사!)
She _____ teaches English .

7. 의문문으로 (do/does/did, 위치)
Does she teach English?

8. 주어를 you로 (당신은 영어를 가르치세요?)
Do you teach English?

9. 주어를 he로
Does he teach English?

10. 평서문으로 (do/does/did 삭제, 위치)
He teaches English.
▼ END ▲
(▶START▶와 같은 문장인가요?)

시제복습 03　단순 시제 의문문 비교하기

● 주어진 동사를 이용해 우리말에 알맞은 문장을 완성하세요.

come　　be　　go　　have　　live　　swim

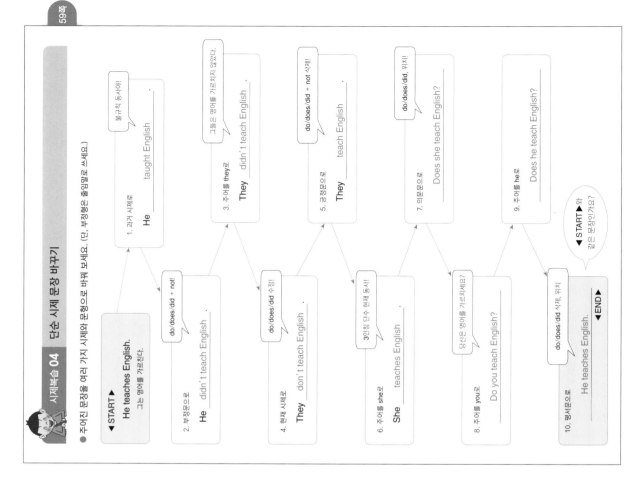

	단순현재 시제	단순과거 시제
1.	Are you free? 너는 한가하니? Is she all right? 그녀는 괜찮니?	Were they American? 그들은 미국인이었니?
2.	Does he live alone? 그는 혼자 사니? Do you live in Korea? 너는 한국에 사니?	Did they live in New York? 그들은 뉴욕에 살았니?
3.	Do you come from America? 너는 미국 출신이니? Does Jack come by bus? 잭은 버스로 오니?	Did she come back home? 그녀는 집에 돌아왔니?
4.	Do you go to school? 너는 학교에 다니니? Does she go shopping? 그녀는 쇼핑하러 가니?	Did you go to the zoo? 너는 동물원에 갔었니?
5.	Does she have short hair? 그녀는 머리가 짧니? Do you have any brothers? 너는 형제가 있니?	Did he have any money? 그는 돈이 좀 있었니?
6.	Does Ted swim every day? 테드는 매일 수영을 하니? Do they swim together? 그들은 함께 수영을 하니?	Did you swim in the pool? 너는 수영장에서 수영을 했니?

시제복습 05 〈정답〉

1. was happy　2. wasn't happy　3. weren't happy　4. aren't happy　5. are happy　6. is happy　7. You are happy.　8. Are you happy?　9. Am I happy?　10. I am happy.

10 진행 시제의 종류와 형태

시제훈련 01 진행 시제에 알맞은 동사 형태 만들기

예 wait 기다리다

1. 현재진행형 | be동사의 현재형 + (동사원형)-ing
   → am/are/is + waiting (기다리고 있다)
2. 과거진행형 | be동사의 과거형 + (동사원형)-ing
   → was/were + waiting (기다리고 있었다)

● 각 시제에 알맞은 동사 형태를 만드세요.

동사원형	현재진행형(~하고 있다)	과거진행형(~하고 있었다)
1. work	am/are/is + working 일하고 있다	was/were + working 일하고 있었다
2. help	am /are/is+ helping 돕고 있다	was/were+ helping 돕고 있었다
3. play	am/ are /is+ playing 놀고 있다	was /were+ playing 놀고 있었다
4. sing	am/are/ is + singing 노래 부르고 있었다	was/ were + singing 노래 부르고 있었다
5. cook	am/are/is + cooking 요리하고 있다	was/were + cooking 요리하고 있었다

시제훈련 02 현재진행형과 과거진행형의 동사 형태

현재진행형 동사형	과거진행형 동사형
am/are/is + (동사원형)-ing	was/were + (동사원형)-ing
am are is · eating 먹고 있다	was were · eating 먹고 있었다

eat

● 현재진행과 과거진행의 동사 형태 표를 완성하세요.

동사원형	현재진행형(~하고 있다)	과거진행형(~하고 있었다)
1. go	am going / are going / is going 가고 있다	was going / were going 가고 있었다
2. eat	am eating / are eating / is eating 먹고 있다	was eating / were eating 먹고 있었다
3. draw	am drawing / are drawing / is drawing 그리고 있다	was drawing / were drawing 그리고 있었다
4. do	am doing / are doing / is doing 하고 있다	was doing / were doing 하고 있었다
5. drink	am drinking / are drinking / is drinking 마시고 있다	was drinking / were drinking 마시고 있었다

시제훈련 03　문장에서 시제 바꾸기

1. 현재진행 : (1) 나는 공부하고 있다. → I am studying.
　(2) 그는 공부하고 있다. → He is studying.
　(3) 그들은 공부하고 있다. → They are studying.
2. 과거진행 : (1) 그녀는 공부하고 있었다. → She was studying.
　(2) 우리는 공부하고 있었다. → We were studying.

study

● 각 문장의 시제에 알맞은 동사 형태로 문장을 완성하세요.

	현재진행 시제(~하고 있다)	과거진행 시제(~하고 있었다)
1.	I am working . 나는 일하고 있다. He is working . 그는 일하고 있다. They are working . 그들은 일하고 있다.	She was working . 그녀는 일하고 있었다. We were working . 우리는 일하고 있었다.
2.	I am helping . 나는 돕고 있다. He is helping . 그는 돕고 있다. They are helping . 그들은 돕고 있다.	She was helping . 그녀는 돕고 있었다. We were helping . 우리는 돕고 있었다.
3.	I am playing . 나는 놀고 있다. He is playing . 그는 놀고 있다. They are playing . 그들은 놀고 있다.	She was playing . 그녀는 놀고 있었다. We were playing . 우리는 놀고 있었다.
4.	I am singing . 나는 노래 부르고 있다. He is singing . 그는 노래 부르고 있다. They are singing . 그들은 노래 부르고 있다.	She was singing . 그녀는 노래 부르고 있었다. We were singing . 우리는 노래 부르고 있었다.
5.	I am cooking . 나는 요리하고 있다. He is cooking . 그는 요리하고 있다. They are cooking . 그들은 요리하고 있다.	She was cooking . 그녀는 요리하고 있었다. We were cooking . 우리는 요리하고 있었다.

시제훈련 04　현재진행과 과거진행 시제 비교하기

● 주어진 동사를 이용해 우리말에 알맞은 문장을 완성하세요.

draw　drink　do　go　eat

	현재진행 시제	과거진행 시제
1.	I am going home. 나는 집에 가는 중이다. We are going home. 우리는 집에 가는 중이다. He is going home. 그는 집에 가는 중이다.	She was going home. 그녀는 집에 가는 중이었다. They were going home. 그들은 집에 가는 중이었다.
2.	I am eating lunch. 나는 점심 식사 중이다. We are eating lunch. 우리는 점심 식사 중이다. He is eating lunch. 그는 점심 식사 중이다.	She was eating lunch. 그녀는 점심 식사 중이었다. They were eating lunch. 그들은 점심 식사 중이었다.
3.	I am drawing circles. 나는 원을 그리는 중이다. We are drawing circles. 우리는 원을 그리는 중이다. He is drawing circles. 그는 원을 그리는 중이다.	She was drawing circles. 그녀는 원을 그리는 중이었다. They were drawing circles . 그들은 원을 그리는 중이었다.
4.	I am doing my best. 나는 최선을 다하고 있다. We are doing our best. 우리는 최선을 다하고 있다. He is doing his best . 그는 최선을 다하고 있다.	She was doing her best. 그녀는 최선을 다하고 있었다. They were doing their best . 그들은 최선을 다하고 있었다.
5.	I am drinking water. 나는 물을 마시고 있다. We are drinking water. 우리는 물을 마시고 있다. He is drinking water. 그는 물을 마시고 있다.	She was drinking water. 그녀는 물을 마시고 있었다. They were drinking water. 그들은 물을 마시고 있었다.

11 동사원형에 -ing 붙이는 방법

시제훈련 01 '(동사원형)+ing' 만드는 규칙 1

A형 | 기본형 대부분은 동사원형에 -ing를 붙인다.
　예 wash → **washing**
B형 | 동사가 e로 끝나면 e를 빼고 -ing를 붙인다.
　예 smile → **smiling**

● 동사원형에 -ing를 붙여 보세요.

1. rain 비가 내리다	2. wash 씻다	3. make 만들다	4. ride 타다
raining	washing	making	riding
5. fly 날다	6. work 일하다	7. take 가지고 가다	8. wear 입다
flying	working	taking	wearing
9. smile 웃다	10. read 읽다	11. use 사용하다	12. write 쓰다
smiling	reading	using	writing

● 위의 동사를 규칙에 맞게 분류하세요.

A형 | 동사원형 + -ing
raining　washing　flying　working　wearing　reading

B형 | e빼고 + -ing
making　riding　taking　smiling　using　writing

시제훈련 02 '(동사원형)+ing' 만드는 규칙 2

C형 | '단모음 + 단자음'으로 끝나는 동사는 끝이 자음을 한 번 더 쓰고 -ing를 붙인다.
　예 jog → **jogging**
D형 | '-ie'로 끝나는 동사는 ie를 y로 고친 뒤 -ing를 붙인다.
　예 die → **dying**

● 동사원형에 -ing를 붙여 보세요.

1. stop 멈추다	2. win 이기다	3. jog 조깅하다	4. clap 박수치다
stopping	winning	jogging	clapping
5. die 죽다	6. run 달리다	7. cut 자르다	8. swim 수영하다
dying	running	cutting	swimming
9. sit 앉다	10. lie 거짓말하다	11. shop 쇼핑하다	12. hit 치다
sitting	lying	shopping	hitting

● 위의 동사를 규칙에 맞게 분류하세요.

C형 | 끝이 자음 반복 + -ing
stopping　winning　jogging　clapping　running　cutting　swimming
sitting　shopping　hitting

D형 | ie를 y로 고친 뒤 + -ing
dying　lying

시제훈련 03 동사를 '(동사원형)+-ing' 형태로 바꾸기

1단계 | 먼저 동사의 원형 생각하기 | 3인칭 단수형 smiles → smile, 과거형 swam → swim
2단계 | 각 동사에 맞는 규칙 적용하기 | smile + ing → smiling, swim + ming → swimming
〔동사원형 끝에 e〕

● 각 동사원형에 -ing를 붙여 진행 시제의 동사 형태를 완성하세요.

every day → now

1. I make ~ → I am making ~
2. It runs ~ → It is running ~
3. You win ~ → You are winning ~
4. We work ~ → We are working ~
5. They take ~ → They are taking ~
6. He claps ~ → He is clapping ~
7. It rains ~ → It is raining ~
8. She sits ~ → She is sitting ~

yesterday → at that time

9. He used ~ → He was using ~
10. She lied ~ → She was lying ~
11. Amy wore ~ → She was wearing ~
12. They washed ~ → They were washing ~
13. It flew ~ → It was flying ~
14. We clapped ~ → We were clapping ~
15. Bob wrote ~ → Bob was writing ~
16. It stopped ~ → It was stopping ~

시제훈련 04 우리말에 알맞은 문장 완성하기

● 두 문장을 비교하며 주어진 동사를 이용해 우리말에 알맞은 문장을 완성하세요.

do   lie   sit   use   win   rain   ride   wash   study   stop

1. He is studying hard.
그는 열심히 공부하고 있다.

2. I was studying hard.
나는 열심히 공부하고 있었다.

3. She is doing her homework.
그녀는 숙제를 하고 있다.

4. I was doing my homework.
나는 숙제를 하고 있었다.

5. The team is winning the game.
그 팀이 경기를 이기고 있다.

6. We were winning the game.
우리는 경기를 이기고 있었다.

7. He is riding the bike.
그는 그 자전거를 타고 있다.

8. I was riding the bike.
나는 그 자전거를 타고 있었다.

9. The bus is stopping now.
그 버스는 지금 멈추고 있다.

10. The car was stopping.
그 차는 그 멈추고 있었다.

11. It is raining now.
지금 비가 오고 있다.

12. It was raining at night.
밤에 비가 내리고 있었다.

13. He is lying to me.
그는 나에게 거짓말을 하고 있다.

14. They were lying to each other.
그들은 서로에게 거짓말을 하고 있었다.

15. We are using the computer.
우리는 그 컴퓨터를 쓰고 있다.

16. She was using the computer.
그녀는 그 컴퓨터를 쓰고 있었다.

17. I am washing my hands.
나는 (나의) 손을 씻고 있다.

18. She was washing her hands.
그녀는 (그녀의) 손을 씻고 있었다.

19. They are sitting on the bench.
그들은 그 벤치에 앉아 있다.

20. He was sitting on the bench.
그는 그 벤치에 앉아 있었다.

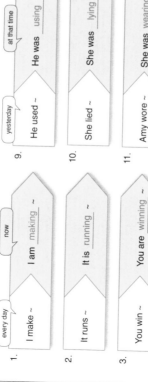

12 현재진행 시제

시제훈련 01 | 현재진행 시제 문장으로 바꾸기

1단계 | 주어에 맞는 be동사 정하기 → am/are/is
2단계 | 규칙에 맞게 동사 형태 바꾸기 → 동사원형+ing

> 지금 진행되고 있는
> 일을 나타낼 때는
> am, are, is +(동사원형)-ing

● 다음 문장을 현재진행 시제로 바꾸세요.

1. I go to school every day. 나는 매일 학교에 간다.

주어가 ___ I ___ 이므로, be동사는 (am)/are/is   동사원형 __go__ +-ing는 __going__

↑ ___ I am going to school ___ now. 나는 지금 학교에 가는 중이다.

2. He watches TV in the evening. 그는 저녁에 TV를 시청한다.

주어가 __He__ 이므로 be동사는 am/are/(is)   동사원형 __watch__ +-ing는 __watching__

↑ ___ He is watching TV ___ now. 그는 지금 TV를 시청하고 있는 중이다.

3. They wash their hands. 그들은 손을 씻는다.

주어가 __They__ 이므로 be동사는 am/(are)/is   동사원형 __wash__ +-ing는 __washing__

↑ ___ They are washing their hands ___ right now. 그들은 지금 바로 손을 씻고 있다.

4. It rains every summer. 여름마다 비가 온다.

주어가 __It__ 이므로 be동사는 am/are/(is)   동사원형 __rain__ +-ing는 __raining__

↑ ___ It is raining ___ now. 지금 비가 오고 있다.

5. Jack hits a ball well. 잭은 공을 잘 친다.

주어가 __Jack__ 이므로 be동사는 am/are/(is)   동사원형 __hit__ +-ing는 __hitting__

↑ ___ Jack is hitting a ball ___ now. 잭은 지금 공을 치고 있다.

6. My parents work late. 우리 부모님께서는 늦게까지 일하신다.

주어가 __My parents__ 이므로 be동사는 am/(are)/is   동사원형 __work__ +-ing는 __working__

↑ ___ My parents are working ___ now. 우리 부모님께서는 지금 일하시는 중이다.

7. The train leaves at seven. 기차는 7시에 떠난다.

주어가 __The train__ 이므로 be동사는 am/are/(is)   동사원형 __leave__ +-ing는 __leaving__

↑ ___ The train is leaving ___ now. 기차는 지금 떠나고 있다.

8. The girl writes emails. 그 소녀는 이메일을 쓴다.

주어가 __The girl__ 이므로 be동사는 am/are/(is)   동사원형 __write__ +-ing는 __writing__

↑ ___ The girl is writing emails ___ now. 그 소녀는 지금 이메일을 쓰고 있다.

9. You run fast. 너는 빨리 달린다.

주어가 __You__ 이므로 be동사는 am/(are)/is   동사원형 __run__ +-ing는 __running__

↑ ___ You are running ___ fast now. 너는 지금 빨리 달리고 있다.

10. The bird flies away. 그 새는 날아가 버린다.

주어가 __The bird__ 이므로 be동사는 am/are/(is)   동사원형 __fly__ +-ing는 __flying__

↑ ___ The bird is flying ___ away now. 그 새는 지금 날아가 버리고 있다.

시제훈련 02 현재진행 시제 문장 완성하기

예 She walks to school.
1단계 | 주어에 맞는 be동사를 쓴다. → She is
2단계 | 동사를 '동사원형+ing'로 고친다. → She is walking to school.

> 동사를 현재형에서 현재진행형으로 바꾸는 연습이야

● 다음 문장의 동사를 현재진행형으로 바꾸세요.

1. She cuts onions.
그녀는 양파를 자른다.
→ She is cutting onions.
그녀는 양파를 자르고 있다.

2. I take a shower every day.
나는 매일 샤워를 한다.
→ I am taking a shower now.
나는 지금 샤워를 하고 있다.

3. The boy claps his hands.
그 소년은 박수를 친다.
→ The boy is clapping his hands.
그 소년은 박수를 치고 있다.

4. Ann smiles at me.
앤은 내게 미소를 짓는다.
→ Ann is smiling at me now.
앤은 지금 내게 미소를 짓고 있다.

5. He drives to work.
그는 차로 출근한다.
→ He is driving to work now.
그는 지금 차로 출근하고 있다.

6. I do my homework.
나는 숙제를 한다.
→ I am doing my homework.
나는 숙제를 하고 있다.

7. Ellen dances well.
엘렌은 춤을 잘 춘다.
→ Ellen is dancing now.
엘렌은 지금 춤을 추고 있다.

8. He lies to me.
그는 내게 거짓말을 한다.
→ He is lying to me now.
그는 지금 내게 거짓말을 하고 있다.

9. The team wins every set.
그 팀이 모든 세트를 이긴다.
→ The team is winning every set.
그 팀이 모든 세트를 이기고 있다.

10. We eat breakfast every day.
우리는 매일 아침을 먹는다.
→ We are eating breakfast now.
우리는 지금 아침 식사 중이다.

11. They work every Saturday.
그들은 토요일마다 일한다.
→ They are working today.
그들은 오늘 일하고 있다.

12. They wear school uniforms.
그들은 교복을 입는다.
→ They are wearing school uniforms.
그들은 교복을 입고 있다.

시제훈련 03 단순현재와 현재진행 시제 비교하기

● 주어진 동사를 이용해 우리말에 알맞은 문장을 완성하세요.

| do | eat | jog | come | cook | play | ride | sing | swim | study |

	단순현재 시제(~하다)	현재진행 시제(~하고 있다)
1.	I do my best. 나는 최선을 다한다.	I am doing my best. 나는 최선을 다하고 있다.
2.	She studies math. 그녀는 수학을 공부한다.	She is studying math. 그녀는 수학을 공부하고 있다.
3.	They sing well. 그들은 노래를 잘 부른다.	They are singing together. 그들은 함께 노래를 부르고 있다.
4.	The boy rides a bike. 그 소년은 자전거를 탄다.	The boy is riding a horse. 그 소년은 말을 타고 있다.
5.	He swims well. 그는 수영을 잘한다.	He is swimming now. 그는 지금 수영을 하고 있다.
6.	Ellen eats lunch. 엘렌은 점심을 먹는다.	Ellen is eating dinner. 엘렌은 저녁을 먹고 있다.
7.	Bill jogs every morning. 빌은 매일 아침 조깅을 한다.	Bill is jogging now. 빌은 지금 조깅 중이다.
8.	The girl comes late. 그 소녀는 늦게 온다.	The girl is coming home now. 그 소녀는 지금 귀가 중이다.
9.	We play baseball every day. 우리는 매일 야구를 한다.	We are playing baseball now. 우리는 지금 야구를 하고 있다.
10.	She cooks every day. 그녀는 매일 요리를 한다.	She is cooking now. 그녀는 지금 요리를 하고 있다.

13 과거진행 시제

시제훈련 01 과거진행 시제 문장으로 바꾸기

1단계 | 주어에 맞는 be동사 정하기 → was/were
2단계 | 규칙에 맞게 동사 형태 바꾸기 → (동사원형) + -ing

● 과거를 과거진행 시제로 바꿔 문장을 완성하세요.

1. I came home. 나는 집에 왔다.

주어가 __I__ 이므로 be동사는 was/were

> 동사원형이 헷갈리면 3~4과의 과거형을 복습하고 와!

동사원형 __come__ + -ing는 __coming__

나는 집으로 돌아오고 있었다.

→ __I was coming home.__

2. He took a shower. 그는 샤워를 했다.

주어가 __He__ 이므로 be동사는 was/were

동사원형 __take__ + -ing는 __taking__

그는 샤워 중이었다.

→ __He was taking a shower.__

3. Linda wore pants. 린다는 바지를 입었다.

주어가 __Linda__ 이므로 be동사는 was/were

동사원형 __wear__ + -ing는 __wearing__

린다는 바지를 입는 중이었다.

→ __Linda was wearing pants.__

4. They sang. 그들은 노래를 불렀다.

주어가 __They__ 이므로 be동사는 was/were

동사원형 __sing__ + -ing는 __singing__

그들은 어젯밤에 노래를 부르고 있었다.

→ __They were singing__ last night. 그들은 어젯밤에 노래를 부르고 있었다.

---

5. Jack studied hard. 잭은 열심히 공부했다.

주어가 __Jack__ 이므로 be동사는 was/were

동사원형 __study__ + -ing는 __studying__

잭은 열심히 공부하고 있었다.

→ __Jack was studying hard.__

6. My friends waited for a bus. 나의 친구들은 버스를 기다렸다.

주어가 __My friends__ 이므로 be동사는 was/were

동사원형 __wait__ + -ing는 __waiting__

나의 친구들은 버스를 기다리고 있었다.

→ __My friends were waiting for a bus.__

7. They did their homework. 그들은 숙제를 했다.

주어가 __They__ 이므로 be동사는 was/were

동사원형 __do__ + -ing는 __doing__

그들은 숙제를 하고 있었다.

→ __They were doing their homework.__

8. You made sandwiches. 너는 샌드위치를 만들었다.

주어가 __You__ 이므로 be동사는 was/were

동사원형 __make__ + -ing는 __making__

너는 샌드위치를 만들고 있었다.

→ __You were making sandwiches.__

9. My brother went to school. 형은 학교에 갔다.

주어가 __My brother__ 이므로 be동사는 was/were

동사원형 __go__ + -ing는 __going__

형은 학교에 가는 중이었다.

→ __My brother was going to school.__

10. I wrote his name. 나는 그의 이름을 썼다.

주어가 __I__ 이므로 be동사는 was/were

동사원형 __write__ + -ing는 __writing__

나는 그의 이름을 쓰고 있었다.

→ __I was writing his name.__

82쪽

시제훈련 02 과거진행 시제 문장 완성하기

예 She walked to school.
1단계 | 주어에 맞는 be동사를 쓴다. → She was
2단계 | 동사를 '동사원형+-ing'로 고친다. → She was walking to school.

● 다음 문장의 동사를 과거진행형으로 바꾸세요.

1. We watched TV.
우리는 TV를 봤다.
→ We were watching TV.
우리는 TV를 보고 있었다.

2. I played the piano.
나는 피아노를 쳤다.
→ I was playing the piano.
나는 피아노를 치고 있었다.

3. The boy rode his bike.
그 소년은 자전거를 탔다.
→ The boy was riding his bike.
그 소년은 자전거를 타고 있었다.

4. Ann wore glasses.
앤은 안경을 썼다.
→ Ann was wearing glasses.
앤은 안경을 쓰고 있었다.

5. They ate lunch.
그들은 점심을 먹었다.
→ They were eating lunch.
그들은 점심을 먹고 있었다.

6. I slept in a tent.
나는 텐트에서 잤다.
→ I was sleeping in a tent.
나도 텐트에서 자고 있었다.

7. Ellen lived in America.
엘렌은 미국에서 살았다.
→ Ellen was living in America in 2014.
엘렌은 2014년에 미국에서 살고 있었다.

8. He swam yesterday.
그는 어제 수영을 했다.
→ He was swimming in the pool.
그는 수영장에서 수영을 하고 있었다.

9. My father washed the dishes.
아버지는 설거지를 하셨다.
→ My father was washing the dishes.
아버지는 설거지를 하고 계셨다.

10. We read books.
우리는 책을 읽었다.
→ We were reading books.
우리는 책을 읽고 있는 중이었다.

11. She cut potatoes.
그녀는 감자를 잘랐다.
→ She was cutting potatoes.
그녀는 감자를 자르고 있었다.

12. We met her yesterday.
우리는 어제 그녀를 만났다.
→ We were meeting her at that time.
우리는 그때 그녀를 만나고 있었다.

83쪽

시제훈련 03 단순과거와 과거진행 시제 비교하기

● 주어진 동사를 이용해 우리말에 알맞은 문장을 완성하세요.

do eat hug look play ride sing swim dance study

단순과거 시제(~했다)	과거진행 시제(~하고 있었다)
1. She studied history. / 그녀는 역사를 공부했다.	She was studying history. / 그녀는 역사를 공부하고 있었다.
2. Ellen ate breakfast. / 엘렌은 아침을 먹었다.	Ellen was eating breakfast. / 엘렌은 아침을 먹고 있었다.
3. They sang well. / 그들은 노래를 잘 불렀다.	They were singing together. / 그들은 함께 노래를 부르고 있었다.
4. The boy rode a bike. / 그 소년은 자전거를 탔다.	The boy was riding a horse. / 그 소년은 말을 타고 있었다.
5. He swam well. / 그는 수영을 잘했다.	He was swimming in the river. / 그는 강에서 수영을 하고 있었다.
6. I did my best. / 나는 최선을 다했다.	I was doing my homework. / 나는 숙제를 하고 있었다.
7. Bill hugged his mother. / 빌은 그의 엄마를 껴안았다.	Bill was hugging his friend. / 빌은 그의 친구를 안고 있었다.
8. They looked for him. / 그들은 그를 찾았다.	They were looking for her. / 그들은 그녀를 찾고 있었다.
9. We played soccer. / 우리는 축구를 했다.	We were playing soccer. / 우리는 축구를 하고 있었다.
10. They danced well. / 그들은 춤을 잘 췄다.	They were dancing together. / 그들은 함께 춤을 추고 있었다.

14 진행 시제의 부정문

시제훈련 01 진행 시제 부정문 만들기

1단계 | 주어와 시제에 맞는 be동사 정하기 → am/are/is/was/were
2단계 | be동사 뒤에 not을 붙이고 줄여 쓰기 → aren't/isn't/wasn't/weren't
3단계 | 규칙에 맞게 동사 형태 바꾸기 → (동사원형) + ing

● 우리말에 알맞은 동사 형태로 문장을 완성하세요. (단, 부정형은 줄임말로 쓰세요.)

1. I didn't go home. 나는 집에 가지 않았다.
주어가 __I__ , 시제는 현재 /(과거)이므로   동사원형 __go__ +-ing는 __going__
be동사는 __was__ +not   나는 집에 가고 있지 않았다.
→ __I wasn't going home.__

2. He doesn't watch TV. 그는 TV를 시청하지 않는다.
주어가 __He__ , 시제는 (현재)/ 과거이므로   동사원형 __watch__ +-ing는 __watching__
be동사는 __is__ +not   그는 TV를 시청하고 있지 않다.
→ __He isn't watching TV.__

3. They don't wash their hands. 그들은 손을 씻지 않는다.
주어가 __They__ , 시제는 (현재)/ 과거이므로   동사원형 __wash__ +-ing는 __washing__
be동사는 __are__ +not   그들은 손을 씻고 있지 않다.
→ __They aren't washing their hands.__

4. It doesn't rain every day. 비가 매일 오지는 않는다.
주어가 __It__ , 시제는 (현재)/ 과거이므로   동사원형 __rain__ +-ing는 __raining__
be동사는 __is__ +not   __now.__ 지금 비가 안 내리고 있다.
→ __It isn't raining now.__

5. Jack didn't study hard. 잭은 열심히 공부하지 않았다.
주어가 __Jack__ , 시제는 현재 /(과거)이므로   동사원형 __study__ +-ing는 __studying__
be동사는 __was__ +not   잭은 열심히 공부하고 있지 않았다.
→ __Jack wasn't studying hard.__

6. My parents don't work late. 우리 부모님은 늦게까지 일하지 않는다.
주어가 __My parents__ , 시제는 (현재)/ 과거이므로   동사원형 __work__ +-ing는 __working__
be동사는 __are__ +not   __now.__ 우리 부모님은 일하고 있는 중이 아니다.
→ __My parents aren't working now.__

7. You didn't do your homework. 너는 숙제를 안 했다.
주어가 __You__ , 시제는 현재 /(과거)이므로   동사원형 __do__ +-ing는 __doing__
be동사는 __were__ +not   너는 숙제를 안 하고 있었다.
→ __You weren't doing your homework.__

8. The train doesn't leave at seven. 그 기차는 7시에 안 떠난다.
주어가 __The train__ , 시제는 (현재)/ 과거이므로   동사원형 __leave__ +-ing는 __leaving__
be동사는 __is__ +not   __now.__ 그 기차는 지금 안 떠나고 있다.
→ __The train isn't leaving now.__

9. We don't run fast. 우리는 빨리 달리지 않는다.
주어가 __We__ , 시제는 (현재)/ 과거이므로   동사원형 __run__ +-ing는 __running__
be동사는 __are__ +not   __now.__ 우리는 지금 빨리 달리고 있지 않다.
→ __We aren't running fast now.__

10. She didn't write her name. 그녀는 그녀의 이름을 안 썼다.
주어가 __She__ , 시제는 현재 /(과거)이므로   동사원형 __write__ +-ing는 __writing__
be동사는 __was__ +not   그녀는 그녀의 이름을 안 쓰고 있었다.
→ __She wasn't writing her name.__

시제훈련 03 진행 시제 부정문 완성하기

● 주어진 동사를 이용해 우리말에 알맞은 문장을 완성하세요. (단, 부정형은 줄임말로 쓰세요.)

clean buy wear drink play help take live do win

	현재진행 시제(~하고 있지 않다)	과거진행 시제(~하고 있지 않았다)
1.	You aren't helping me. 너는 나를 안 도와주고 있다.	You weren't helping me. 너는 나를 안 도와주고 있었다.
2.	Amy isn't taking a shower. 에이미는 샤워를 안 하고 있다.	Amy wasn't taking a bath. 에이미는 목욕을 안 하고 있었다.
3.	She isn't wearing a hat. 그녀는 모자를 안 쓰고 있다.	She wasn't wearing glasses. 그녀는 안경을 안 쓰고 있었다.
4.	He isn't playing the piano. 그는 피아노를 안 치고 있다.	He wasn't playing the guitar. 그는 기타를 안 치고 있었다.
5.	I am not cleaning the house now. 나는 지금 집 청소를 안 하고 있다.	I wasn't cleaning the room. 나는 방 청소를 안 하고 있었다.
6.	Ann isn't drinking any milk. 앤은 우유를 안 마시고 있다.	Ann wasn't drinking any juice. 앤은 주스를 안 마시고 있었다.
7.	He isn't doing his homework. 그는 숙제를 안 하고 있다.	He wasn't doing his best. 그는 최선을 다하고 있지 않았다.
8.	They aren't living in London now. 그들은 지금 런던에 살고 있지 않다.	They weren't living in Seoul in 2012. 그들은 2012년에 서울에 살고 있지 않았다.
9.	We aren't winning now. 우리가 지금 이기고 있는 게 아니다.	We weren't winning yesterday. 우리는 어제 이기고 있지 않았다.
10.	The boy isn't buying the guitar . 그 소년은 그 기타를 사는 중이 아니다.	They boy wasn't buying a hat. 그 소년은 모자를 사고 있지 않았다.

시제훈련 02 단순 시제 부정문을 진행 시제 부정문으로 바꾸기

예) She doesn't walk.

1단계 | 주어와 시제에 맞는 be동사를 선택한다. → She is
2단계 | be동사 뒤에 not을 써 준다. → She is not/isn't
3단계 | '동사원형+-ing'를 바꿔 준다. → She isn't walking.

● 다음 문장을 진행 시제 부정문으로 바꾸세요. (단, 부정형은 줄임말로 쓰세요.)

1. He doesn't come home.
그는 집에 오지 않는다.
→ He isn't coming home.
그는 집에 오는 중이 아니다.

2. I don't watch TV.
나는 TV를 보지 않는다.
→ I'm not watching TV.
나는 TV를 안 보고 있다.

3. They don't live in Korea.
그들은 한국에 살지 않는다.
→ They aren't living in Korea.
그들은 한국에 살고 있지 않다.

4. She doesn't work hard.
그녀는 열심히 일하지 않는다.
→ She isn't working hard.
그녀는 일을 열심히 안 하고 있다.

5. We don't study here.
우리는 여기서 공부하지 않는다.
→ We aren't studying here.
우리는 여기서 공부를 안 하고 있다.

6. My father doesn't cook.
아버지는 요리를 안 하신다.
→ My father isn't cooking .
아버지는 요리를 안 하고 계신다.

7. We didn't go there.
우리는 거기에 가지 않았다.
→ We weren't going there.
우리는 거기에 가는 중이 아니었다.

8. You didn't feed the dog.
너는 그 개에게 먹이를 주지 않았다.
→ You weren't feeding the dog.
너는 그 개에게 먹이를 주고 있지 않았다.

9. David didn't play soccer.
데이비드는 축구를 하지 않았다.
→ David wasn't playing soccer.
데이비드는 축구를 안 하고 있었다.

10. I didn't do it.
나는 그것을 하지 않았다.
→ I wasn't doing it.
나는 그것을 안 하고 있었다.

11. She didn't write a story.
그녀는 이야기를 쓰지 않았다.
→ She wasn't writing a story.
그녀는 이야기를 안 쓰고 있었다.

12. The boys didn't run fast.
그 소년들은 빨리 달리지 않았다.
→ The boys weren't running fast.
그 소년들은 빨리 달리고 있지 않았다.

15 진행 시제의 의문문

시제훈련 01 진행 시제 의문문 만들기

1단계 | 주어와 시제에 맞는 be동사 정하기 → am/are/is/was/were
2단계 | be동사를 주어 앞으로 보내기 → Am/Are/Is/Was/Were + 주어
3단계 | 규칙에 맞게 동사 형태 바꾸기 → (동사원형) + -ing

● 과거를 과거 진행 시제로 바꿔 의문문을 완성하세요.

1. Did you go to school? 너는 등교했니?

주어가 you , 시제는 현재 (과거)이므로
be동사 was / were 를 맨 앞으로

동사원형 go + -ing는 going

그는 학교에 가는 중이었니?

→ Were you going to school?

2. Does Jack hit a ball well? 작은 공을 잘 치니?

주어가 Jack , 시제는 현재 / 과거이므로
be동사 is 를 맨 앞으로

동사원형 hit + -ing는 hitting

작은 공을 잘 치고 있니?

→ Is Jack hitting a ball well?

3. Did they live here? 그들은 여기에 살았니?

주어가 they , 시제는 현재 (과거)이므로
be동사 was / were 를 맨 앞으로

동사원형 live + -ing는 living

그들은 여기에서 살고 있었니?

→ Were they living here?

4. Does the girl write emails? 그 소녀는 이메일을 쓰니?

주어가 the girl , 시제는 현재 / 과거이므로
be동사 is 를 맨 앞으로

동사원형 write + -ing는 writing

그 소녀는 이메일을 쓰고 있니?

→ Is the girl writing emails?

5. Did he take the bus? 그는 그 버스를 탔니?

주어가 he , 시제는 현재 / (과거)이므로
be동사 was 를 맨 앞으로

동사원형 take + -ing는 taking

그는 그 버스를 타고 있었니?

→ Was he taking the bus?

6. Did your friends wait for you? 네 친구들은 너를 기다렸니?

주어가 your friends , 시제는 현재 / (과거)이므로
be동사 were 를 맨 앞으로

동사원형 wait + -ing는 waiting

네 친구들은 너를 기다리고 있었니?

→ Were your friends waiting for you?

7. Does Jack catch a ball well? 작은 공을 잘 잡니?

주어가 Jack , 시제는 (현재) / 과거이므로
be동사 is 를 맨 앞으로

동사원형 catch + -ing는 catching

작은 공을 잘 잡고 있니?

→ Is Jack catching a ball well?

8. Does it rain hard? 비가 세차게 오니?

주어가 it , 시제는 (현재) / 과거이므로
be동사 is 를 맨 앞으로

동사원형 rain + -ing는 raining

→ Is it raining hard now? 지금 비가 세차게 오고 있니?

9. Do they do homework? 그들은 숙제를 하니?

주어가 they , 시제는 (현재) / 과거이므로
be동사 are 를 맨 앞으로

동사원형 do + -ing는 doing

그들은 숙제를 하고 있니?

→ Are they doing homework?

10. Did you make sandwiches? 너는 샌드위치를 만들었니?

주어가 you , 시제는 현재 / (과거)이므로
be동사 were 를 맨 앞으로

동사원형 make + -ing는 making

너는 샌드위치를 만들고 있니?

→ Were you making sandwiches?

시제훈련 02 단순 시제 의문문을 진행 시제 의문문으로 바꾸기

☺ Does she walk?
1단계 주어와 시제에 맞는 be동사를 선택한다. → she is
2단계 be동사를 주어 앞으로 옮긴다. → Is she
3단계 '동사원형+ing'로 바꾸고 '?'를 쓴다. → Is she walking?

● 다음 문장을 진행 시제의 의문문으로 바꾸세요.

1. Does he come home?
그도 집에 오니?
↑ Is he coming home now?
그는 지금 집에 오는 중이니?

2. Do you watch TV?
너는 TV를 보니?
↑ Are you watching TV now?
너는 지금 TV를 보고 있니?

3. Do they live in Korea?
그들은 한국에 사니?
↑ Are they living in Korea now?
그들은 지금 한국에 살고 있니?

4. Does she work hard?
그녀는 열심히 일하니?
↑ Is she working now?
그녀는 지금 일하고 있니?

5. Do you study here?
너는 여기서 공부하니?
↑ Are you studying now?
너는 지금 공부하고 있니?

6. Does your father cook well?
너의 아버지는 요리를 잘하시니?
↑ Is your father cooking now?
너의 아버지는 지금 요리하고 계시니?

7. Did you go there?
너희는 거기에 갔니?
↑ Were you going there?
너희는 거기에 가고 있었니?

8. Did you feed your dog?
너는 네 개에게 먹이를 줬니?
↑ Were you feeding your dog?
너는 그 개에게 먹이를 주고 있었니?

9. Did David play soccer?
데이비드는 축구를 했니?
↑ Was David playing soccer?
데이비드는 축구를 하고 있었니?

10. Did you do it?
네가 그것을 했니?
↑ Were you doing it?
네가 그것을 하고 있었니?

11. Did she write a story?
그녀는 이야기를 썼니?
↑ Was she writing a story?
그녀는 이야기를 쓰고 있었니?

12. Did they run fast?
그들은 빨리 달렸니?
↑ Were they running fast?
그들은 빨리 달리고 있었니?

시제훈련 03 진행 시제 의문문 완성하기

● 주어진 동사를 이용해 우리말에 알맞은 문장을 완성하세요.

call die eat use read swim tell learn sleep listen

현재진행 시제(~하고 있니?)	과거진행 시제(~하고 있었니?)
1. Is she telling the truth? 그녀는 사실을 말하고 있니?	Was she telling a lie? 그녀는 거짓말을 하고 있었니?
2. Is he using the computer? 그가 그 컴퓨터를 쓰고 있니?	Was he using the computer? 그가 그 컴퓨터를 쓰고 있었니?
3. Are they learning hard? 그들은 열심히 배우고 있니?	Were they learning again? 그들은 다시 배우고 있었니?
4. Is Ann eating lunch? 앤은 점심을 먹고 있니?	Was Ann eating breakfast? 앤은 아침을 먹고 있었니?
5. Are you listening now? 너는 지금 듣고 있니?	Were you listening to me? 너는 내 말을 듣고 있었니?
6. Are you reading a book? 너는 책을 읽고 있니?	Were you reading a newspaper? 너는 신문을 읽고 있었니?
7. Are the trees dying ? 그 나무들은 죽어 가고 있니?	Were the flowers dying ? 그 꽃들은 죽어 가고 있었니?
8. Is Jack calling his mother? 잭은 엄마에게 전화하고 있니?	Was Jack calling you? 잭은 너에게 전화하고 있었니?
9. Is the baby sleeping now? 그 아기는 지금 자고 있니?	Was the baby sleeping well? 그 아기는 잘 자고 있었니?
10. Is Ann swimming now? 앤은 지금 수영하고 있니?	Was she swimming well? 그녀는 수영을 잘하고 있었니?

16 진행 시제 총정리

~하고 있다	현재진행		단순현재	현재완료
~하고 있었다	과거진행		단순과거	과거완료

시제복습 01 진행 시제 평서문 복습하기

● 주어진 동사를 이용해 우리말에 알맞은 문장을 완성하세요.

run sit come look read build

	현재진행 시제(~하고 있다)	과거진행 시제(~하고 있었다)
1.	She is coming now. 그녀는 지금 오고 있다. They are coming from Canada. 그들은 캐나다에서 오고 있는 중이다.	A truck was coming . 트럭이 오고 있는 중이었다. We were coming back. 우리는 돌아오는 중이었다.
2.	I am sitting here alone. 나는 여기 혼자 앉아 있다. We are sitting on the bench. 우리는 벤치에 앉아 있다.	He was sitting next to me. 그는 내 옆에 앉아 있었다. They were sitting on the road. 그들은 길 위에 앉아 있었다.
3.	They are building a new house. 그들은 새 집을 짓고 있다. He is building with bricks. 그는 벽돌로 건축하고 있다.	They were building a small house. 그들은 작은 집을 짓고 있었다. She was building her house. 그녀는 그녀의 집을 짓고 있었다.
4.	He is looking at me. 그는 나를 쳐다보고 있다. We are looking at the duck. 우리는 그 오리를 쳐다보고 있다.	I was looking at the screen. 나는 스크린을 쳐다보고 있었다. My friends were looking at him. 내 친구들은 그를 쳐다보고 있었다.
5.	I am reading a comic book. 나는 만화책을 읽고 있다. My father is reading a book. 아버지는 책을 읽고 계신다.	They were reading a newspaper. 그들은 신문을 읽고 있었다. The boy was reading aloud. 그 소년은 큰 소리로 읽고 있었다.
6.	I am running to school. 나는 학교까지 뛰어가고 있다. Jack is running home. 잭은 집까지 뛰어가고 있다.	Linda was running alone. 린다는 혼자 뛰어가고 있었다. Some people were running . 몇몇 사람들은 뛰어가고 있었다.

● 주어진 동사를 이용해 우리말에 알맞은 문장을 완성하세요.

learn use lie make drink die

	현재진행 시제(~하고 있다)	과거진행 시제(~하고 있었다)
7.	I am drinking some water. 나는 물을 마시고 있다. We are drinking some milk. 우리는 우유를 마시고 있다.	They were drinking something. 그들은 뭔가 마시고 있었다. He was drinking nothing. 그는 아무것도 마시고 있었다.
8.	We are making a movie. 우리는 영화를 만들고 있다. The man is making coffee. 그 남자는 커피를 끓이고 있다.	I was making a cake. 나는 케이크를 만들고 있었다. A spider was making a web. 거미는 거미줄을 치고 있었다.
9.	They are lying to each other. 그들은 서로 거짓말을 하고 있다. You are lying again. 너는 또 거짓말을 하고 있다.	He was lying to them. 그는 그들에게 거짓말을 하고 있었다. Tom was lying to his friend. 톰은 친구에게 거짓말을 하고 있었다.
10.	I am learning English. 나는 영어를 배우고 있다. My sister is learning Chinese. 여동생은 중국어를 배우고 있다.	The baby was learning to walk. 그 아기는 걷는 법을 배우고 있었다. My friends were learning to swim. 내 친구들은 수영하는 법을 배우고 있었다.
11.	I am dying of hunger. 나는 배고파 죽겠다. Many people are dying of hunger. 많은 사람들이 굶주림으로 죽어 가고 있다.	Some trees were dying . 나무 몇 그루가 죽어 가고 있었다. The plant was dying . 그 식물은 죽어 가고 있었다.
12.	He is using my phone. 그는 내 전화기를 쓰고 있다. People are using cars. 사람들은 차를 이용하고 있다.	I was using English. 나는 영어를 사용하고 있었다. You were using my pen . 네가 내 펜을 쓰고 있었다.

시제복습 03   진행 시제 의문문 복습하기

● 주어진 동사를 이용해 우리말에 알맞은 의문문을 완성하세요.

do   cut   draw   play   swim   close

	현재진행 시제(~하고 있니?)	과거진행 시제(~하고 있었니?)
1.	Are you drawing a picture? 너는 그림을 그리고 있니? Is she drawing the moon? 그녀는 달을 그리고 있니?	Were you drawing me? 너는 나를 그리고 있었니? Was Tom drawing his mother? 톰은 엄마를 그리고 있었니?
2.	Is he playing the guitar? 그는 기타를 연주하고 있니? Am I playing the piano? 내가 피아노를 연주하고 있니?	Were they playing soccer? 그들은 축구를 하고 있었니? Were you playing baseball? 너는 야구를 하고 있었니?
3.	Are you cutting the cake? 너는 그 케이크를 자르고 있니? Is Jack cutting the paper? 잭이 종이를 자르고 있니?	Was the boy cutting the grass? 그 소년은 풀을 깎고 있었니? Were they cutting the trees? 그들은 나무를 베고 있었니?
4.	Is she doing her homework? 그녀는 숙제를 하고 있니? Are you doing your best? 너는 최선을 다하고 있니?	Was your father doing exercises? 너의 아버지는 운동을 하고 계셨니? Was his mother doing housework? 그의 어머니는 집안일을 하고 계셨니?
5.	Is the man closing the door? 그 남자는 문을 닫고 있니? Are you closing your eyes? 너는 눈을 감고 있니?	Was he closing the book? 그는 책을 닫고 있었니? Were they closing the windows? 그들은 창문을 닫고 있었니?
6.	Is Ted swimming now? 테드는 지금 수영하고 있니? Are they swimming here? 그들은 여기에서 수영하고 있니?	Were the children swimming ? 그 아이들은 수영하고 있었니? Were you swimming in the sea? 너는 바다에서 수영하고 있었니?

시제복습 02   진행 시제 부정문 복습하기

● 주어진 동사를 이용해 우리말에 알맞은 부정문을 완성하세요.

eat   move   wash   sleep   smile   watch

	현재진행 시제(~하고 있지 않다)	과거진행 시제(~하고 있지 않았다)
1.	I'm not sleeping now. 나는 지금 안 자고 있다. The dog isn't sleeping . 그 개도 안 자고 있다.	They weren't sleeping at that time. 그들은 그때 자고 있지 않았다. He wasn't sleeping at night. 그는 밤에 자고 있지 않았다.
2.	We aren't watching the movie. 우리는 그 영화를 안 보고 있다. The man isn't watching TV. 그 남자는 TV를 안 보고 있다.	I wasn't watching the show. 나는 그 쇼를 관람하고 있지 않았다. The woman wasn't watching the dog. 그 여자는 그 개를 지켜보고 있지 않았다.
3.	I'm not moving my hands. 나는 손을 안 움직이고 있다. The snake isn't moving now. 그 뱀은 지금 안 움직이고 있다.	The clouds weren't moving . 구름이 움직이지 않고 있었다. The car wasn't moving forward. 그 차는 앞으로 움직이지 않고 있었다.
4.	I'm not eating anything. 나는 아무것도 안 먹고 있다. My sister isn't eating lunch. 여동생은 점심을 안 먹고 있다.	The horse wasn't eating more. 그 말은 더 많이 먹고 있지 않았다. Your friends weren't eating too much. 네 친구들은 너무 많이 먹고 있지 않았다.
5.	He isn't smiling at me. 그는 나를 보고 웃지 않고 있다. They aren't smiling at each other. 그들은 서로에게 웃지 않고 있다.	I wasn't smiling at you. 나는 너를 보고 웃지 않고 있었다. You weren't smiling at us. 너는 우리를 보고 웃지 않고 있었다.
6.	I'm not washing my hands. 나는 손을 안 씻고 있다. The girl isn't washing her face. 그 소녀는 얼굴을 안 씻고 있다.	My mother wasn't washing the dishes. 엄마는 설거지를 안 하고 계셨다. My brother wasn't washing the dog . 오빠는 그 개를 안 씻기고 있었다.

시제복습 04 〈정답〉

1. am swimming   2. Are you swimming?   3. wasn't swimming   4. were sleeping   5. Is she sleeping?   6. isn't sleeping   7. isn't raining   8. Was it raining?   9. was raining   10. were crying   11. Are they crying?
12. isn't crying   13. were coming   14. Is he coming?   15. isn't coming

17 단순/진행 시제 –평서문 복습

시제복습 01 　시제에 알맞은 문장 완성하기

단순현재	현재진행	현재완료
단순과거	과거진행	과거완료

● 시제에 알맞은 동사 형태로 표를 완성하세요.

1. go

	현재	과거
단순 시제 (~하다)	I go to school. She goes to school. We go to school.	He went to school. They went to school.
진행 시제 (~하고 있다)	I am going to school. She is going to school. We are going to school.	He was going to school. They were going to school.

2. study

	현재	과거
단순 시제 (~하다)	I study hard. She studies hard. We study hard.	He studied hard. They studied hard.
진행 시제 (~하고 있다)	I am studying hard. She is studying hard. We are studying hard.	He was studying hard. They were studying hard.

3. make

	현재	과거
단순 시제 (~하다)	I make pancakes. She makes pancakes. We make pancakes.	He made pancakes. They made pancakes.
진행 시제 (~하고 있다)	I am making pancakes. She is making pancakes. We are making pancakes.	He was making pancakes. They were making pancakes.

시제복습 02 　시제에 알맞은 문장 완성하기

● 보기처럼 시제에 알맞은 동사 형태로 문장을 완성하세요.

단순 현재 : ~한다
단순 과거 : ~했다
현재진행 : ~하고 있다

보기 ride
Every day I ride a bike.
Yesterday I rode a bike.
Now I am riding a bike.

1. draw
Every day I draw a picture.
Yesterday I drew a picture.
Now I am drawing a picture.

2. run
Every day Tom runs .
Yesterday he ran .
Now he is running .

3. learn
Every day Amy learns English.
Yesterday she learned English.
Now she is learning English.

4. build
Every day I build blocks.
Yesterday I built blocks.
Now I am building blocks.

5. read
Every day Jack reads books.
Yesterday he read books.
Now he is reading books.

6. sing
Every day Bill sings .
Yesterday he sang .
Now he is singing .

33

시제복습 03 우리말에 알맞은 문장 완성하기

● 주어진 동사를 이용해 우리말에 알맞은 문장을 완성하세요.

dance   lie   die   stop   jog

1. 그는 조깅을 하고 있었다.
He _was jogging_ .

2. 그녀는 조깅을 했다.
She _jogged_ .

3. 나는 조깅 중이다.
I _am jogging_ .

4. 그들은 멈추고 있었다.
They _were stopping_ .

5. 그녀는 멈췄다.
She _stopped_ .

6. 그 버스는 여기에 선다.
The bus _stops_ here.

7. 우리는 죽는다.
We _die_ .

8. 그들은 죽었다.
They _died_ .

9. 그것은 죽어 가고 있다.
It _is dying_ .

10. 그는 춤을 추고 있었다.
He _was dancing_ .

11. 그들은 춤을 췄다.
They _danced_ .

12. 나는 춤을 추고 있다.
I _am dancing_ .

13. 그들은 거짓말을 했다.
They _lied_ .

14. 그는 거짓말을 한다.
He _lies_ .

15. 너희는 거짓말을 하고 있다.
You _are lying_ .

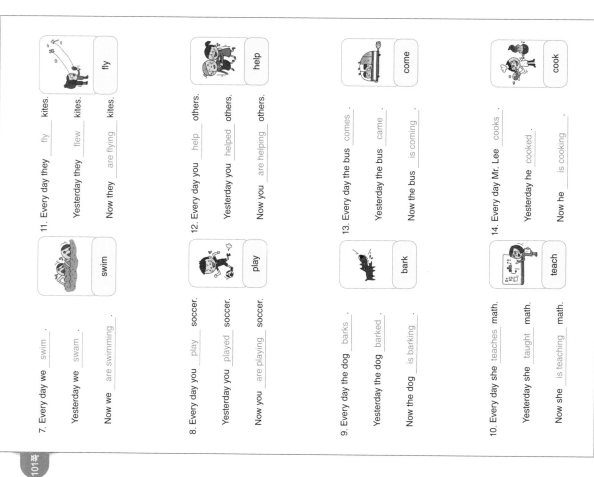

7. Every day we _swim_ .
Yesterday we _swam_ .
Now we _are swimming_ .

swim

8. Every day you _play_ soccer.
Yesterday you _played_ soccer.
Now you _are playing_ soccer.

play

9. Every day the dog _barks_ .
Yesterday the dog _barked_ .
Now the dog _is barking_ .

bark

10. Every day she _teaches_ math.
Yesterday she _taught_ math.
Now she _is teaching_ math.

teach

11. Every day they _fly_ kites.
Yesterday they _flew_ kites.
Now they _are flying_ kites.

fly

12. Every day you _help_ others.
Yesterday you _helped_ others.
Now you _are helping_ others.

help

13. Every day the bus _comes_ .
Yesterday the bus _came_ .
Now the bus _is coming_ .

come

14. Every day Mr. Lee _cooks_ .
Yesterday he _cooked_ .
Now he _is cooking_ .

cook

시제복습 04 〈정답〉

1. walked 2. wears 3. is playing 4. were sleeping 5. walked 6. were waiting 7. is playing 8. wore 9. lives 10. are waiting 11. slept 12. am wearing 13. lived 14. He plays baseball. 15. Jack waited.

18 단순/진행 시제 -부정문, 의문문 복습

단순현재	현재진행	현재완료
단순과거	과거진행	과거완료

시제복습 01 시제와 문형에 알맞은 문장 완성하기

● 시제와 문형에 알맞게 표를 완성하세요.

〈부정문〉

1. watch

	현재	과거
단순 시제	I don't watch TV. She doesn't watch TV. We don't watch TV.	He didn't watch TV. They didn't watch TV.
진행 시제	I am not watching TV. She isn't watching TV. We aren't watching TV	He wasn't watching TV. They weren't watching TV .

2. use

	현재	과거
단순 시제	I don't use the phone. She doesn't use the phone. We don't use the phone.	He didn't use the phone. They didn't use the phone.
진행 시제	I am not using the phone. She isn't using the phone. We aren't using the phone	He wasn't using the phone. They weren't using the phone .

3. sit

	현재	과거
단순 시제	I don't sit on it. She doesn't sit on it. We don't sit on it.	It didn't sit on it. They didn't sit on it.
진행 시제	I am not sitting on it. She isn't sitting on it. We aren't sitting on it	It wasn't sitting on it. They weren't sitting on it .

〈의문문〉

4. work

	현재	과거
단순 시제	Do you work late? Does she work late? Do they work late?	Did he work late? Did we work late?
진행 시제	Am I working late? Is she working late? Are you working late ?	Was he working late? Were they working late ?

5. close

	현재	과거
단순 시제	Do you close the door? Does she close the door? Do they close the door?	Did he close the door? Did we close the door?
진행 시제	Am I closing the door? Is she closing the door? Are you closing the door ?	Was he closing the door? Were they closing the door ?

6. take

	현재	과거
단순 시제	Do you take a shower? Does she take a shower? Do they take a shower?	Did he take a shower? Did we take a shower?
진행 시제	Am I taking a shower? Is she taking a shower? Are you taking a shower ?	Was he taking a shower? Were they taking a shower ?

35

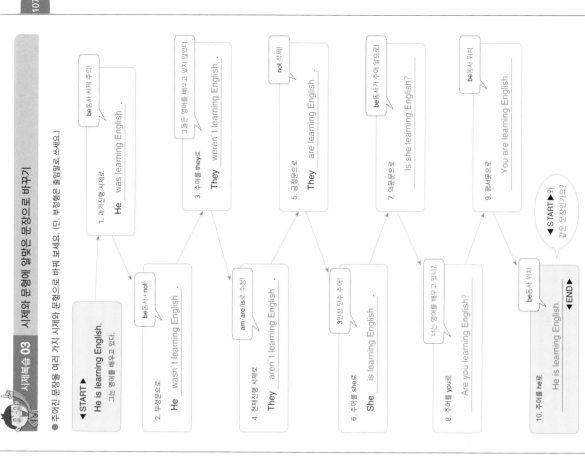

시제복습 03   시제와 문형에 알맞은 문장으로 바꾸기

● 주어진 문장을 여러 가지 시제와 문형의 문장으로 바꿔 보세요. (단, 부정형은 줄임말로 쓰세요.)

▶ START ▶
He is learning English.
그는 영어를 배우고 있다.

1. 과거진행 시제로
be동사 시제 주의!
He __was__ learning English .

2. 부정문으로
be동사+not!
He __wasn't__ learning English .

3. 주어를 they로
그들은 영어를 배우고 있지 않았다.
They __weren't__ learning English .

4. 현재진행 시제로
am/are/is로 수정!
They __aren't__ learning English .

5. 긍정문으로
They __are__ learning English .

6. 주어를 she로
3인칭 단수 주어!
She __is__ learning English .

7. 의문문으로
be동사가 주어 앞으로
Is she learning English?

8. 주어를 you로
너는 영어를 배우고 있니?
Are you learning English?

9. 평서문으로
be동사 위치
You are learning English.

10. 주어를 he로
be동사 위치
He is learning English.
◀ END ▶

▼ START ▶
위 같은 문장인가요?

시제복습 02   우리말에 알맞은 문장 완성하기

● 주어진 동사를 이용해 우리말에 알맞은 문장을 완성하세요.

win   sing   run   study   work

1. 너도 이겼니?
Did you win?

2. 그녀는 노래를 부르니?
Does she sing?

3. 그는 안 달렸다.
He __didn't run__ .

4. 그녀는 일하고 있니?
Is she working?

5. 그녀는 이기고 있니?
Is she winning?

6. 그는 노래를 안 부른다.
He __doesn't sing__ .

7. 그는 달렸니?
Did he run?

8. 나는 일을 안 하고 있다.
I __am not working__ .

9. 그들은 못 이겼다.
They __didn't win__ .

10. 우리는 노래를 안 부르고 있다.
We __aren't singing__ .

11. 그들은 달리고 있었니?
Were they running?

12. 너희는 공부하니?
Do you study?

13. 그들은 공부하고 있니?
Are they studying?

14. 우리는 일을 안 했다.
We __didn't work__ .

15. 나는 공부를 안 하고 있었다.
I __wasn't studying__ .

시제복습 04 〈정답〉

1. am reading a book 2. 'm not reading a book 3. isn't reading a book 4. is reading a book 5. reads a book 6. read a book 7. Did she read a book? 8. Does she read a book? 9. She doesn't read a book.
10. I read a book.

19 현재까지 있었던 일을 나타내는 현재완료 시제

시제훈련 01 현재완료 시제와 동사 모양과 다른 시제 비교하기

현재완료형은 '지금까지 ~해 왔다.' 라고 해석할 수 있어.

시제		일반동사	be동사
단순현재	~한다	work/works	am/are/is
단순과거	~했다	worked	was/were
현재완료	(지금까지) ~해 왔다	have/has worked	have/has been

● 현재, 과거, 현재완료 시제의 동사 형태를 만드세요.

기다린다	wait / waits
기다렸다	waited
(지금까지) 기다려 왔다	have/has waited

배운다	learn / learns
배웠다	learned
(지금까지) 배워 왔다	have/has learned

비가 내린다	rain / rains
비가 내렸다	rained
(지금까지) 비가 내렸다	have/has rained

산다	live / lives
살았다	lived
(지금까지) 살아 왔다	have/has lived

말한다	talk / talks
말했다	talked
(지금까지) 말해 왔다	have/has talked

끝낸다	finish / finishes
끝냈다	finished
(지금까지) 끝내 왔다	have/has finished

사랑하다	love / loves
사랑했다	loved
(지금까지) 사랑해 왔다	have/has loved

~이다	am / are / is
~이었다	was / were
(지금까지) ~이었다	have / has been

시제훈련 02 단순과거와 현재완료 비교하기

● 다음 상황에 알맞은 동사를 괄호에서 골라 동그라미하세요.

1. Q. 너 어제 아팠니?

나는 어제 아팠어.

과거 — 현재

A. 나는 어제 아팠어.
I (was, have been) sick yesterday.

2. Q. 너 아프니?

어제부터 계속 아파.

어제부터
과거 + 현재

A. 나는 어제부터 (지금까지) 계속 아파.
I (was, have been) sick since yesterday.

3. Q. 여기서 언제 일했니?

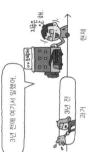

3년 전에 여기서 일했어.

3년 전
과거 — 현재

A. 나는 여기서 3년 전에 일했어.
I (worked, have worked) here 3 years ago.

4. Q. 여기서 (지금까지) 얼마나 일했니?

3년 동안 일했어.

3년 동안
과거 + 현재

A. 나는 여기서 (지금까지) 3년 동안 일해 왔어.
I (have worked, worked) here for 3 years.

5. Q. 그녀는 서울에 살았니?

예전에 살았어.

2년 전
과거 — 현재

A. 그녀는 2년 전에 서울에 살았어.
She (has live, lived) in Seoul two years ago.

6. Q. 그녀는 (지금까지) 서울에서 얼마나 살았니?

2년 살았어.

2년 동안
과거 + 현재

A. 그녀는 (지금까지) 서울에서 2년 동안 살아 왔어.
She (lived, has lived) in Seoul for two years.

시제훈련 04 우리말에 알맞은 문장 완성하기

● 두 문장씩 비교하며 각 시제에 알맞은 동사를 넣어 문장을 완성하세요.

| work | learn | live | finish | wait | talk | rain | watch | use |

1. 나는 어제 숙제를 끝냈어.
I _finished_ my homework yesterday.
2. 나는 (지금 막) 숙제를 끝냈어.
I have _finished_ my homework.

3. 그는 (늘) 그녀를 기다려.
He _waits_ for her.
4. 그는 (과거에) 그녀를 기다렸어.
He _waited_ for her.
5. 그는 (지금까지) 그녀를 기다렸어.
He _____ has waited for her _____.

6. 우리는 부산에 살아.
We _live_ in Busan.
7. 우리는 (과거에) 부산에 살았어.
We _lived_ in Busan.
8. 우리는 (지금까지) 부산에서 살아 있어.
we have lived in Busan.

9. 우리는 (과거에) 그들에게 이야기했어.
We talked _____ to them.
10. 우리는 그들에게 (지금까지) 이야기해 있어.
We have talked to them.

11. 그는 (과거에) 영어를 배웠어.
He _learned_ English.
12. 그는 (지금까지) 영어를 배워 있어.
He _has learned_ English.

13. 어제 비가 왔어.
It _rained_ yesterday.
14. (지금 막) 비가 왔어.
It _has rained_ _____ .

15. 나는 (과거에) 거기서 일했어.
I _worked_ there.
16. 나는 (지금까지) 거기서 일해 있어.
I _____ have worked there _____ .

17. 그녀는 (과거에) TV를 봤어.
She _watched_ TV.
18. 그녀는 (지금까지) TV를 봤어.
She has watched TV.

19. 그녀는 (과거에) 휴대전화를 사용했어.
She _used_ a cell phone.
20. 그녀는 (지금까지) 휴대전화를 사용해 있어.
She has used a cell phone.

시제훈련 03 단순과거와 현재완료 차이 알기

1. 단순과거: 단순히 과거에 어떤 일이 있었다는 내용을 말할 뿐, 현재와는 아무 상관이 없다.
2. 현재완료: 과거에 있었던 일이 현재와 관련을 맺고 있는 상황일 때,
   과거에 시작된 일이 지금까지 계속되거나 지금 막 완료된 것을 말한다.

● 과거와 현재완료 중 어느 시제로 대답해야 할까요? 알맞은 대답을 완성하세요.

1. Q. 여기서 머문 지 얼마나 됐니?
   나는 (지금까지) 여기서 4주 동안 머물렀어.
   A. I _have stayed_ here for four weeks.

2. Q. 그녀는 거기에 머물렀니?
   그녀는 지난달에 거기서 머물렀어. (지금은 머무는지 몰라.)
   A. She _stayed_ there last month.

3. Q. 지난주에 영어를 배웠니?
   응, 나는 지난주에 영어를 배웠어.
   A. Yes, I _learned_ English last week.

4. Q. 너 영어를 배우니?
   응, (지금까지) 영어를 배우고 있어.
   A. Yes, I _have learned_ English.

5. Q. 너 어제 몇 시에 도착했니?
   나는 어제 10시에 도착했어.
   A. I _arrived_ at 10 yesterday.

6. Q. 그는 (지금) 도착했니?
   그는 (지금) 막 도착했어.
   A. He _has_ _just_ arrived .

20 규칙 동사의 과거분사형은 과거형과 똑같아

시제훈련 01 동사를 과거분사로 고치기

● 각 동사를 과거분사로 고친 다음 규칙에 알맞게 분류하세요.

1. rain 비가 내리다	2. wash 씻다	3. dance 춤추다	4. open 열다
rained	washed	danced	opened
5. close 닫다	6. work 일하다	7. clean 청소하다	8. lie 거짓말하다
closed	worked	cleaned	lied
9. live 살다	10. learn 배우다	11. use 사용하다	12. arrive 도착하다
lived	learned	used	arrived

A형 | 동사원형＋-ed
rained washed opened worked cleaned learned

B형 | 동사원형＋-d
danced closed lied lived used arrived

-ed를 붙이는 것도 따로 외울 필요 없어!

1. beg 간청하다	2. hug 껴안다	3. study 공부하다	4. clap 박수치다
begged	hugged	studied	clapped
5. try 애쓰다	6. plan 계획을 세우다	7. stop 멈추다	8. worry 걱정하다
tried	planned	stopped	worried
9. cry 울다	10. carry 나르다	11. shop 쇼핑하다	12. hurry 서두르다
cried	carried	shopped	hurried

외우지 말고 동사 꼴 확인하기

C형 | y를 i로 고친 뒤＋-ed
studied tried worried cried carried hurried

D형 | 끝의 자음 반복＋-ed
begged hugged clapped planned stopped shopped

끝이 자음으로 반복하는 것은 진행형인 -ing를 만드는 규칙과 같아!

시제훈련 02 규칙 동사의 현재형을 과거형과 현재완료형으로 바꾸기 1

1단계 | 동사 원형 생각하기: uses → use
2단계 | 과거형 → used
3단계 | 현재완료형 → have/has＋used

규칙동사의 과거형과 과거분사형은 모양이 똑같아!

● 각 문장의 시제에 알맞은 동사 형태로 문장을 완성하세요.

시제	1. 사용하다		2. 지켜보다	
(늘, 항상) ~한다	She uses ~		He watches ~	
(과거에) ~했다	She	used ~	He watched ~	
(지금까지) ~해 왔다	She has	used ~	He has watched ~	

시제	3. 서두르다		4. 애쓰다	
(늘, 항상) ~한다	I hurry ~		She tries ~	
(과거에) ~했다	I hurried ~		She tried ~	
(지금까지) ~해 왔다	I have hurried ~		She has tried ~	

시제	5. 씻다		6. 닫다	
(늘, 항상) ~한다	He washes ~		It closes ~	
(과거에) ~했다	He washed ~		It closed ~	
(지금 막) ~했다	He has washed ~		It has closed ~	

시제	7. 멈추다		8. 걱정하다	
(늘, 항상) ~한다	It stops ~		We worry ~	
(과거에) ~했다	It stopped ~		We worried ~	
(지금 막) ~했다	It has stopped ~		We have worried ~	

시제훈련 04 우리말에 알맞은 문장 완성하기

● 두 문장씩 비교하며 각 시제에 알맞은 동사를 넣어 문장을 완성하세요.

| try | lie | watch | stop | use | plan | rain | live | study | wash |

1. 그는 매일 영어를 공부한다.
He studies English every day.

2. 그는 (지금까지) 영어를 공부해 왔다.
I has studied English .

3. 그녀는 지난 주말에 그 쇼를 봤다.
She watched the show last weekend.

4. 나는 (지금까지) 그 쇼를 두 번 본 적이 있다.
I have watched the show twice.

5. 나는 (지금까지) 서울에서 살아 왔다.
I have lived in Seoul.

6. 그는 2012년에 서울에 살았다.
He lived in Seoul in 2012.

7. 그는 (지금 막) 휴가 계획을 다 세웠다.
He has planned his vacation.

8. 나는 어제 휴가 계획을 세웠다.
I planned my vacation yesterday.

9. 그 버스는 (지금 막) 멈췄다.
The bus has stopped .

10. 그 차는 갑자기 멈췄다.
The car stopped suddenly.

11. (지금 막) 비가 왔다.
It has rained .

12. (어제) 비가 왔다.
It rained .

13. 그는 (지금까지) 내게 거짓말을 해 왔다.
He has lied to me.

14. 그들은 (늘) 서로에게 거짓말을 한다.
They lie to each other.

15. 나는 (지금 막) 손을 다 씻었다.
I have washed my hands.

16. 그녀는 요리 전에 손을 씻었다.
She washed her hands before cooking.

17. 우리는 (늘) 그 컴퓨터를 쓴다.
We use the computer.

18. 그녀는 (어제) 그 컴퓨터를 썼다.
She used the computer.

19. 그들은 항상 이기려고 애를 쓴다.
They try to win all the time.

20. 그는 (지금까지) 이기려고 애를 써 왔다.
He has tried to win.

시제훈련 03 규칙 동사의 현재형을 과거형과 현재완료형으로 바꾸기 2

1단계 | 동사의 원형 생각하기: finishes → finish
2단계 | 과거형 → finished
3단계 | 현재완료형 → have/has + finished

● 각 동사원형에 -ed를 붙여, 과거와 현재완료 시제의 동사 형태를 완성하세요.

1. 끝내다

시제	
(늘, 항상) ~한다	She finishes ~
(과거에) ~했다	She finished ~
(지금까지) ~했다	She has finished ~

2. 계획하다

He plans ~
He planned ~
He has planned ~

3. 간청하다

시제	
(늘, 항상) ~한다	She begs ~
(과거에) ~했다	She begged ~
(지금까지) ~했다	She has begged ~

4. 공부하다

They study ~
They studied ~
They have studied ~

5. 거짓말하다

시제	
(늘, 항상) ~한다	He lies ~
(과거에) ~했다	He lied ~
(지금까지) ~해 왔다	He has lied ~

6. 비가 내리다

It rains ~
It rained ~
It has rained ~

7. 떨어지다

시제	
(늘, 항상) ~한다	It drops ~
(과거에) ~했다	It dropped ~
(지금까지) ~했다	It has dropped ~

8. 울다

She cries ~
She cried ~
She has cried ~

21 제멋대로 변하는 과거분사형도 있어

시제훈련 01 불규칙 변화 동사 — 유형별로 외우자

1. A-A-A형 → 쉬우니까 먼저 외우기!
2. A-B-A형 → 가장 적어.
3. A-B-B형 → 가장 많아. 유형별로 묶어서 외우기!
4. A-B-C형 → 정말 자주 쓰는 동사들이라 금방 외워질 거야!

● 동사의 과거분사형을 쓰면서 외워 보세요.

1. A-A-A형

대개 쉬운 단어들이야!

동사원형	과거형	과거분사형 쓰기 연습(~한/~된)	동사원형	과거형	과거분사형 쓰기 연습(~한/~된)
cut 자르다	cut 잘랐다	cut	let 시키다	let 시켰다	let
put 놓다	put 놓았다	put	hit 치다	hit 쳤다	hit
shut 닫다	shut 닫았다	shut	*read 읽다	read 읽었다	read

주의! read의 과거형과 과거분사형은 [red]로 읽어요.

2. A-B-A형

3개는 꼭 외워 둬!

동사원형	과거형	과거분사형(~한/~된) 쓰기 연습	
run 달리다	ran 달렸다	r u n	run
come 오다	came 왔다	c o me	come
become 되다	became 되었다	be c o me	become

3. A-B-B형

동사원형	과거형	과거분사형(~한/~된) 쓰기 연습	
say 말하다	said 말했다	sai d	said
hear 듣다	heard 들었다	hea r d	heard
make 만들다	made 만들었다	ma d e	made
have 가지다	had 가졌다	h a d	had
find 찾다	found 찾았다	f o u n d	found
get 가지다	got 가졌다	g o t	got

gotten을 쓰기도 해.

동사원형	과거형	과거분사형(~한/~된) 쓰기 연습	
build 짓다	built 지었다	bu_i_l_t	built
meet 만나다	met 만났다	m e t	met
sleep 자다	slept 잤다	sle p t	slept
send 보내다	sent 보냈다	sen t	sent
sit 앉다	sat 앉았다	s a t	sat
stand 서다	stood 섰다	sto o d	stood
win 이기다	won 이겼다	w o n	won
lose 지다, 잃다	lost 졌다, 잃었다	lo s t	lost
buy 사다	bought 샀다	b o u g h t	bought
catch 잡다	caught 잡았다	c a u g h t	caught
teach 가르치다	taught 가르쳤다	t a u g ht	taught
think 생각하다	thought 생각했다	t h o u g ht	thought

4. A-B-C형

동사원형	과거형	과거분사형(~한/~된) 쓰기 연습	
be 이다	was, were 이었다	be e n	been
do 하다	did 했다	do e	done
go 가다	went 갔다	go e	gone
eat 먹다	ate 먹었다	eat n	eaten
see 보다	saw 보았다	se n	seen
break 부수다	broke 부쉈다	brok e n	broken
take 가지고 가다	took 가지고 갔다	tak e n	taken
write 쓰다	wrote 썼다	writ t e n	written
grow 키우다, 자라다	grew 키웠다, 자랐다	gro w n	grown
know 알다	knew 알았다	kno w n	known

LINK 꼭 외워야 할 불규칙 동사표(174쪽)

과거형과 과거분사형을 순서로 가리고 말해 봐. 틀린 것은 표시해 두고, 여러 번 읽고 써 봐!

시제훈련 03 우리말에 알맞은 문장 완성하기

● 두 문장의 차이에 주의하여 알맞은 동사 형태로 문장을 완성하세요.

eat	be	do	cut	take	teach	see	have	catch	think

1. I take a shower every day.
   나는 매일 샤워를 한다.

2. He has taken a shower.
   그는 (지금 막) 샤워를 했다.

3. She cut onions yesterday.
   그녀는 어제 양파를 잘랐다.

4. I have cut the onions.
   나는 (지금 막) 양파를 다 잘랐다.

5. Ann thinks so.
   앤은 (항상) 그렇게 생각한다.

6. We have thought so.
   우리는 (지금까지) 그렇게 생각해 왔다.

7. The man catches a fish.
   그 남자는 (늘) 고기를 잡는다.

8. I have caught a fish many times.
   나는 (지금까지) 여러 번 고기를 잡아 왔다.

9. She has done her homework.
   그녀는 (지금 막) 숙제를 다 했다.

10. They did their homework.
    그들은 숙제를 했다.

11. The boy has been sick in bed.
    그 소년은 (지금까지) 아파서 누워 있다.

12. My sister is sick in bed.
    여동생은 아파서 누워 있다.

13. He has short hair.
    그는 머리가 짧다.

14. She has had short hair.
    그녀는 (지금까지) 짧은 머리였다.

15. I see her every morning.
    나는 매일 아침 그녀를 본다.

16. We have seen her before.
    우리는 (지금까지) 그녀를 본 적이 있다.

17. She has taught us a long time.
    그녀는 (지금까지) 오랫동안 우리를 가르쳐 왔다.

18. He taught us last year.
    그는 작년에 우리를 가르쳤다.

19. They eat breakfast.
    그들은 (늘) 아침을 먹는다.

20. He has eaten breakfast.
    그는 (지금 막) 아침을 먹었다.

시제훈련 02 동사의 현재형을 현재완료형으로 바꾸기

단순현재 | He sits here every day. 그는 매일 여기에 앉는다.
현재완료 | He has sat here for a long time. 그는 (지금까지) 오랫동안 앉아 있다.

그가 매일 앉으면 sits,
지금까지 앉아 있으면 has sat!

● 주어진 동사를 완료형에 알맞게 바꾸세요.

1. 자르다		2. 놓다		3. 하다	
(매일) ~한다	I cut ~	He put ~		She does ~	
(지금 막) ~했다	I have cut ~	He has put ~		She has done ~	

4. 말하다		5. 가르치다		6. 있다	
(매일) ~한다	He says ~	She teaches ~		I am ~	
(지금까지) ~해 왔다	He has said ~	She has taught ~		I have been ~	

7. 이기다		8. 잡다		9. 보다	
(매일) ~한다	We win ~	It catches ~		She sees ~	
(지금까지) ~해 왔다	We have won ~	It has caught ~		She has seen ~	

10. 오다		11. 먹다		12. 말하다	
(매일) ~한다	They come ~	He eats ~		He says ~	
(지금까지) ~해 왔다	She has come ~	He has eaten ~		He has said ~	

13. 가지다		14. 쓰다		15. 부수다	
(매일) ~한다	He has ~	I write ~		She breaks ~	
(지금까지) ~해 왔다	He has had ~	I have written ~		She has broken ~	

22 과거로 해석되지만 현재를 나타내는 현재완료 시제

시제훈련 01 단순과거를 현재완료 시제로 바꾸기

예) I broke the window.

1단계 | 주어에 맞는 동사 have 정하기 → I have/has
2단계 | 동사를 과거분사로 고치기 → I have broken the window.

● 다음 과거 시제 문장을 현재완료 시제로 바꾸세요.

1. I saw the movie. 나는 그 영화를 봤다.

see - **saw** - seen
나는 그 영화를 본 적이 있다.

주어가 I이므로 동사는 [have/has] + 동사원형 __see__ 의 과거분사인 __seen__

→ __I have seen the movie.__

2. He read the book yesterday. 그는 어제 그 책을 읽었다.

read - **read** - read
그는 (지금까지) 그 책을 읽어 본 적이 있다.

주어가 He이므로 동사는 [have/has] + 동사원형 __read__ 의 과거분사인 __read__

→ __He has read the book.__

3. We met them last week. 우리는 그들을 지난주에 만났다.

meet - **met** - met
우리는 (지금까지) 그들을 만난 적이 있다.

주어가 We이므로 동사는 [have/has] + 동사원형 __meet__ 의 과거분사인 __met__

→ __We have met them.__

4. Ben had a cold. 벤은 감기에 걸렸다.

have - **had** - had
벤은 (지금까지) 감기를 앓아 왔다.

주어가 Ben이므로 동사는 [have/has] + 동사원형 __have__ 의 과거분사인 __had__

→ __Ben has had a cold.__

5. I ate chocolate. 나는 초콜릿을 먹었다.

eat - **ate** - eaten
나는 (지금 막) 초콜릿을 먹었다.

주어가 I이므로 동사는 [have/has] + 동사원형 __eat__ 의 과거분사인 __eaten__

→ __I have eaten chocolate.__

6. They knew her. 그들은 그녀를 알았다.

know - **knew** - known
그들은 (지금까지) 그녀를 알고 지냈다.

주어가 They이므로 동사는 [have/has] + 동사원형 __know__ 의 과거분사인 __known__

→ __They have known her.__

7. My teacher said so. 우리 선생님은 그렇게 말씀하셨다.

say - **said** - said
우리 선생님은 (지금까지) 그렇게 말씀해 오셨다.

주어가 My teacher이므로 동사는 [have/has] + 동사원형 __say__ 의 과거분사인 __said__

→ __My teacher has said so.__

8. The girl wrote emails. 그 소녀는 이메일을 썼다.

write - **wrote** - written
그 소녀는 (지금까지) 이메일을 써 왔다.

주어가 The girl이므로 동사는 [have/has] + 동사원형 __write__ 의 과거분사인 __written__

→ __The girl has written emails.__

9. We made a plan. 우리는 계획을 세웠다.

make - **made** - made
우리는 (지금까지) 계획을 세워 왔다.

주어가 We이므로 동사는 [have/has] + 동사원형 __make__ 의 과거분사인 __made__

→ __We have made a plan.__

10. My brother was sick. 내 남동생이 아팠다.

be - **was/were** - been
내 남동생은 (지금까지) 앓아 왔다.

주어가 My brother이므로 동사는 [have/has] + 동사원형 __be__ 의 과거분사인 __been__

→ __My brother has been sick.__

시제훈련 03 단순과거와 현재완료 비교하기

● 주어진 동사를 이용해 우리말에 알맞은 문장을 완성하세요.

do make stop come become close play arrive hear study

	단순과거 시제(~했다)	현재완료 시제(~해 왔다)
1.	I did my best. 나는 최선을 다했다.	I have done my best. 나는 (지금 막) 최선을 다해 왔다.
2.	She studied history. 그녀는 역사를 공부했다.	She has studied history. 그녀는 (지금까지) 역사를 공부했다.
3.	They heard the music. 그들은 그 음악을 들었다.	They have heard the news. 그들은 (지금) 그 소식을 들은 적이 있다.
4.	The boy closed the door. 그 소년은 문을 닫았다.	The boy has closed the window. 그 소년은 (지금) 창문을 닫았다.
5.	He became an actor. 그는 배우가 되었다(지금도 배우인지 모른다)	He has become a scientist. 그는 과학자가 되었다(지금도 과학자이다).
6.	My watch stopped suddenly. 내 시계가 갑자기 멈췄다.	The rain has stopped . 비가 (지금 막) 멈췄다.
7.	Bill played the piano last night. 빌은 어젯밤에 피아노를 연주했다.	Bill has played the violin. 빌은 (지금까지) 바이올린을 연주해 왔다.
8.	The bus came late. 그 버스는 늦게 왔다.	Summer has come . (지금 막) 여름이 되었다(왔다).
9.	I made a pizza yesterday. 나는 어제 피자를 만들었다.	I have made a cake once. 나는 (지금까지) 케이크를 한 번 만들어 왔다.
10.	We arrived yesterday. 우리는 어제 도착했다.	We have arrived. 우리는 (지금 막) 도착했다.

시제훈련 02 단순현재와 현재완료 비교하기

● 주어진 동사를 이용해 우리말에 알맞은 문장을 완성하세요.

win know see come do hear meet go have teach

	단순현재 시제(늘/항상 ~하다)	현재완료 시제(지금까지 ~해 왔다/~한 적이 있다)
1.	He does his homework. 그는 숙제를 한다.	He has done his homework. 그는 (지금 막) 숙제를 다 했다.
2.	She teaches history. 그녀는 역사를 가르친다.	She has taught history. 그녀는 (지금까지) 역사를 가르쳐 왔다.
3.	I hear the song. 나는 그 노래를 듣는다.	I have heard the song. 나는 (지금까지) 그 노래를 들은 적이 있다.
4.	The boy wins the game. 그 소년은 경기를 이긴다.	The boy has won the game. 그 소년은 (지금 막) 경기를 이겼다.
5.	He goes home. 그는 집으로 간다.	He has gone home. 그는 (지금 막) 집으로 가 버렸다.
6.	I see her every morning. 나는 매일 아침 그녀를 본다.	I have seen her for a long time. 나는 (지금까지) 오랫동안 그녀를 봐 왔다.
7.	Bill has the ticket. 빌은 그 표를 가지고 있다.	Bill has had the ticket. 빌은 (지금까지) 그 표를 가지고 있다.
8.	The girl comes back. 그 소녀는 돌아온다.	The girl has come back. 그 소녀는 (지금 막) 돌아왔다.
9.	We know the fact. 우리는 그 사실을 안다.	We have known the fact. 우리는 (지금까지) 그 사실을 알아 왔다.
10.	I meet her every morning. 나는 매일 아침 그녀를 만난다.	I have met her for a long time. 나는 (지금까지) 오랫동안 그녀를 만나 왔다.

23 과거까지 있었던 일을 나타내는 과거완료 시제

시제훈련 01 과거완료와 현재완료 비교하기

1. 과거완료: 대과거에 시작, 과거(그때)까지 계속/완료된 일!
   had + 과거분사 → "그때까지 ~했었다."

2. 현재완료: 과거에 시작, 현재(지금)까지 계속/완료된 일!
   have + 과거분사 → "지금까지 ~해 왔다."

이 책에서는 과거완료를 강조하기 위해 '~했었다'라고 표현하지만, 우리말 문법은 '했다'가 맞고, 국어 문법에는 완료 시제가 없기 때문이지.

● 다음 상황에 알맞은 동사를 괄호에서 골라 동그라미하세요.

1.

그녀는 (지금까지) 3년 동안 영어를 가르쳐 왔어.
She (had / has) taught English for 3 years.
지금도 가르쳐.
대과거 — 과거 — 지금까지 — 현재

2.
그녀는 (그때까지) 3년 동안 영어를 가르쳐 왔었어.
She (had / has) taught English for 3 years.
과거까지 가르쳤었어.
대과거 — 과거 — 그때까지 — 현재

3.
He (has / had) studied English.
그는 (지금까지) 영어를 공부해 왔어.
He (has / had) studied English.
지금도 공부하고 있지.
대과거 — 과거 — 지금까지 — 현재

4.
그는 (그때까지) 영어를 공부했었어.
He (has / had) studied English.
과거까지 공부했어. 지금은 안 해.
대과거 — 과거 — 그때까지 — 현재

5.
He (had / has) worked there.
그는 (지금까지) 거기서 일해 왔어.
He (had / has) worked there.
지금도 일해.
대과거 — 과거 — 지금까지 — 현재

6.
그는 (그때까지) 거기서 일했었어.
He (had / has) worked there.
그때까지 일했어.
대과거 — 과거 — 그때까지 — 현재

시제훈련 02 과거완료 시제 문장 만들기

예) 나는 (그때에) 이미 점심을 다 먹었다.
1단계 | 동사 자리에 had 쓰기 → I had
2단계 | had 뒤에 과거분사 쓰기 → I had *already eaten lunch.
*already(이미)는 had와 과거분사 사이에 써 줘요.

eat - ate - eaten

● 다음 대화의 밑줄 친 문장을 과거완료 시제로 완성하세요.

1. A. 너 책이랑 같이 저녁 먹었니?
   B. 아니, 같이 못 먹었어. 내가 도착했을 때, 잭은 이미 저녁을 먹었더라고.

→ Jack __had__ __already__ __eaten__ dinner.
동사는 had + 동사원형 eat 의 과거분사인 __eaten__

Jack ate dinner.
(잭은 저녁을 먹었어. 과거분사를 쓰면 안 되나요?)

내가 도착한 것보다, 잭이 저녁을 먹은 것이 더 먼저 일어난 일이지? 과거 2가지 일 중 좀 더 먼저 일어난 일에 과거완료를 써야 해.

eat - ate - eaten

2. A. 너 어제 집 (그때까지) 뭐했어?
   B. 나는 (그때까지) 종일 집에 있었어.

→ I __had been__ at home all day.
동사는 had + 동사원형 be 의 과거분사인 __been__

be - was/were - been

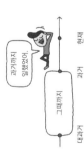

3. A. 너 영어 정말 잘한다!
   B. 고마워. 나는 캐나다에서 2년 살았었어.

→ I __had lived__ in Canada for two years.
동사는 had + 동사원형 live 의 과거분사인 __lived__

live - lived - lived

시제훈련 03 과거의 일 2가지 중 먼저 일어난 일을 과거완료로 표현하기

5분 전	3분 전	현재
The bus **left**.	I **arrived**.	

먼저 일어난 일=과거완료

The bus had left **before** I arrived.
그 버스는 내가 도착하기 전에 떠났다.

● 과거의 일 2가지 중 먼저 일어난 일을 과거완료로 표현해 보세요.

1.

오후 9시	오후 9시 30분	현재
I **finished** homework.	I **went** to bed.	

After I ___ had finished ___ homework, I **went** to bed.
나는 숙제를 끝내고 나서, 잠자리로 갔다.

2.

어제 오전	어제 오후	현재
I **lost** my wallet.	I **had** no money.	

Because I ___ had lost ___ my wallet, I had no money.
지갑을 잃어버렸기 때문에, 나는 돈이 없었다.

3.

지난주	이번 주	현재
I **saw** the movie.	You **told** me.	

I ___ had seen ___ the movie before you told me.
네가 내게 말하기 전에 나는 그 영화를 봤었다.

4.

6시	6시 30분	현재
I **ate** dinner.	You **came.**	

I ___ had eaten ___ dinner when you came.
네가 왔을 때 나는 (그때 이미) 저녁을 다 먹었었다.

before, after 등 시간의 전후 관계가 명확한 표현이 있을 때는, 과거완료로 대신 단순과거를 쓰기도 해.

---

4. A. 너 책 만났니?

B. 아니. (그때) 책은 이미 가 버리고 없었어.

go - went - ___ gone ___

동사는 **had** + 동사원형 ___ go ___ 의 과거분사인 ___ gone ___ .

→ Jack ___ had already gone ___ .

5. A. 너 티켓 샀니?

B. 아니. 나는 (그때) 내 가방을 잃어버렸었어. 그래서 못 샀어.

lose - lost - ___ lost ___

동사는 **had** + 동사원형 ___ lose ___ 의 과거분사인 ___ lost ___ .

→ I ___ had lost my bag ___ .

6. A. 너희 그 영화배우 봤니?

B. 아니, 우리가 늦게 갔어. 그는 (그때) 이미 떠나고 없더라.

leave - left - ___ left ___

동사는 **had** + 동사원형 ___ leave ___ 의 과거분사인 ___ left ___ .

→ He ___ had already left ___ .

7. A. 너 2012년도에 수이 알았어?

B. 응. (그때까지) 나는 그녀를 한 번 본 적이 있었어.

see - saw - ___ seen ___

동사는 **had** + 동사원형 ___ see ___ 의 과거분사인 ___ seen ___ .

→ I ___ had seen ___ her once.

24 완료 시제의 부정문

시제훈련 01 단순 시제 부정문을 완료 시제 부정문으로 바꾸기

예 I don't break the window.

1단계 | 주어와 시제에 맞는 have 형태 정하기 → I have/has/had
2단계 | 동사 have 뒤에 not을 붙이고 줄여 쓰기 → I haven't/hasn't/hadn't
3단계 | 규칙에 맞게 과거분사로 바꾸기 → I haven't broken the window.

● 단순과거는 과거완료 시제로, 단순현재는 현재완료 시제의 부정문으로 바꾸세요.

1. He didn't go home. 나는 집에 가지 않았다.

go - went - gone

주어가 __He__ , 시제는 현재/과거이므로, 동사는 had + not + 과거분사 gone

→ He __hadn't gone home__ . 그는 (그때까지) 집에 들어가지 않았었다.

2. She doesn't take a shower. 그녀는 샤워를 하지 않는다.

take - took - taken

주어가 __She__ , 시제는 현재/과거이므로, 동사는 has + not + 과거분사 taken

→ She __hasn't taken a shower__ . 그녀는 (지금까지) 샤워를 하지 않았다.

3. They don't know each other. 그들은 서로 모른다.

know - knew - known

주어가 __They__ , 시제는 현재/과거이므로, 동사는 have + not + 과거분사 known

→ They __haven't known each other__ . 그들은 (지금까지) 서로 모르고 있다.

4. It doesn't rain every day. 비가 매일 오지는 않는다.

rain - rained - rained

주어가 __It__ , 시제는 현재/과거이므로, 동사는 has + not + 과거분사 rained

→ It __hasn't rained__ . (지금까지) 비가 오지 않았다.

5. Jack didn't study hard. 잭은 열심히 공부하지 않았다.

study - studied - studied

주어가 __Jack__ , 시제는 현재/과거이므로, 동사는 had + not + 과거분사 studied

→ Jack __hadn't studied hard__ . 잭은 (그때까지) 열심히 공부하지 않았었다.

6. They didn't see a lion. 그들은 사자를 안 봤다.

see - saw - seen

주어가 __They__ , 시제는 현재/과거이므로, 동사는 had + not + 과거분사 seen

→ They __hadn't seen a lion__ . 그들은 (그때까지) 사자를 본 적이 없었다.

7. I didn't my homework. 나는 숙제를 했다.

do - did - done

주어가 __I__ , 시제는 현재/과거이므로, 동사는 had + not + 과거분사 done

→ I __hadn't done my homework__ yet. 나는 (그때까지) 아직 숙제를 안 했었다.

8. Ellen doesn't live in America. 엘렌은 미국에서 안 산다.

live - lived - lived

주어가 __Ellen__ , 시제는 현재/과거이므로, 동사는 has + not + 과거분사 lived

→ Ellen __hasn't lived in America__ . 엘렌은 (지금까지) 미국에서 살아 본 적이 없다.

9. They don't run away. 그들은 달아나지 않는다.

run - ran - run

주어가 __They__ , 시제는 현재/과거이므로, 동사는 have + not + 과거분사 run

→ They __haven't run away__ . 그들은 (지금까지) 달아나지 않았다.

10. She didn't think about it. 그녀는 그것에 관해 생각을 안 했었다.

think - thought - thought

주어가 __She__ , 시제는 현재/과거이므로, 동사는 had + not + 과거분사 thought

→ She __hadn't thought about it__ . 그녀도 (그때까지) 그것에 관해 생각해 본 적이 없었다.

시제훈련 03   현재완료와 과거완료 비교하기

● 주어진 동사를 이용해 우리말에 알맞은 동사 형태로 문장을 완성하세요.

cry   call   come   have   hear   help   grow   meet   play   take

현재완료 시제	과거완료 시제
1. You haven't helped me. 너는 (지금까지) 나를 도와준 적이 없다.	You hadn't helped me. 너는 (그때까지) 나를 도와준 적이 없었다.
2. Amy hasn't taken a shower. 에이미는 (지금까지) 샤워를 안 했다.	Amy hadn't taken a bath. 에이미는 (그때까지) 목욕을 안 했었다.
3. She hasn't heard about him. 그녀는 (지금까지) 그에 관해 들어 본 적이 없다.	She hadn't heard about me. 그녀는 (그때까지) 나에 관해 들어 본 적이 없었다.
4. He hasn't played the piano. 그는 (지금까지) 피아노를 쳐 본 적이 없다.	He hadn't played the guitar. 그는 (그때까지) 기타를 쳐 본 적이 없었다.
5. Spring hasn't come yet. 봄이 (지금까지) 아직 오지 않았다.	Winter hadn't come . 겨울이 (그때까지) 오지 않았었다.
6. Ann hasn't called me. 앤은 (지금까지) 내게 전화를 하지 않았다.	Ann hadn't called them. 앤은 (그때까지) 그들에게 전화를 하지 않았었다.
7. The baby hasn't cried . 아기는 (지금까지) 울지 않았다.	The baby hadn't cried . 아기는 (그때까지) 울지 않았었다.
8. The plant hasn't grown . 그 식물은 (지금까지) 자라지 않았다.	The tree hadn't grown . 그 나무는 (그때까지) 자라지 않았었다.
9. I haven't had long hair. 나는 (지금까지) 긴 머리를 가져 본 적이 없다.	I hadn't had short hair. 나는 (그때까지) 짧은 머리를 가져 본 적이 없었다.
10. The girl hasn't met him 그 소녀는 (지금까지) 그를 만나 본 적이 없다.	The girl hadn't met them. 그 소녀는 (그때까지) 그들을 만나 본 적이 없었다.

시제훈련 02   단순 시제 부정문을 완료 시제 부정문으로 바꾸기

예 She doesn't walk.

1단계 | 주어와 시제에 맞는 have 형태를 선택한다. → She has ⟨3인칭 단수, 현재⟩
2단계 | have 뒤에 not을 쓰고 줄인다. → She has not → She hasn't
3단계 | 규칙대로 과거분사로 바꾼다. → She hasn't walked.

● 다음 문장의 동사를 현재완료형으로 바꾸세요.

1. He doesn't come home.
그는 집에 오지 않는다.
→ He hasn't come home.
그는 (지금까지) 집에 오지 않았다.

2. You don't walk your dog.
너는 네 개를 산책시키지 않는다.
→ You haven't walked your dog.
너는 (지금까지) 네 개를 산책시킨 적이 없다.

3. They don't live in Korea.
그들은 한국에 살지 않는다.
→ They haven't lived in Korea.
그들은 (지금까지) 한국에 살아 본 적이 없다.

4. She doesn't hear the news.
그녀는 뉴스를 듣지 않는다.
→ She hasn't heard the news.
그녀는 (지금까지) 뉴스를 들은 적이 없다.

5. We don't lose hope.
우리는 희망을 잃지 않는다.
→ We haven't lost hope.
우리는 (지금까지) 희망을 잃은 적이 없다.

6. My father doesn't cook.
아빠는 요리를 안 하신다.
→ My father hasn't cooked.
아버지는 (지금까지) 요리를 하신 적이 없다.

7. We didn't meet him.
우리는 그를 만나지 않았다.
→ We hadn't met him.
우리는 (그때까지) 그를 만나 본 적이 없었다.

8. I didn't feed the dog.
나는 그 개에게 먹이를 주지 않았다.
→ I haven't fed the dog.
나는 (그때까지) 그 개에게 먹이를 먹인 준 적이 없었다.

9. David didn't play the violin.
데이비드는 바이올린을 연주하지 않았다.
→ David hadn't played the violin.
데이비드는 (그때까지) 바이올린을 연주하지 않았었다.

10. I didn't find my bike.
나는 자전거를 찾지 못했다.
→ I hadn't found my bike.
나는 (그때까지) 자전거를 못 찾았었다.

11. She didn't teach math.
그녀는 수학을 가르치지 않았다.
→ She hadn't taught math.
그녀는 (그때까지) 수학을 가르친 적이 없었다.

12. The boy didn't have a watch.
그 소년은 시계를 가지고 있었다.
→ The boy hadn't had a watch.
그 소년은 (그때까지) 시계를 가져 본 적이 없었다.

25 완료 시제의 의문문

시제훈련 01 완료 시제 의문문 만들기

1단계 주어와 시제에 맞는 have 형태 정하기 → have/has/had
2단계 동사 have를 주어 앞에 보내기 → have/has/had + 주어
3단계 규칙에 맞게 동사 형태 바꾸기 → 과거분사

● 현재는 현재완료로, 과거는 과거완료로 바꿔 의문문을 완성하세요.

1. Do you eat breakfast every day? 너는 매일 아침을 먹니?
[eat - ate - eaten]
주어가 __you__ , 시제는 (현재)/과거이므로, have + 주어 + 과거분사 __eaten__
→ Have you eaten breakfast? 너는 (지금 막) 아침을 먹었니?

2. Did they go out? 그들은 외출했니?
[go - went - gone]
주어가 __they__ , 시제는 현재/(과거)이므로, had + 주어 + 과거분사 __gone__
→ Had they gone out? 그들은 (그때까지) 외출했었니?

3. Did you lose your money? 너는 돈을 잃어버렸어?
[lose - lost - lost]
주어가 __you__ , 시제는 현재/(과거)이므로, had + 주어 + 과거분사 __lost__
→ Had you lost your money? 너는 (그때까지) 돈을 다 잃어버렸어?

4. Does she send you an email? 그녀가 너에게 이메일을 보내니?
[send - sent - sent]
주어가 __she__ , 시제는 (현재)/과거이므로, has + 주어 + 과거분사 __sent__
→ Has she sent you an email? 그녀가 (지금까지) 네게 이메일을 보낸 적이 있니?

5. Did he build a house? 그도 집을 지었니?
[build - built - built]
주어가 __he__ , 시제는 현재/(과거)이므로, had + 주어 + 과거분사 __built__
→ Had he built a house? 그가 (그때까지) 집을 지어 본 적이 있었니?

6. Did your friend wait for you? 네 친구가 너를 기다려 줬니?
[wait - waited - waited]
주어가 __your friend__ , 시제는 현재/(과거)이므로, had + 주어 + 과거분사 __waited__
→ Had your friend waited for you? 네 친구가 (그때까지) 너를 기다려 줬었니?

7. Does Jack teach you Chinese? 잭은 네게 중국어를 가르치니?
[teach - taught - taught]
주어가 __Jack__ , 시제는 (현재)/과거이므로, has + 주어 + 과거분사 __taught__
→ Has Jack taught you Chinese? 잭이 (지금까지) 네게 중국어를 가르쳐 왔니?

8. Is she sick in bed? 그녀는 아파서 누워 있니?
[be - was/were - been]
주어가 __she__ , 시제는 (현재)/과거이므로, has + 주어 + 과거분사 __been__
→ Has she been sick in bed all day? 그녀는 (지금까지) 아파서 하루 종일 누워 있니?

9. Do they cut potatoes? 그들은 감자를 깎니?
[cut - cut - cut]
주어가 __they__ , 시제는 (현재)/과거이므로, have + 주어 + 과거분사 __cut__
→ Have they cut potatoes once? 그들은 (지금까지) 감자를 한 번 깎아 본 적이 있니?

10. Did you make a mistake? 너는 실수를 했니?
[make - made - made]
주어가 __you__ , 시제는 현재/(과거)이므로, had + 주어 + 과거분사 __made__
→ Had you made a mistake? 너는 (그때까지) 실수해 본 적이 있니?

시제훈련 03 현재완료와 과거완료 시제 의문문 비교하기

● 주어진 동사를 이용해 우리말에 알맞은 문장을 완성하세요.

use   hear   eat   know   die   find   do   cut   see   read

#	현재완료 시제(~해 왔니?)	과거완료 시제(~해 왔었니?)
1.	Has she done her homework? 그녀는 (지금 막) 숙제를 다 했니?	Had she done her homework? 그녀는 (그때까지) 숙제를 다 했었니?
2.	Has he used the computer? 그가 (지금까지) 컴퓨터를 써 본 적이 있니?	Had he used the computer? 그가 (그때까지) 컴퓨터를 써 본 적이 있었니?
3.	Have you cut your finger? 너는 (지금 막) 손가락을 베었니?	Had you cut the cake? 너는 (그때까지) 케이크를 다 잘랐었니?
4.	Has Ann eaten lunch? 앤은 (지금까지) 점심을 다 먹었니?	Had Ann eaten breakfast? 앤은 (그때까지) 아침을 다 먹었니?
5.	Have you heard the news? 너희는 (지금까지) 그 소식을 들어 본 적이 있니?	Had you heard the sound? 너희는 (그때까지) 그 소리를 들어 본 적이 있었니?
6.	Have you read the book? 너는 (지금까지) 그 책을 읽어 본 적이 있니?	Had you read the newspaper? 너는 (그때까지) 그 신문을 읽어 본 적이 있었니?
7.	Has the tree died ? 그 나무는 (지금 막) 죽어 버렸니?	Had the flowers died ? 그 꽃들은 (그때까지) 죽어 있었니?
8.	Has Jack known her? 잭은 (지금까지) 그녀를 알고 지내 왔니?	Had you known Jack? 너는 (그때까지) 잭을 알고 지냈니?
9.	Have you seen the movie? 너는 (지금까지) 그 영화를 본 적이 있니?	Had you seen the show? 너는 (그때까지) 그 영화를 본 적이 있었니?
10.	Has Ann found the book? 앤은 (지금까지) 그 책을 찾았니?	Had Ann found the flowers? 앤은 (그때까지) 그 꽃들을 찾아낸 적이 있었니?

시제훈련 02 단순 시제 의문문을 완료 시제 의문문으로 바꾸기

예 Does she work?
1단계 | 주어와 시제에 맞는 have 형태를 선택한다. → She has
2단계 | have/has를 주어 앞으로 옮긴다. → Has she
3단계 | 규칙에 맞게 동사를 과거분사로 바꾼다. → Has she worked?

● 다음 문장을 완료 시제의 의문문으로 바꾸세요. (단, 부정형을 넣어 쓰세요.)

1. Does he come home?
그는 (늘) 집엔 오니?
→ Has he come home?
그는 (지금 막) 집에 왔니?

2. Do you walk your dog?
너는 (늘) 네 개를 산책시키니?
→ Have you walked your dog?
너는 (지금까지) 네 개를 산책시킨 적이 있니?

3. Do they live in Korea?
그들은 한국에 사니?
→ Have they lived in Korea?
그들은 (지금까지) 한국에 살고 있니?

4. Does she hear the news?
그녀는 (늘) 뉴스를 듣니?
→ Has she heard the news?
그녀는 (지금 막) 그 소식을 들었니?

5. Do you lose hope?
너는 (늘) 희망을 잃게 되니?
→ Have you lost hope?
너는 (지금까지) 희망을 잃어 본 적이 있니?

6. Does your father cook?
너희 아버지는 (늘) 요리를 하시니?
→ Has your father cooked ?
너희 아버지는 (지금까지) 요리를 해 보신 적이 있니?

7. Did you meet him?
너는 그를 만났니?
→ Had you met him?
너는 (그때까지) 그를 만나 본 적이 있었니?

8. Did you feed your dog?
너는 그 개에게 먹이를 줬니?
→ Had you fed your dog?
너는 (그때까지) 네 개에게 먹이를 줬었니?

9. Did David play the violin?
데이비드는 바이올린을 연주했니?
→ Had David played the violin?
데이비드는 (그때까지) 바이올린을 연주했었니?

10. Did you find your bike?
너는 네 자전거를 찾았니?
→ Had you found your bike?
너는 (그때까지) 네 자전거를 찾았었니?

11. Did she teach math?
그녀는 수학을 가르쳤니?
→ Had she taught math?
그녀는 (그때까지) 수학을 가르쳐 본 적이 있었니?

12. Did the boy have a watch?
그 소년은 시계를 가지고 있었니?
→ Had the boy had a watch?
그 소년은 (그때까지) 시계를 가져 본 적이 있었니?

26 완료 시제 총정리

완료 시제 총정리

시제복습 01 완료 시제 평서문 복습하기

단순현재 현재진행 현재완료 / 단순과거 과거진행 과거완료

● 주어진 동사를 이용해 우리말에 알맞은 문장을 완성하세요.

learn become live come go build

현재완료 시제	과거완료 시제
1. She has come. 그녀는 (지금 막) 왔다. They have come from Canada. 그들은 (지금 막) 캐나다에서 왔다.	Spring had come finally. (그때) 마침내 봄이 왔었다. They had come back. 그들이 (그때 막) 돌아왔었다.
2. He has lived here. 그는 (지금 막) 여기에 쭉 살고 있다. We have lived in peace. 우리는 (지금까지) 평화롭게 살아 왔다.	He had lived alone. 그는 (그때까지) 혼자 살았었다. They had lived together. 그들은 (그때까지) 함께 살았었다.
3. They have built a new house. 그들은 (지금까지) 새 집을 지어 왔다. He has built houses with bricks. 그는 (지금까지) 벽돌로 집을 건축해 왔다.	They had built a small house. 그들은 (그때까지) 작은 집을 지었었다. She had built her house. 그녀는 (그때까지) 그녀의 집을 지었었다.
4. He has gone for lunch. 그는 (지금까지) 점심을 먹으러 가고 없다. They have gone home. 그들은 (지금까지) 집에 가 버리고 없다.	My pen had gone then. 그때 내 펜이 없어져 버리고 없었다. My friends had gone too far. (그때까지) 내 친구들이 너무 멀리 가 버렸었다.
5. I have become his friend. 나는 (지금 막) 그의 친구가 되었다. It has become colder. 날씨가 (지금 막) 더 추워졌다.	They had become rich. 그들은 (그때 막) 부자가 되었다. She had become famous. 그녀는 (그때 막) 유명해졌었다.
6. I have learned English. 나도 (지금까지) 영어를 배우고 있다. Jack has learned so much. 잭은 (지금까지) 많은 것을 배워 오고 있다.	She had learned English here. 린다는 (그때까지) 여기서 영어를 배웠었다. They had learned English together. 그들은 (그때까지) 함께 영어를 배워 왔었다.

● 주어진 동사를 이용해 우리말에 알맞은 문장을 완성하세요.

use be lie make do lose

현재완료 시제	과거완료 시제
7. She has done this. 그녀는 (지금 막) 이것을 했다. I have done it. 나는 (지금 막) 그것을 해냈다.	They had done many things. 그들은 (그때까지) 많은 것을 해냈었다. He had done nothing. 그는 (그때까지) 아무것도 안 하고 있었다.
8. We have made a cake. 우리는 (지금 막) 케이크를 만들었다. The man has made coffee. 그 남자는 (지금 막) 커피를 끓였다.	I had made cookies. 나는 (그때까지) 과자를 만들어 본 적이 있었다. The woman had made a mistake. 그 여자는 (그때까지) 실수를 한 적이 있었다.
9. They have lied many times. 그들이 (지금까지) 거짓말을 여러 번 했다. You have lied to me. 너는 (지금까지) 내게 거짓말을 해 왔다.	He had lied to them. 그는 (그때까지) 그들에게 거짓말을 해 왔었다. Tom had lied to his friend. 톰은 (그때까지) 친구에게 거짓말을 한 적이 있었다.
10. I have been to America. 나는 (지금까지) 미국에 다녀온 적이 있다. She has been here for hours. 그녀는 (지금까지) 몇 시간째 여기 쭉 있었다.	We had been here till yesterday. 우리는 어제까지 여기 쭉 있었다. It had been warm till yesterday. 어제까지는 쭉 따뜻했었다.
11. I have lost the pen. 나는 (지금 막) 펜을 잃어버렸다. Many people have lost their lives. (지금까지) 많은 사람들이 목숨을 잃었다.	He had lost everything. 그는 (그때까지) 모든 것을 잃어버렸었다. We had lost our way home. 우리는 (그때까지) 집에 가는 길을 잃어버렸었다.
12. He has used my phone. 그는 (지금 막) 내 전화기를 써 왔다. People have used cars. 사람들은 (지금까지) 차를 이용해 왔다.	I had used the pen. 내가 (그때까지) 그 펜을 써 왔었다. She had used nothing. 그녀는 (그때까지) 아무것도 사용하지 않았었다.

51

시제복습 03 완료 시제 의문문 완성하기

● 주어진 동사를 이용해 우리말에 알맞은 동사 형태로 의문문을 완성하세요.

do   make   start   close   study   see

	현재완료 시제	과거완료 시제
1.	Have you already made plans? 너는 (지금) 벌써 계획을 세웠니?	Had you made a cake? 그들은 (그때 이미) 케이크를 만들었었니?
	Has she made a mistake? 그녀는 (지금까지) 실수를 한 적이 있니?	Had it made a sound? 그것이 (그때까지) 소리를 냈었니?
2.	Have you seen him today? 너는 오늘 (지금까지) 그를 본 적이 있니?	Had they seen the birds? 그들은 (그때까지) 그 새들을 본 적이 있었니?
	Has Amy seen me? 에이미가 (지금까지) 나를 본 적이 있니?	Had you seen it before? 너는 (그때까지) 전에 그것을 본 적이 있었니?
3.	Has the meeting started ? 그 회의는 (지금 막) 시작되었니?	Had the game started ? (그때 막) 경기가 시작되었니?
	Have you started the work? 너는 (지금 막) 그 일을 시작했니?	Had they started to change? 그들은 (그때 막) 변하기 시작했니?
4.	Has she studied for the test? 그녀는 (지금까지) 시험 공부를 해 왔니?	Had he studied monkeys? 그는 (그때까지) 원숭이를 연구해 왔었니?
	Have you studied English? 너는 (지금까지) 영어 공부를 해 왔니?	Had they studied harder? 그들은 (그때까지) 더 열심히 공부했었니?
5.	Has the store closed ? 그 가게는 (지금까지) 문을 닫고 있니?	Had the school closed by 2010? 학교는 2010년까지 폐쇄되었니?
	Have you closed your eyes? 너는 (지금까지) 눈을 감고 있는 거니?	Had they closed their minds? 그들은 (그때까지) 마음을 닫아 버렸니?
6.	Have you done your best? 너는 (지금까지) 최선을 다해 왔니?	Had they done their homework? 그들은 (그때까지) 숙제를 했었니?
	Have they done it ? 그들은 (지금까지) 그것을 다 했니?	Had she done the work? 그녀는 (그때까지) 그 일을 다 한 적이 있었니?

시제복습 02 완료 시제 부정문 완성하기

● 주어진 동사를 이용해 우리말에 알맞은 동사 형태로 부정문을 완성하세요. (단, 부정형은 줄임말로 쓰세요.)

eat   wash   move   sleep   arrive   watch

	현재완료 시제	과거완료 시제
1.	I haven't slept for three days. 나는 (지금까지) 3일 동안 잠을 자지 못했다.	They hadn't slept at all. 그들은 (그때까지) 전혀 안 자고 있었다.
	The dog hasn't slept all night. 그 개는 (지금까지) 밤새 잠을 안 잤다.	He hadn't slept all night. 그는 (그때까지) 밤에 자고 있지 않았다.
2.	We haven't watched TV for days. 우리는 (지금까지) 며칠 동안 TV를 안 봤다.	I hadn't watched the show once. 나는 (그때까지) 그 쇼를 한 번도 관람하지 않았다.
	The man hasn't watched many movies. 그 남자는 (지금까지) 많은 영화를 안 봤다.	The woman hadn't watched you for hours. 그녀는 (그때까지) 몇 시간이나 너를 보지 않았었다.
3.	I haven't moved for hours. 나는 (지금까지) 몇 시간이나 꼼짝 않고 있었다.	He hadn't moved his car for weeks. 그는 (그때까지) 몇 주나 차를 옮기지 않았었다.
	It hasn't moved for weeks. 그것은 (지금까지) 몇 주나 움직이지 않았었다.	The car hadn't moved for hours. 그 차는 (그때까지) 몇 시간이나 꼼짝 않고 있었다.
4.	I haven't eaten today. 나는 (지금까지) 오늘 아무 것도 안 먹고 있다.	The horse hadn't eaten all day. 그 말은 (그때까지) 하루 종일 아무 것도 안 먹었었다.
	My sister hasn't eaten Italian food. 여동생은 (지금까지) 이탈리아 음식을 먹어 본 적이 없다.	They hadn't eaten Korean food. 그들은 (그때까지) 한국 음식을 먹어 본 적이 없었다.
5.	His plane hasn't arrived yet. 그의 비행기는 (지금까지) 아직 도착을 안 했다.	My food hadn't arrived by that time. 나의 음식은 그때까지 도착하지 않았었다.
	The boys haven't arrived here. 그 소년들은 (지금까지) 여기에 도착을 안 했다.	They hadn't arrived on time. 그들은 (그때까지) 정각에 도착하지 않았었다.
6.	I haven't washed my hands. 나는 (지금까지) 손을 안 씻고 있다.	She hadn't washed the dishes. 그녀는 (그때까지) 설거지를 안 했었다.
	The girl hasn't washed her face. 그 소녀는 (지금까지) 얼굴을 안 씻고 있다.	He hadn't washed his car . 그는 (그때까지) 세차를 안 했었다.

시제복습 04 〈정답〉

1. have, eaten 2. has met 3. has done 4. has, stopped 5. had done 6. Have you lost 7. hadn't eaten 8. have known 9. Have you heard 10. had stopped 11. haven't heard 12. had lost 13. Have you 14. hadn't done 15. Had you known

27 단순현재/현재진행/현재완료 복습

단순현재	현재진행	현재완료
단순과거	과거진행	과거완료

시제복습 01　시제와 주어에 알맞은 문장 완성하기

● 시제와 주어에 알맞은 동사 형태로 문장을 완성하세요. (단, 부정형은 줄임말로 쓰세요.)

A. 단순현재 I do this. 나는 (늘) 이것을 한다.

(늘) 한다
I do this.
He ＿ does ＿ this.
They ＿ do ＿ this.

안 한다
I ＿ don't do ＿ this.
He ＿ doesn't do ＿ this.
They ＿ don't do ＿ this.

하니?
Do ＿ you ＿ do ＿ this?
Does ＿ he ＿ do ＿ this?
Do ＿ they ＿ do ＿ this?

B. 현재진행 I am doing well. 나는 (지금) 잘하고 있다.

(지금) 잘하고 있다
I am doing well.
He ＿ is doing ＿ well.
We ＿ are doing ＿ well.

잘 못하고 있다
I ＿ am not doing ＿ well.
He ＿ isn't doing ＿ well.
We ＿ aren't doing ＿ well.

잘하니?
Are ＿ you ＿ doing ＿ well?
Is ＿ he ＿ doing ＿ well?
Are ＿ they ＿ doing ＿ well?

C. 현재완료 He has done it. 그는 (지금 막) 그것을 했다.

(지금 막) 했다
He has done it.
It ＿ has done ＿ it.
They ＿ have done ＿ it.

하지 않았다
He ＿ hasn't done ＿ it.
It ＿ hasn't done ＿ it.
They ＿ haven't done ＿ it.

해 버렸니?
Has ＿ he ＿ done ＿ it?
Has ＿ it ＿ done ＿ it?
Have ＿ they ＿ done ＿ it?

● 시제와 주어에 알맞은 동사 형태로 문장을 완성하세요. (단, 부정형은 줄임말로 쓰세요.)

A. 단순현재 I go home. 나는 (늘) 집에 간다.

(늘) 간다
I go home.
She ＿ goes ＿ home.
They ＿ go ＿ home.

안 간다
I ＿ don't go ＿ home.
She ＿ doesn't go ＿ home.
They ＿ don't go ＿ home.

가니?
Do ＿ you ＿ go ＿ home?
Does ＿ she ＿ go ＿ home?
Do ＿ they ＿ go ＿ home?

B. 현재진행 I am going now. 나는 지금 가고 있다.

(지금) 가고 있다
I am going now.
She ＿ is going ＿ now.
We ＿ are going ＿ now.

안 가고 있다
I ＿ am not going ＿ now.
She ＿ isn't going ＿ now.
We ＿ aren't going ＿ now.

가고 있니?
Are ＿ you ＿ going ＿ now?
Is ＿ she ＿ going ＿ now?
Are ＿ they ＿ going ＿ now?

C. 현재완료 She has gone out. 그녀는 나가 버렸다. (나가서 지금 여기 없다.)

(지금까지) 나가 버렸다
She has gone out.
It ＿ has gone ＿ out.
They ＿ have gone ＿ out.

나가 버리지 않았다
She ＿ hasn't gone ＿ out.
It ＿ hasn't gone ＿ out.
They ＿ haven't gone ＿ out.

나가 버렸니?
Has ＿ she ＿ gone ＿ out?
Has ＿ it ＿ gone ＿ out?
Have ＿ they ＿ gone ＿ out?

시제복습 02　시제와 문형에 알맞은 문장 완성하기

● 시제와 문형에 알맞게 표를 완성하세요. (단, 부정형은 줄임말로 쓰세요.)

시제	문형	A　watch	B　take

B take

1) He __takes__ the bus.
그는 그 버스를 탄다.

2) He __doesn't take__ the bus.
그는 그 버스를 안 탄다.

3) __Does he take__ the bus?
그는 그 버스를 타니?

4) He __is taking__ the bus.
그는 그 버스를 타고 있다.

5) He __isn't taking__ the bus.
그는 그 버스를 안 타고 있다.

6) __Is he taking__ the bus?
그는 그 버스를 타고 있니?

7) He has taken the bus.
그는 그 버스를 탄 적이 있다.

8) He __hasn't taken__ the bus.
그는 (지금까지) 그 버스를 탄 적이 없다.

9) __Has he taken the bus__?
그는 (지금까지) 그 버스를 타 본 적이 있니?

A watch

1) They __watch__ TV.
그들은 TV를 시청한다.

2) They __don't watch__ TV.
그들은 TV를 시청 안 한다.

3) __Do they watch__ TV?
그들은 TV를 시청하니?

4) They __are watching__ TV.
그들은 TV를 시청하고 있다.

5) They __aren't watching__ TV.
그들은 TV를 시청 안 하고 있다.

6) __Are they watching__ TV?
그들은 TV를 시청하고 있니?

7) They have watched TV.
그들은 TV를 시청해 왔다.

8) They haven't watched TV.
그들은 (지금까지) TV를 시청하지 않았다.

9) __Have they watched__ TV?
그들은 (지금까지) TV를 시청해 왔니?

시제 열:
- 단순현재 (늘 ~하다)
- 현재진행 (지금) ~하고 있다
- 현재완료 (지금까지) ~해 왔다 / ~한 적이 있다

문형 열:
- 평서문
- 부정문
- 의문문

C study

1) You always __study__ hard.
너는 항상 공부를 열심히 한다.

2) You __don't study__ hard.
너는 공부를 열심히 안 한다.

3) __Do you study__ English every day?
너는 매일 영어 공부를 하니?

4) You __are studying__ now.
너는 지금 공부를 하고 있다.

5) You __aren't studying__ right now.
너는 지금 공부를 안 하고 있다.

6) __Are you studying hard__?
너는 공부를 열심히 하고 있니?

7) You __have studied__ hard.
너는 (지금까지) 공부를 열심히 해 왔다.

8) You __haven't studied__ enough.
너는 (지금까지) 공부를 충분히 하지 않았다.

9) __Have you studied for the test__?
너는 (지금까지) 시험 공부를 다 했니?

D arrive

1) It __arrives__ at five.
그것은 5시에 도착한다.

2) It __doesn't arrive__ on time.
그것은 정각에 안 도착한다.

3) __Does it arrive__ on time?
그것은 제때에 도착하니?

4) It __is arriving__ now.
그것은 지금 도착하고 있다.

5) It __isn't arriving__ here.
그것은 여기에는 안 도착하고 있다.

6) __Is it arriving in London__?
그것은 런던에 도착하고 있니?

7) It __has just arrived__ .
그것은 (지금) 막 도착했다.

8) It __hasn't arrived__ yet.
그것은 (지금까지) 아직 도착하지 않았다.

9) __Has it arrived yet__?
그것이 (지금) 벌써 도착했니?

시제복습 03 〈정답〉

1. don't eat breakfast　2. haven't eaten breakfast　3. hasn't eaten breakfast　4. has eaten breakfast　5. She eats breakfast.　6. is eating breakfast　7. Is she eating breakfast?　8. Am I eating breakfast?
9. I am eating breakfast.　10. I eat breakfast.

28 단순과거/과거진행/ 과거완료 복습

단순현재 | 현재진행 | 현재완료
단순과거 | 과거진행 | 과거완료

시제복습 01　시제와 주어에 알맞은 문장 완성하기

● 시제와 주어에 알맞은 동사 형태로 문장을 완성하세요. (단, 부정형은 줄임말로 쓰세요.)

A. 단순과거 You slept well. 너는 잘 잤다.

잤다	안 잤다	잤니?
You slept well.	You didn't sleep well.	Did you sleep well?
She ___ slept ___ well.	She didn't sleep well.	Did ___ she ___ sleep ___ well?
We ___ slept ___ well.	We didn't sleep well.	Did ___ they ___ sleep ___ well?

B. 과거진행 I was sleeping then. 나는 그때 자고 있었다.

(그때) 자고 있었다	안 자고 있었다	자고 있었니?
I was sleeping then.	I wasn't sleeping then.	Were you sleeping then?
He was sleeping then.	He wasn't sleeping then.	Was ___ he ___ sleeping then?
We were sleeping then.	We weren't sleeping then.	Were ___ they ___ sleeping then?

C. 과거완료 He had slept all night. 그는 (그때까지) 밤새도록 잠을 잤다.

(그때까지) 잠을 잤었다	안 잤었다	잠을 잤었니?
He had slept all night.	He hadn't slept all night.	Had he slept all night?
It ___ had slept ___ all night.	It hadn't slept all night.	Had ___ it ___ slept ___ all night?
They ___ had slept ___ all night.	They hadn't slept all night.	Had ___ they ___ slept ___ all night?

● 시제와 주어에 알맞은 동사 형태로 문장을 완성하세요. (단, 부정형은 줄임말로 쓰세요.)

A. 단순과거 I thought again. 나는 다시 생각했다.

생각했다	안 생각했다	생각했니?
I thought again.	I didn't think again.	Did you think again?
She ___ thought ___ again.	She didn't think again.	Did ___ she ___ think ___ again?
We ___ thought ___ again.	We ___ didn't think ___ again.	Did ___ they ___ think ___ again?

B. 과거진행 I was thinking. 나는 (그때) 생각 중이었다.

(그때) 생각하고 있었다	생각하지 않고 있었다	생각하고 있었니?
I was thinking.	I wasn't thinking ___ .	Were you thinking ?
He ___ was thinking ___ .	He wasn't thinking ___ .	Was ___ he ___ thinking ?
We ___ were thinking ___ .	We weren't thinking ___ .	Were ___ they ___ thinking ?

C. 과거완료 He had thought about it. 그는 (그때까지) 그것에 관해 생각해 봤었다.

(그때까지) 생각해 봤었다	생각해 보지 않았다	생각해 봤니?
He had thought about it.	He hadn't thought about it.	Had he thought about it?
It ___ had thought ___ about it.	It hadn't thought about it.	Had ___ it ___ thought ___ about it?
We ___ had thought ___ about it.	We hadn't thought about it.	Had ___ they ___ thought ___ about it?

시제복습 02 시제와 문형에 알맞은 문장 완성하기

● 시제와 문형에 알맞게 표를 완성하세요. (단, 부정형은 줄임말을 쓰세요.)

시제	문형	A (have)	B (talk)
단순과거 (~했다)	평서문	1) They had fun. 그들은 즐거운 시간을 가졌다.	1) She talked to you. 그녀는 네게 말했다.
	부정문	2) They didn't have fun. 그들은 즐거운 시간을 안 가졌다.	2) She didn't talk to you. 그녀는 네게 말하지 않았다.
	의문문	3) Did they have fun? 그들은 즐거운 시간을 가졌니?	3) Did she talk to you? 그녀는 네게 말했어?
과거진행 (그때) ~하고 있었다	평서문	4) They were having fun. 그들은 즐거운 시간을 갖고 있었다.	4) She was talking to you. 그녀는 네게 말하고 있었다.
	부정문	5) They weren't having fun. 그들은 즐겁게 보내고 있지 않았다.	5) She wasn't talking to you. 그녀는 네게 말하고 있지 않았다.
	의문문	6) Were they having fun? 그들은 즐겁게 보내고 있었니?	6) Was she talking to you? 그녀는 네게 말하고 있었니?
과거완료 (그때까지) ~해 왔었다	평서문	7) They had had fun. 그들은 (그때까지) 즐거운 시간을 가졌었다.	7) She had talked to you. 그녀는 (그때까지) 네게 말을 했었다.
	부정문	8) They hadn't had fun. 그들은 (그때까지) 즐거운 시간을 못 가졌었다.	8) She hadn't talked to you 그녀는 (그때까지) 네게 말하지 않았었다.
	의문문	9) Had they had fun? 그들은 (그때까지) 즐거운 시간을 가졌었니?	9) Had she talked to you? 그녀는 (그때까지) 네게 말을 했었니?

시제	문형	C (listen)	D (lose)
단순과거 (~했다)	평서문	1) You listened to me yesterday. 너는 어제 내 말을 들었다.	1) She lost weight. 그녀는 체중이 줄었다.
	부정문	2) You didn't listen to me. 너는 내 말을 듣지 않았다.	2) She didn't lose weight. 그녀는 살이 안 빠졌다.
	의문문	3) Did you listen to me? 너는 내 말을 들었니?	3) Did she lose weight? 그녀는 살이 빠졌니?
과거진행 (그때) ~하고 있었다	평서문	4) You were listening to me. 너는 내 말을 듣고 있었다.	4) She was losing weight. 그녀는 살이 빠지고 있었다.
	부정문	5) You weren't listening to me. 너는 내 말을 듣고 있지 않았다.	5) She wasn't losing weight. 그녀는 살이 빠지고 있지 않았다.
	의문문	6) Were you listening to me? 너는 내 말을 듣고 있었니?	6) Was she losing any weight? 그녀는 살이 좀 빠지고 있었니?
과거완료 (그때까지) ~해 왔었다	평서문	7) You had listened to me. 너는 (그때까지) 내 말을 들어 왔었다.	7) She had lost weight. 그녀는 (그때) 체중이 빠졌었다.
	부정문	8) You hadn't listened to me yet. 너는 (그때까지) 아직 내 말을 듣지 않았었다.	8) She hadn't lost much weight. 그녀는 (그때까지) 몸무게가 많이 줄지는 않았었다.
	의문문	9) Had you listened to me? 네가 (그때까지) 내 말을 들어 왔었니?	9) Had she lost weight? 그녀는 (그때까지) 살이 빠졌던 적이 있었니?

시제복습 03 〈정답〉
1. didn't use my pen. 2. hadn't used my pen. 3. hadn't used my pen. 4. had used my pen. 5. You used my pen. 6. were using my pen. 7. Were you using my pen? 8. Was she using my pen? 9. She was using my pen. 10. She used my pen.

29 단순/진행/완료 시제 -평서문 복습

시제복습 01 시제에 알맞은 문장 완성하기

| 단순현재 | 현재진행 | 현재완료 |
| 단순과거 | 과거진행 | 과거완료 |

● 시제에 주의하여 알맞은 동사 형태로 문장을 완성하세요.

take　go　get　do　eat

나는 (지금까지) 최선을 다해 왔어.
나는 아침 일찍 일어나.
나는 지금 샤워를 하고 있어.
나는 어제 일찍 학교에 갔어.
나는 어제 7시에는 아침 식사 중이었어.

그녀는 (지금까지) 최선을 다해 왔어.
그녀는 아침 일찍 일어나.
그녀는 지금 샤워를 하고 있어.
그녀는 어제 일찍 학교에 갔어.
그녀는 어제 7시에는 아침 식사 중이었어.

그들은 (지금까지) 최선을 다해 왔어.
그들은 아침 일찍 일어나.
그들은 지금 샤워를 하고 있어.
그들은 어제 일찍 학교에 갔어.
그들은 어제 7시에는 아침 식사 중이었어.

1) I __have done__ my best.
2) I __get__ up early in the morning.
3) I __am taking__ a shower now.
4) I __went__ to school early yesterday.
5) I __was eating__ breakfast at 7 yesterday.

6) She __has done__ her best.
7) She __gets__ up early in the morning.
8) She __is taking__ a shower now.
9) She __went__ to school early yesterday.
10) She __was eating__ breakfast at 7 yesterday.

11) They __have done__ their best.
12) They __get__ up early in the morning.
13) They __are taking__ a shower now.
14) They __went__ to school early yesterday.
15) They __were eating__ breakfast at 7 yesterday.

시제복습 02 시제에 알맞은 문장 완성하기

● 시제에 주의하여 알맞은 동사 형태로 문장을 완성하세요.

use　do　win　study　learn

나는 (지금까지) 3년째 영어를 배워 왔다.
나는 영어 말하기 대회에서 상을 받았다.
나는 매일 영어 숙제를 한다.
나는 지금 숙제를 위해 컴퓨터를 사용하고 있다.
나는 오늘 열심히 공부하고 있다.

그는 (지금까지) 3년째 영어를 배워 왔다.
그는 영어 말하기 대회에서 상을 받았다.
그는 매일 영어 숙제를 한다.
그는 지금 숙제를 위해 컴퓨터를 사용하고 있다.
그는 오늘 열심히 공부하고 있다.

우리는 (지금까지) 3년째 영어를 배워 왔다.
우리는 영어 말하기 대회에서 상을 받았다.
우리는 매일 영어 숙제를 한다.
우리는 지금 숙제를 위해 컴퓨터를 사용하고 있다.
우리는 오늘 열심히 공부하고 있다.

1) I __have learned__ English for three years.
2) I __won__ the prize in an English speech contest.
3) I __do__ my English homework every day.
4) I __am using__ the computer for homework now.
5) I __am studying__ hard today.

6) He __has learned__ English for three years.
7) He __won__ the prize in an English speech contest.
8) He __does__ his English homework now.
9) He __is using__ the computer for homework now.
10) He __is studying__ hard today.

11) We __have learned__ English for three years.
12) We __won__ the prize in an English speech contest.
13) We __do__ our English homework every day.
14) We __are using__ the computer for homework now.
15) We __are studying__ hard today.

시제복습 04 시제와 문형에 알맞은 문장으로 바꾸기

● 주어진 문장을 여러 가지 시제와 문형의 문장으로 바꾸세요.

▶START▶
He has gone home.
그는 집에 가 버렸다.

1. 단순현재 시제로
He _____ goes home _____ .
3인칭 단수 현재동사

2. 현재진행형으로
He is going home.
그는 집에 가는 중이다.

3. 과거진행형으로
He was going home. *be동사를 과거로!*

4. 단순과거 시제로
He went home.
그는 집에 갔다. *be동사 시제!*

5. 과거완료 시제로
He had gone home.
그는 집에 가고 없었다. *had + 과거분사*

6. 주어를 they로
They had gone home.

7. 단순과거 시제로
They went home.

8. 과거진행형으로
They were going home.
그들은 집에 가는 중이었다.

9. 현재진행형으로
They are going home. *be동사 시제 주의!*

10. 현재완료 시제로
They have gone home.
그들은 집에 가고 없었다. *have/has + 과거분사*

11. 주어를 he로
He has gone home. _____

▶END▶

시제복습 03 우리말에 알맞은 문장 완성하기

● 주어진 동사들을 이용해 우리말에 알맞은 문장을 완성하세요.

arrive   lose   make   watch   run   stop   swim
die   hear   meet   do   lie   clap   sit   come

1. 나는 (지금) 막 도착했다.
I _____ have _____ just _____ arrived _____ .

2. 그는 TV를 시청한다.
He _____ watches _____ TV.

3. 그녀는 달리고 있었다.
She _____ was running _____ .

4. 그것은 멈추고 있었다.
It _____ was stopping _____ .

5. 우리는 (그때까지) 최선을 다했었다.
We _____ had done _____ our best.

6. 난 지금까지 길을 잃어버렸다.
I _____ have lost _____ my way.

7. 넌 지금 거짓말을 하고 있다.
You _____ are lying _____ now.

8. 그들은 수영을 하고 있었다.
They _____ were swimming _____ .

9. 그녀는 (그때까지) 그 소식을 들은 적이 있었다.
She _____ had heard _____ the news.

10. 그들은 앉았다.
They _____ sat _____ down.

11. 그들은 박수를 쳤다.
They _____ clapped _____ .

12. 그 나무는 죽어 가고 있다.
The tree _____ is dying _____ .

13. 그는 집에 온다.
He _____ comes _____ home.

14. 우리는 (지금까지) 그를 만난 적이 있다.
We _____ have met _____ him.

15. 그는 그것을 만들었다.
He _____ made _____ it.

시제복습 05 〈정답〉

1. were playing soccer 2. He was playing soccer. 3. is playing soccer 4. plays soccer 5. has played soccer 6. played soccer 7. I played soccer. 8. I am playing soccer. 9. I have played soccer.
10. I played soccer. 11. They played soccer.

30 단순/진행/완료 시제- 부정문, 의문문 복습

30 단순/진행/완료 시제
－부정문, 의문문 복습

단순현재	현재진행	현재완료
단순과거	과거진행	과거완료

시제복습 01   우리말에 알맞은 문장 완성하기

● 시제와 주어에 주의하여 알맞은 동사 형태로 문장을 완성하세요. (단, 부정형이 좋아요로 쓰세요.)

take   go   stay   eat   see

나 지금 집에 없어.
나는 어제 쇼핑하러 안 갔어.
나는 (지금까지) 여기에서 버스를 한 번도 안 타 봤어.
나는 그때 아침을 안 먹고 있었어.
나는 (그때까지) 네 누나를 본 적이 없었어.

1) I ___am not staying___ at home now.
2) I ___didn't go___ shopping yesterday.
3) I ___haven't taken___ the bus once here.
4) I ___wasn't eating___ breakfast at that time.
5) I ___hadn't seen___ your sister.

그는 지금 집에 없어.
그는 어제 쇼핑하러 안 갔어.
그는 (지금까지) 여기에서 버스를 한 번도 안 타 봤어.
그는 그때 아침을 안 먹고 있었어.
그는 (그때까지) 네 누나를 본 적이 없었어.

6) He ___isn't staying___ at home now.
7) He ___didn't go___ shopping yesterday.
8) He ___hasn't taken___ the bus once here.
9) He ___wasn't eating___ breakfast at that time.
10) He ___hadn't seen___ your sister.

우리는 지금 집에 없어.
우리는 어제 쇼핑하러 안 갔어.
우리는 (지금까지) 여기에서 버스를 한 번도 안 타 봤어.
우리는 그때 아침을 안 먹고 있었어.
우리는 (그때까지) 네 누나를 본 적이 없었어.

11) We ___aren't staying___ at home now.
12) We ___didn't go___ shopping yesterday.
13) We ___haven't taken___ the bus once here.
14) We ___weren't eating___ breakfast at that time.
15) We ___hadn't seen___ your sister.

시제복습 02   우리말에 알맞은 문장 완성하기

● 시제와 주어에 주의하여 알맞은 동사 형태로 문장을 완성하세요.

make   read   take   watch   finish

너는 오늘 아침에 샤워를 했니?
너는 그때 TV를 보고 있었어?
너는 지금 책을 읽고 있니?
너는 (지금) 막 저녁 식사를 끝냈니?
너는 종종 실수를 하니?

1) Did you ___take___ a shower this morning?
2) Were you ___watching___ TV at that time?
3) Are you ___reading___ a book now?
4) Have you just ___finished___ dinner?
5) Do you often ___make___ a mistake?

그녀는 오늘 아침에 샤워를 했니?
그녀는 그때 TV를 보고 있었어?
그녀는 지금 책을 읽고 있니?
그녀는 (지금) 막 저녁 식사를 끝냈니?
그녀는 종종 실수를 하니?

6) Did she ___take___ a shower this morning?
7) Was she ___watching___ TV at that time?
8) Is she ___reading___ a book now?
9) Has she just ___finished___ dinner?
10) Does she often ___make___ a mistake?

그는 오늘 아침에 샤워를 했니?
그는 그때 TV를 보고 있었어?
그는 지금 책을 읽고 있니?
그는 (지금) 막 저녁 식사를 끝냈니?
그는 종종 실수를 하니?

11) Did he ___take___ a shower this morning?
12) Was he ___watching___ TV at that time?
13) Is he ___reading___ a book now?
14) Has he just ___finished___ dinner?
15) Does he often ___make___ a mistake?

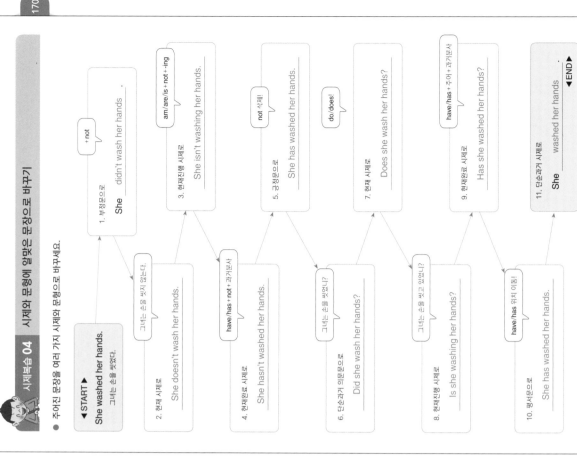

시제복습 03 우리말에 알맞은 문장 완성하기

● 주어진 동사를 이용해 우리말에 알맞은 문장을 완성하세요.

be   know   lose   make   like   smile   dance
live   hear   meet   do   leave   stand   come

1. 나는 늦지 않았다.
I wasn't late.

2. 너는 (지금까지) 그를 만난 적이 있니?
Have you met ____ him?

3. 그가 이것을 만들었니?
Did he make ____ this?

4. 그녀가 웃고 있었니?
Was she smiling ?

5. 우리는 (그때까지) 그것을 다 못 했었다.
We hadn't done it.

6. 너는 (지금까지) 개를 잃어버린 적 있니?
Have you lost ____ your dog?

7. 그들은 떠나지 않았다.
They ____ didn't leave

8. 너는 너를 모른다.
I don't know you.

9. 그녀는 (지금까지) 여기서 산 적이 없다.
She hasn't lived here.

10. 그들은 줄 서 있지 않았다.
They ____ weren't standing ____ in line.

11. 그들은 (그때까지) 오지 않았었다.
They ____ hadn't come ____ .

12. 그는 최선을 다하고 있니?
Is he doing his best?

13. 너는 (지금까지) 그 소식을 들어 본 적 있니?
Have you heard ____ the news?

14. 너는 춤을 잘 추니?
Do you dance ____ well?

15. 그녀는 피자를 좋아하니?
Does she like ____ a pizza?

시제복습 04 시제와 문장 형태 바꾸기

● 주어진 문장을 여러 가지 시제와 문형으로 바꾸세요.

▲START▲
She washed her hands.
그녀는 손을 씻었다.

1. 부정문으로 (+not)
She ____ didn't wash her hands ____ .

2. 현재 시제로
____ She doesn't wash her hands.

3. 현재진행 시제로 (am/are/is+not+-ing)
____ She isn't washing her hands.

그녀는 손을 씻지 않는다.
She doesn't wash her hands.

have/has+not+과거분사
She hasn't washed her hands.

4. 현재완료 시제로
____ She hasn't washed her hands.

5. 긍정문으로 (not 삭제)
____ She has washed her hands.

그녀는 손을 씻었니?
Did she wash her hands?

6. 단순과거 의문문으로
____ Did she wash her hands?

7. 현재 시제로
____ Does she wash her hands?

do/does!

그녀는 손을 씻고 있니?
Is she washing her hands?

8. 현재진행 시제로
____ Is she washing her hands?

9. 현재완료 시제로 (have/has+주어+과거분사)
____ Has she washed her hands?

그녀는 손을 씻었니?
Has she washed her hands?

10. 평서문으로
____ She has washed her hands.

11. 단순과거 시제로
She ____ washed her hands
▲END▲

시제복습 05 〈정답〉

1. Have you bought the ticket? 2. Has he bought the ticket? 3. Had he bought the ticket? 4. Did he buy the ticket? 5. He bought the ticket. 6. He didn't buy the ticket. 7. He doesn't buy the ticket.
8. He isn't buying the ticket. 9. He is buying the ticket. 10. You are buying the ticket. 11. You have bought the ticket.